SCRIPTORVM CLASSICORVM
BIBLIOTHECA OXONIENSIS

OXONII
E TYPOGRAPHEO CLARENDONIANO

BVCOLICI GRAECI

RECENSVIT

A. S. F. GOW

COLLEGII SANCTAE ET INDIVIDVAE TRINITATIS
APVD CANTABRIGIENSES SOCIVS

OXONII
E TYPOGRAPHEO CLARENDONIANO

Oxford University Press, Walton Street, Oxford OX2 6DP

OXFORD LONDON GLASGOW
NEW YORK TORONTO MELBOURNE WELLINGTON
IBADAN NAIROBI DAR ES SALAAM LUSAKA CAPE TOWN
KUALA LUMPUR SINGAPORE JAKARTA HONG KONG TOKYO
DELHI BOMBAY CALCUTTA MADRAS KARACHI

ISBN 0 19 814517 9

First published 1952
Sixth impression 1978

Printed in Great Britain
at the University Press, Oxford
by Vivian Ridler
Printer to the University

PRAEFATIO

Virorum doctorum qui intra hos centum annos poetas bucolicos Graecos ediderunt praeter ceteros grato animo prosequendi sunt Henricus Ludolfus Ahrens et Udalricus de Wilamowitz-Moellendorff, quorum ille anno MDCCCLV codices optimos selegit, lectiones exprompsit, multa ipse feliciter nouauit, omnibus denique rebus ex inordinato in ordinem adductis uiam posteris muniuit. Illius insistens uestigiis Wilamowitzius in libro suo cui titulus *Die Textgeschichte der griechischen Bukoliker* a. MCMVI codices singulos perpendit, multa obscura illustrauit, rationes exposuit quas ipse secutus bucolicorum textum Bibliothecae Scriptorum Classicorum Oxoniensi anno MCMV primum addiderat, tum quinque postea annis correxit: qui liber, si editori praesto fuisset papyrorum copia nostris temporibus ex harenis Aegyptiis prolata, haud scio an hodie exoleuisset. Papyri autem cum multas Theocrito ueras lectiones primae restituerint, multas uu. doctorum coniecturas aut comprobauerunt aut redarguerunt, tum uiis quibus tradita sunt carmina illustratis Wilamowitzii doctrinam aliquatenus labefactarunt. Papyris accesserunt editiones nouae scholiorum ueterum a. MCMXIV a Carolo Wendel curata, ipsorum carminum a. MCMXLVI a Carolo Gallauotti, qui codicum indagator indefessus fere omnes ipse inspexit. Itaque cum prelorum Clarendonianorum praesides, Bibliothecae suae Classicae studiosi, iterum recensendos esse poetas bucolicos statuissent meque ad rem uocassent, quamuis scrupulos multos mihi iniceret quod editori tam illustri successurus essem librumque mihi per tot annos comitem familiarem summoturus, tamen noua editione opus esse agnoui, munusque eo minus mihi diffidens suscepi quod Theocritea, maiorem totius libri partem, iam alibi recensueram.

E Wendeli et Gallauottii studiis satis iam perspicuum est

PRAEFATIO

Theocriti carmina priora codicum stirpes tres, suis peculiatas scholiis, conseruare, quarum prima et longe optima, Ambrosiana, in uno tantum codice K[1] et eius apographis superest. Ibi seruantur Idd. i, vii, iii–vi, viii–xiii, ii, xiv, xv, xvii, xvi, xxix, epigr., *Alae*, *Securis*. Quod si Ahrensio et Wilamowitzio fides habenda est, eiusdem erat stirpis codex multo amplior olim Pataui apud Paulum Bucarum superstes, cuius apographum, crebris M. Musuri coniecturis auctum, Philippus Pandulfinus Florentiam misit ad Euphrosynum Boninum qui ibi editionem Iuntinam (Iunt.) curabat. Ex eodem fonte quo Iuntina deriuatae sunt editio Romana Z. Calliergis (Cal.) et, ut nuper compertum est, 'emendationes in nonnulla loca Theocriti deprauata' quas in codice nunc Salmanticensi (Non.) descripsit F. Nonius Pincianus. Itaque cod. ille Patauinus, ubicunque lectiones eius a Musuri coniecturis discerni possent, stirpis Ambrosianae testis alter habebatur, praecipue in eis carminibus quibus caret K animaduertendus. Iudicio huic aduersatus est Gallauottius, Pandulfini apographum ratus non e codice iam deperdito descriptum esse sed e codicis K apographo et ipso codice D; unde manifestum esse quicquid noui praebuerint editiones Florentina et Romana coniectura aut Musuri aut editorum illatum esse nec plus auctoritatis habere. Gallauottii sententiae repugnat quod Id. xxix. uu. 26–40 quos habent codd. K et D utraque caret editio, et si in re obscura nec magni momenti quid sentiam dicendum, mihi uidetur Musurus, si re uera codice D et codicis K apographo usus est, etiam e fonte quodam nobis ignoto lectiones aliquas hausisse.

Codicum stirps altera, Laurentiana, seriem propriam Idd. i, v, vi, iv, vii, iii, viii–xiii exhibet, quibus codices aliquot Theocr. ii, xiv–xvi, xxv, Mosch. iv, Th. xvii, Mo. iii, Th. xxii, xviii, xx, xxi, Mo. i, Th. xix, Bi. i, εἰς Νεκρὸν

---

[1] Codicum sigla pp. xii sqq. subiunxi.

PRAEFATIO

Ἄδωνιν, Th. xxiii, Bi. ii, *Syringem*, *Aram Dos.*, addiderunt. Stirps tertia, Vaticana, quae inter Ambrosianam et Laurentianam utraque deterior locum tenet, Theocr. i–xviii uolgato ordine exhibet. Hae autem tres stirpes, etiamsi recte internoscuntur, saepius tamen inter se confusae sunt. Codicum enim sunt qui in aliis carminibus a Laurentiana, in aliis a Vaticana oriundi sint, quiue lectiones stirpi suae alienas mutuentur. Semper praeterea in animo tenendum est stirpium trium codd. archetypos uariis abundasse lectionibus; codicum nostrorum nullum antiquiorem esse quam ut Byzantinorum doctorum emendationem perpeti potuerit; Byzantinis interdum codices nobis ignotos praesto fuisse unde praeter coniecturas suas lectiones singulares et inferre potuerint et intulerint; priorum denique Theocriti carminum textum lectionibus insiticiis penitus contaminatum esse. Quae tamen omnia non multum damni intulerunt, nam his duodeuiginti carminibus praesidio fuerunt grammaticorum studia et largum codicum testimonium. Ceteris sors alia contigit; in codicibus enim aut paucis aut uno tantum seruantur, et praeter exilia ad Theocriti Idd. xxviii et xxix nulla suppetunt scholia, nec ueri simile est aut Moschi aut Bionis aut subditiua triadis totius bucolicae carmina grammaticorum curis unquam munita esse. In his, quamquam aliud alio integrius ad nos peruenit carmen, multa suspicionem mouent, multa ita penitus corrupta sunt ut insanabilia esse iure pronunties.

Carminum priorum tres codicum stirpes archetypo communi genitas esse declarant lectiones falsae quales codicum consensu in Theocr. Idd. ii. 62, xiv. 26, xv. 99 legimus: cum autem eosdem errores ac codices papyrus 𝔓3 in uu. Idd. ii. 60, xv. 16, 127, et alibi exhibeat, uersusque spurius Id. viii. 77 itidem in papyro 𝔓1 exstet, patet etiam papyros has duas et codicum archetypum a libro quodam uetustiore originem

PRAEFATIO

communem ducere. Quem librum, cum Ψ1 saeculi sit p.C. secundi, eo aeuo antiquiorem fuisse statuemus; nec causa est cur ceteras aliunde ortas esse papyros suspicemur. Inest autem codicibus omnibus Theocriti Id. nonum quod genuinum esse nequit, inest etiam et codicibus et Ψ1 octauum, quod uix quisquam hodie genuinum esse credit; adde quod carminis *Berenices*, cuius aliquot uersus exhibet Athenaeus, uestigium nullum alibi inuentum est, et manifestum fit librum illum non carminum corpus conseruasse ab ipso poeta compositum, qui carmina singillatim edita forsan nunquam congesserit. In colligendis uero carminibus duos homines uersatos nouimus quorum epigrammata p. 2 exscripta sunt. Artemidorus Tarsensis, primi a.C. saeculi grammaticus, omnes se βουκολικὰς Μοίσας in unum gregem compulisse gloriatur; alter ignotus, quem Wilamowitzius sine iusta causa Theonem esse coniecit, Theocriti carmina, ut uidetur, se ab alienis profitetur segregasse. Quas Musas Artemidorus bucolicas appellauerit, quaeue carmina eius libro infuerint, incertum, sed haud scio an ex eo uitae Theocriteae auctor in Suidae lexico seruatae βουκολικὰ ἔπη nouerit quae sola ut pro certo genuina agnoscit. In papyris autem libri in quo Theocritea cum aliorum poetarum carminibus coniuncta erant hactenus nusquam uestigium. Ibi, si epigrammata exceperis, conseruantur carminum omnium genuinorum laciniae, et Id. octaui quod ut genuinum traditum est, Moschi autem, Bionis, ceterorum, ne uersus quidem; unde colligi possit eas omnes a tali libro originem ducere qualis in fronte steterit epigramma ἄλλος ὁ Χῖος. Codices unde idyllia stirpibus suis aliena arcessiuerint omnino obscurum, sed copiis Theocriteis uidentur accessisse fasciculi duo, alter, incertum quo tempore, epigrammata continens, quae omnia Meleagrum praeterierant, alter, post Hadrianum principem, Technopaegnia, et e Theocriteis in *Anthologiam* ambo recepti esse.

PRAEFATIO

Dialecti cum habenda est ratio persaepe accidit ut bucolicorum editor nec sibi placere possit nec aliis se placiturum speret. In Theocriti Aeolicis, ubi poetae propositum erat Sappho et Alcaeum imitari, dialectum Lesbiam, quoad nota est nec metro repugnat, restituere non dubitaui. In ceteris et Theocriti et aliorum carminibus plurima incerta, quae tamen editorem multo magis quam lectorem impediunt. Itaque, ne congestis minutiis inhabilis fiat apparatus criticus, ubicunque uel in papyro uel in codice quouis primario seruatur quae uerbi forma satis certa uidetur, ceterorum errores praetermisi; quoties autem aut cod. secundario aut coniecturae recentiori debetur, unde intulerim notaui. Papyrorum et codicum lectiones plenius exposui sicubi aut uerbi forma aut totius carminis dialectus incerta est; ubi autem Theocritus -σδ- ubi -ζ- scripserit, ubi in infinitiuo -εν ubi -ειν, et similia, nemo hodie statuere potest, nemo codicibus credere, et in huiusmodi nugis Wilamowitzium tacite plerumque secutus sum.

Quo ordine carmina Theocriti instruxerit liber ille archetypus unde papyri et codices nostri oriundi sunt ignotum est praeterquam quod idyllia pastoralia in fronte eius uidentur stetisse. H. Stephanus, qui a. MDLXVI carmina bucolicorum inter Poetas Graecos Principes uolgato ordine primus instruxit, codd. stirpis Vaticanae et editores plerosque priores in Theocriti Idd. i–xviii secutus, postea Theocriteis genuinis spuria immiscuit atque Moscho et Bioni, F. Ursino duce, aliena assignauit. Illius ergo ordinem seruaui non quod bonus, nedum optimus, sit, sed quia quo tamdiu usi sunt uu. docti serum est mutare, nec multum praeter lectoris incommodum effecere qui mutauerunt editores. Bionis fragmenta alii aliter disposuerunt, sed cum excepto uno omnia apud Stobaeum conseruentur, ordine eius libri sicut recensuerunt Curtius Wachsmuth et Otto Hense usus sum. Quoniam

PRAEFATIO

autem in ed. nona lexici Graeci ab Henrico Liddell et Roberto Scott compositi editores noui numeros editionis alterius Wilamowitzianae adsciuerunt, eos quoque in uncinis apposui et p. 186 aliarum numerandi rationum conspectum subiunxi.

In apparatu condendo papyrorum lectiones e libris sumpsi quibus primum diuolgatae sunt, codicum plerumque a Gallavottio mutuatus sum qui editorum unus codices omnes inspexit. Vbi autem ille stirpium siglis La, Va, usus est, ut Theocr. i. 17 γε La, δὲ Va, ego codicum sigla substitui quos in uno quoque idyllio ille stirpium testes elegit, et in eo uersu δὲ AGS, γε PQW notaui. In epigrammatis ille, D a K, et CIunt.Cal. a D, deriuatos esse ratus, K solo usus est: quae quoquo modo se res habeat, cum librorum bucolicorum et *Anthologiae Palatinae* textus funditus confusi sint, CDIunt. Cal. quoque citandos esse duxi, editionesque Florentinam et Romanam, quas, ut supra dixi, aliquanto maioris quam Gallavottius aestimaui, alibi quoque illo saepius commemoraui. Ad editiones alias Gallavottiana antiquiores in titulis carminum referendis subinde, alibi perraro, me contuli; erant autem penes me subsidia quaedam unde Gallavottii testimonium interdum aut augere aut corrigere potui. Habebam enim codicis K imagines luce depictas, in epigrammatis codicis D, in Moscheis codicis S, easque etiam adii quas Carolus Preisendanz *Anthologiae Palatinae* (Lugd. Bat., MCMXI), Carolus Wendel codicis Z (*Byz. Zeitschr.* xvi. 461) publici iuris fecerunt. In epigrammatis codicis C lectiones mihi benigne impertiit Gulielmus C. Helmbold; in *Megarae* aliquot locis codicem D mea causa inspiciendum curauit Maria Theresa d'Alverny; quibus gratias maximas ago.

Papyrorum et codicum manifestos et minoris momenti errores cum, ut supra dictum est, in eis quae dialectum spectant, tum in aliis saepenumero omisi; aspirationem, prosodias, iota subscripti (uel adscripti) praetermissiones, uer-

PRAEFATIO

borum diuisiones, personarum uices, perraro notaui; coniecturae quas in apparatu commemoraui interdum corruptelae suspectae indicia potius quam probatae remedia habendae sunt. Textus quem prelis commisi in Theocriteis et pseudo-Theocriteis in minimis tantum ab eo discrepat quem commentariis et apparatu uberiore instructum Cantabrigiae a. MCML protuli.

Restat ut amicos enumerem quorum ope et beneuolentia multis mendis absolutus est hic libellus. Diuersa enim sciscitanti subuenerunt mihi E. Löfstedt, P. Maas, R. A. B. Mynors, D. L. Page, F. H. Sandbach, in plagulis corrigendis operam nauauerunt P. Maas, I. C. T. Oates, R. M. Rattenbury: quibus omnibus gratias referre munus mihi acceptissimum est.

Scribebam Cantabrigiae
    Mense Iulio A. S. MCMLII

Cum nouis exemplaribus opus esset apparatum criticum ad Simiae *Ouum* emendaui, alibi hic illic minoris momenti errores cum typothetae tum meos correxi.

    Mense Martio A.S. MCMLVIII

SIGLA[1]

𝔓1	Pap. Oxyrhynchi 2064[2] Th. 1, 6, 4, 5, 7, 3, 8	s. ii
𝔓2	Pap. Oxyrhynchi 1618 Th. 5, 7, 15	s. v
𝔓3	Pap. Antinoae[2] Th. 1, 5 ... 10, 14, 13, 12, 2, 18, 15, 26, 24, 17 ...(?)28, 29, 30, 31, 22	c. a. 500
𝔓4	Perg. Louvre 6678 et Rainer[3] Th. 1, 4, 5, 13, 15, 16, 22, 26	c. a. 500
p.Ox. 1806	Pap. Oxyrhynchi 1806 Th. 22	s. i
p.Ox. 694	Pap. Oxyrhynchi 694 Th. 13	s. ii
p.Ber. 5017	Perg. Berolinensis 5017 Th. 11, 14	s. vii(?)
p.Ined.α	Pap. Oxyrhynchi[4] Th. 18	s. ii
p.Ined.β	Pap. Oxyrhynchi[4] Th. 17, 28	s. iv(?)

A	Cod. Ambrosianus 390 (G 32 sup.) Th. 1–18 [fam. Vat.]	s. xiii
C	Cod. Ambrosianus 104 (B 75 sup.) a. Th. 1–3, 5, 4, 6–13 [Moschopuleus] b. Th. 11, 14–16, 25, Mosch. 4, Th. 17, Mosch. 3, Th. 22, 18, 20, 21, Bi. 1, Th. 23, Bi. 2, *Syrinx*, *Ara Dos.* [Triclinianus] c. *Ouum*, Th. 28–30 d. Mosch. 2, Νεκρ. Ἀδ., Th. 19 [ex Ald.] e. Epigr., Th. 24, 26, 27 [ex D]	s. xv–xvi
D	Cod. Parisinus 2726 a. Th. 1–3, 8–13, 4–7, 14, 16, 29, epigr., *Alae* b. Th. 17, 18, 15 [Moschopuleus]	s. xv

---

[1] Codicum compositorum, qualis est C, partes diuersae litteris a., b., etc. distinctae sunt.
[2] Ediderunt A. S. Hunt et I. Johnson *Two Theocritus Papyri* (1930).
[3] Edidit K. Wessely *Wiener Studien* 8.221 et *Mitt. Pap. Erzh. Rainer* 2.78.
[4] Inde aliquot lectiones in *Theocrito* meo uol. 1 p. 257 protuli.

SIGLA

	c. Th. 24, 22$^{69-\text{fin.}}$, 26, 28, Mosch. 4, Th. 25, Mosch. 3	
	d. Th. 27, *Securis*	
E	Cod. Vaticanus 42	s. xiv in.
	Th. 1–18, *Syrinx* [fam. Vat.]	
F	Cod. Ambrosianus 121 (B 99 sup.)	s. xiii et xiv
	a. Mosch. 2	
	b. *Securis, Ara Dos., Syrinx*	
G	Cod. Laurentianus xxxii. 52	s. xiii ex.
	a. Th. 1, 5, 6, 2–4, 7$^{1-54}$ [fam. Vat.]	
	b. Th. 7^{55}–13 [fam. Laur.]	
	c. Th. 15, 14, *Alae*	
H	Cod. Vaticanus 913	s. xiii–xiv
	a. Th. 1–15, 18, Mosch. 3 [ex S]	
	b. Th. 28, 29$^{1-8}$	
K	Cod. Ambrosianus 886 (C 222 inf.)	s. xiii
	Th. 1, 7, 3–6, 8–13, 2, 14, 15, 17, 16, 29, epigr., *Alae, Securis*	
L	Cod. Parisinus 2831	s. xiii–xiv
	a. Th. 5^{55}–13 [fam. Vat.]	
	b. Th. 14, 15, 17, Mosch. 3, Th. 16 [fam. Laur.]	
M	Cod. Vaticanus 915	s. xiii ex.
	a. Th. 2^{5}–3^{6}, 5^{59}–13^{68}, 15^{71}–17 [fam. Vat.]	
	b. Th. 22, 25	
	c. *Syrinx*, Mosch. 2	
N	Cod. Athous Iberorum 161	s. xiii–xiv
	a. Th. 1, 5, 6, 4, 7 [fam. Laur.]	
	b. Th. 8, 9, 2, 10–12^{22}, 13^{57}–15, 3 [fam. Vat.]	
P	Cod. Laurentianus xxxii. 37	s. xiii–xiv
	a. Th. 1, 5, 6, 4, 7, 3, 8–13 [fam. Laur.]	
	b. Th. 15, 14, 2	
	c. Mosch. 3, Th. 16, *Syrinx*, Th. 22$^{1-18}$, 17	
Q	Cod. Parisinus 2884	a. 1299
	Th. 1, 5, 6, 4, 7, 3, 8–13 [fam. Laur.]	
S	Cod. Laurentianus xxxii. 16	a. 1280
	a. Th. 1, 2, 15^{55}–18 [fam. Vat.]	
	b. Th. 3, 5, 6, 4, 7–14, Mosch. 3, Th. 15$^{1-54}$ [Planudeus]	
	c. Mosch. 2, 1, 4	

SIGLA

U	Cod. Vaticanus 1825 Th. $2^{13-41,\,74-\text{fin.}}$, 3, 4, $5^{1-14,\,80-105,\,136-\text{fin.}}$, 6^{1-38}, $7^{16-\text{fin.}}$, 8–18, *Syrinx* [fam. Vat.]	s. xiv
V	Cod. Vaticanus 1824 a. Th. 1, 5, 6, 4, 7, 3, 8–13 [fam. Laur.] b. Th. $2^{1-4,\,50-\text{fin.}}$, 14, $15^{1-34,\,80-126}$, $16^{23-\text{fin.}}$, $25^{1-6,\,105-200,\,247-\text{fin.}}$, Mosch. 4^{1-13}, $3^{35-\text{fin.}}$, Th. 22^{92-185}, Mosch. $1^{18-\text{fin.}}$, Th. 19, Bi. 1, Νεκρ. Ἀδ., Th. 23^{1-55}, *Ara Dos.*	s. xv
W	Cod. Laurentianus Conv. Soppr. 15 a. Th. 1, 5, 6, 4, 7, 3, 8–13, 2 [fam. Laur.] b. Th. 14–16, 25, Mosch. 4, Th. 17, Mosch. 3^{1-15}	s. xiv
X	Cod. Vaticanus 1311 a. Th. 1–15, 18, Mosch. 3, Th. 28, 29^{1-8} [ex H] b. Th. 16, 25, Mosch. 4^{1-13}, $3^{35-\text{fin.}}$, Th. $22^{1-44,\,92-185}$, $18^{51-\text{fin.}}$, 20, 21, Mosch. 1, Th. 19, Bi. 1, Νεκρ. Ἀδ., Th. 23, Bi. 2 [ex V]	s. xv
Y	Cod. Vaticanus 434 *Securis, Ara Dos., Ara Besant.*	s. xiv
Z	Cod. Laurentianus Ashburnham. 1174 *Syrinx, Ara Dos., Ouum*	s. xvi
Tr	Cod. Parisinus 2832 a. Th. 1, 5, 6, 4, 7, 3, 8–13 b. Th. 2, 14–16, 25, Mosch. 4, Th. 17, Mosch. 3, Th. 22, 18, 20, 21, Bi. 1, Th. 23, Bi. 2, *Syrinx, Ara Dos., Syrinx* (iterum) [recensio Tricliniana]	s. xiv
Mosch.	Codd. recensionis Moschopuleae Th. 1–8. Accesserunt in nonnullis codd. Th. 9–18.	ss. xiv, xv

---

Med.	Edit. Mediolanensis Boni Accursii Th. 1–18.	a. 1480
Ald. Ald.²	Editt. Venetae Aldi Manutii Th. 1–18, Mosch. 3, 2, 1, Th. 19, Bi. 1, Th. 20, 21, Mosch. 4, Th. 22, 23, *Syrinx*, Νεκρ. Ἀδ.	a. 1495
Iunt.	Edit. Florentina Philippi Iuntae Th. 1, 7, 3–6, 8–13, 2, 14–18, 22, 24, Mosch. 2, Th. 29^{1-25}, 26, 27, 28, Mosch. 4,	a. 1516

SIGLA

        Th. 25, 21, 23, 20, Bi. 1, Νεκρ. Ἀδ.,
        Mosch. 3, 1, Th. 19, epigr., *Syrinx, Alae,*
        Securis (u.p. vi)

Cal. Edit. Romana Zachariae Calliergis   a. 1516 uel
       Th. 1–18, Mosch. 3, 2, 1, Th. 19, Bi. 1, Th.   1517
       20, 21, Mosch. 4, Th. 22, 23, Νεκρ. Ἀδ.,
       Syrinx, Th. 24–26, 28, 29^{1-25}, 27, epigr.,
       Securis, Alae, Ara Dos. (u.p. vi)

Non. Cod. Salmanticensis 295 F. Nonii Pinciani   s. xvi
       (u.p. vi)

---

codd. Codices (ei tantum qui in capite Idyllii enumerantur)

cett. Codices ceteri (inter eos tantum qui in capite Idyllii enumerantur)

  Σ Scholia (nonnunquam adiuncto codicis siglo, ut ΣK)

[Laur.], [Vat.] Codicum familiae Laurentiana et Vaticana (u.pp. vi sq.)

Notae ad siglum antecedens pertinentes.

arg. Argumentum
corr. Correctus uel correctura
u.l. Varia lectio

Virorum doctorum nomina in apparatu decurtata.

Ahr(ens, H. L.)
B(er)gk (T.)
Buech(eler, F.)
Cas(aubonus, I.)
Edm(onds, J. M.)
Fritz(sche, Th., et in Id. xxx H.)
Gall(avotti, C.)
Hart(ung, C. et J. A.)
Heins(ius, D.)
Hemst(erhusius, T.)
Herm(ann, G.)
Hoffm(ann, O.)

Kiess(ling, G.)
Legr(and, P. E.)
Mein(eke, A.)
Salm(asius, C.)
Scal(iger, J. J.)
Steph(anus, H.)
Valck(enaer, L. K.)
Wakef(ield, G.)
Wil(amowitz-Moellendorff, U. von)
Wint(erton, R.)
Words(worth, C.)
Zieg(ler, C.)

THEOCRITI CARMINA
ET
PSEUDEPIGRAPHA

ΑΡΤΕΜΙΔΩΡΟΥ ΓΡΑΜΜΑΤΙΚΟΥ

Ἐπὶ τῇ ἀθροίσει τῶν βουκολικῶν ποιημάτων

Βουκολικαὶ Μοῖσαι σποράδες ποκά, νῦν δ' ἅμα πᾶσαι
ἐντὶ μιᾶς μάνδρας, ἐντὶ μιᾶς ἀγέλας.

Anth. Pal. ix. 205. Codd. bucolicorum in prolegomenis traditum.

Ἄλλος ὁ Χῖος, ἐγὼ δὲ Θεόκριτος ὃς τάδ' ἔγραψα
εἷς ἀπὸ τῶν πολλῶν εἰμὶ Συρακοσίων,
υἱὸς Πραξαγόραο περικλειτᾶς τε Φιλίννας·
μοῦσαν δ' ὀθνείαν οὔτιν' ἐφελκυσάμαν.

Anth. Pal. ix. 434 cum lemmate τοῦ αὐτοῦ [sc. Θεοκρίτου] εἰς ἑαυτὸν ὅτι Θεόκριτος Συρακούσιος ἦν. In codd. bucolicis epigr. priori adhaeret.

1 τόδ' Anth.   3 περικλειτᾶς Stadtmueller -τῆς codd. | Φιλίννας Jacobs -ίν(ν)ης codd.

I. ΘΕΟΚΡΙΤΟΥ ΘΥΡΣΙΣ Η ΩΙΔΗ

ΘΥΡΣΙΣ

Ἁδύ τι τὸ ψιθύρισμα καὶ ἁ πίτυς, αἰπόλε, τήνα,
ἁ ποτὶ ταῖς παγαῖσι, μελίσδεται, ἁδὺ δὲ καὶ τύ
συρίσδες· μετὰ Πᾶνα τὸ δεύτερον ἆθλον ἀποισῇ.
αἴ κα τῆνος ἕλῃ κεραὸν τράγον, αἶγα τὺ λαψῇ·
5 αἴ κα δ' αἶγα λάβῃ τῆνος γέρας, ἐς τὲ καταρρεῖ
ἁ χίμαρος· χιμάρῳ δὲ καλὸν κρέας, ἔστε κ' ἀμέλξῃς.

ΑΙΠΟΛΟΣ

ἅδιον, ὦ ποιμήν, τὸ τεὸν μέλος ἢ τὸ καταχὲς
τῆν' ἀπὸ τᾶς πέτρας καταλείβεται ὑψόθεν ὕδωρ.
αἴ κα ταὶ Μοῖσαι τὰν οἴιδα δῶρον ἄγωνται,
10 ἄρνα τὺ σακίταν λαψῇ γέρας· αἰ δέ κ' ἀρέσκῃ
τήναις ἄρνα λαβεῖν, τὺ δὲ τὰν ὄιν ὕστερον ἀξῇ.

ΘΥΡΣΙΣ

λῇς ποτὶ τᾶν Νυμφᾶν, λῇς, αἰπόλε, τεῖδε καθίξας,
ὡς τὸ κάταντες τοῦτο γεώλοφον αἵ τε μυρῖκαι,
συρίσδεν; τὰς δ' αἶγας ἐγὼν ἐν τῷδε νομευσῶ.

ΑΙΠΟΛΟΣ

15 οὐ θέμις, ὦ ποιμήν, τὸ μεσαμβρινὸν οὐ θέμις ἄμμιν
συρίσδεν. τὸν Πᾶνα δεδοίκαμες· ἦ γὰρ ἀπ' ἄγρας

Codd. Primarii: K PQW [Laur.] AGS [Vat.]
Papp.: 𝔓1 (132–51) 𝔓3 (1–3, 48–50, 59–65, 100–5, 125–41, 150–2) 𝔓4 (14–19, 27–32, 46–52, 59–65)
Titulus: Θύρσις ἢ ᾠδή hyp. et uolgo ποιμὴν καὶ αἰπόλος K Δωρίδι add. S
2 αδυ] τε 𝔓3   6 κρέας V² κρῆς codd.: cf. 5. 140   7 ποιμήν H² -μάν codd. (et in 15)   9 Μοῖσαι KAGS Μῶσαι PQW, quae uariatio alibi non notatur   11 ἀξῇ S² ἀξεῖ G ἀξῆς, -εῖς cett.   12 τεῖδε Q(?) Ahr. τῆδε codd.   13 ἐς τὸ WAGS | αἴ τε Valck. ᾆτε codd.
15 ἁμὶν K²

ΘΕΟΚΡΙΤΟΥ

τανίκα κεκμακὼς ἀμπαύεται· ἔστι δὲ πικρός,
καί οἱ ἀεὶ δριμεῖα χολὰ ποτὶ ῥινὶ κάθηται.
ἀλλὰ τὺ γὰρ δή, Θύρσι, τὰ Δάφνιδος ἄλγε' ἀείδες
20 καὶ τᾶς βουκολικᾶς ἐπὶ τὸ πλέον ἵκεο μοίσας,
δεῦρ' ὑπὸ τὰν πτελέαν ἐσδώμεθα τῶ τε Πριήπω
καὶ τᾶν κρανίδων κατεναντίον, ᾇπερ ὁ θῶκος
τῆνος ὁ ποιμενικὸς καὶ ταὶ δρύες. αἰ δέ κ' ἀείσῃς
ὡς ὅκα τὸν Λιβύαθε ποτὶ Χρόμιν ᾆσας ἐρίσδων,
25 αἶγά τέ τοι δωσῶ διδυματόκον ἐς τρὶς ἀμέλξαι,
ἃ δύ' ἔχοισ' ἐρίφως ποταμέλγεται ἐς δύο πέλλας,
καὶ βαθὺ κισσύβιον κεκλυσμένον ἁδέι κηρῷ,
ἀμφῶες, νεοτευχές, ἔτι γλυφάνοιο ποτόσδον.
τῶ ποτὶ μὲν χείλη μαρύεται ὑψόθι κισσός,
30 κισσὸς ἑλιχρύσῳ κεκονιμένος· ἁ δὲ κατ' αὐτόν
καρπῷ ἕλιξ εἰλεῖται ἀγαλλομένα κροκόεντι.
ἔντοσθεν δὲ γυνά, τι θεῶν δαίδαλμα, τέτυκται,
ἀσκητὰ πέπλῳ τε καὶ ἄμπυκι· πὰρ δέ οἱ ἄνδρες
καλὸν ἐθειράζοντες ἀμοιβαδὶς ἄλλοθεν ἄλλος
35 νεικείουσ' ἐπέεσσι· τὰ δ' οὐ φρενὸς ἅπτεται αὐτᾶς·
ἀλλ' ὅκα μὲν τῆνον ποτιδέρκεται ἄνδρα γέλαισα,
ἄλλοκα δ' αὖ ποτὶ τὸν ῥιπτεῖ νόον· οἱ δ' ὑπ' ἔρωτος
δηθὰ κυλοιδιόωντες ἐτώσια μοχθίζοντι.
τοῖς δὲ μετὰ γριπεύς τε γέρων πέτρα τε τέτυκται
40 λεπράς, ἐφ' ᾇ σπεύδων μέγα δίκτυον ἐς βόλον ἕλκει
ὁ πρέσβυς, κάμνοντι τὸ καρτερὸν ἀνδρὶ ἐοικώς.
φαίης κεν γυίων νιν ὅσον σθένος ἐλλοπιεύειν,

17 ἔστι Stob. 3.20.23   ἐντὶ codd. | δὲ AGS Stob.   γε KPQW   19 δὴ ΚΑ   ποτε S   om. PQWG   20 βωκολικᾶς K et alii, quae uariatio alibi non notatur   23 ποιμενικὸς QW   πωμ- cett.   24 ὅκα K   ποκα cett.   25 τέ PQW   δέ KAG   νύ S   26 ποταμέλγεται K   -ξεται cett.   27 κηρῷ E   καρῷ codd.   29 περὶ PQW   30 κεκονιμένος PW   -ισμένος cett.   κεκορυθμένος Campbell   36 γέλαισα Wil.   -οῖσα KAGS²   -ᾶσα PQ²   -εῦσα QW   -ῶσα S   41 τῶ καρτερῶ KA¹G¹

4

1. ΘΥΡΣΙΣ Η ΩΙΔΗ

ὧδέ οἱ ᾠδήκαντι κατ' αὐχένα πάντοθεν ἶνες
καὶ πολιῷ περ ἐόντι· τὸ δὲ σθένος ἄξιον ἅβας.
45 τυτθὸν δ' ὅσσον ἄπωθεν ἁλιτρύτοιο γέροντος
περκναῖσι σταφυλαῖσι καλὸν βέβριθεν ἁλωά,
τὰν ὀλίγος τις κῶρος ἐφ' αἱμασιαῖσι φυλάσσει
ἥμενος· ἀμφὶ δέ νιν δύ' ἀλώπεκες, ἁ μὲν ἀν' ὄρχως
φοιτῇ σινομένα τὰν τρώξιμον, ἁ δ' ἐπὶ πήρᾳ
50 πάντα δόλον τεύχοισα τὸ παιδίον οὐ πρὶν ἀνησεῖν
φατὶ πρὶν ἢ ἀκράτιστον ἐπὶ ξηροῖσι καθίξῃ.
αὐτὰρ ὅγ' ἀνθερίκοισι καλὰν πλέκει ἀκριδοθήραν
σχοίνῳ ἐφαρμόσδων· μέλεται δέ οἱ οὔτε τι πήρας
οὔτε φυτῶν τοσσῆνον ὅσον περὶ πλέγματι γαθεῖ.
55 παντᾷ δ' ἀμφὶ δέπας περιπέπταται ὑγρὸς ἄκανθος,
αἰπολικὸν θάημα· τέρας κέ τυ θυμὸν ἀτύξαι.
τῶ μὲν ἐγὼ πορθμῆι Καλυδνίῳ αἶγά τ' ἔδωκα
ὦνον καὶ τυρόεντα μέγαν λευκοῖο γάλακτος·
οὐδέ τί πω ποτὶ χεῖλος ἐμὸν θίγεν ἀλλ' ἔτι κεῖται
60 ἄχραντον. τῷ κά τυ μάλα πρόφρων ἀρεσαίμαν
αἴ κά μοι τύ, φίλος, τὸν ἐφίμερον ὕμνον ἀείσῃς.
κοὔτι τυ κερτομέω. πόταγ', ὠγαθέ· τὰν γὰρ ἀοιδάν
οὔ τί πᾳ εἰς Ἀίδαν γε τὸν ἐκλελάθοντα φυλαξεῖς.

ΘΥΡΣΙΣ

Ἄρχετε βουκολικᾶς, Μοῖσαι φίλαι, ἄρχετ' ἀοιδᾶς.

65 Θύρσις ὅδ' ὢξ Αἴτνας, καὶ Θύρσιδος ἁδέα φωνά.

44 ἥβας S   46 περκναῖσι Briggs .]ε[𝔓4 πυρναίαις codd.   48 νιν Zieg. μιν 𝔓3 codd.   49 πήραν QW   50 κεύθοισα Σ u.l.   51 ἢ suspectum | ἀκρατισμῷ Fritz. e Σ   52 ἀνθερίκοισι K Eust. 1206. 7 -κεσσι cett. | ἀκριδοθήκαν QW   56 αἰολικὸν Σ u.l. Hsch. s.u. | θάημα Porson τι θάημα KAGS τι θάυμα PQW   57 τῶ H τοῦ codd. | πορθμῆι Ahr. -μεῖ, -μῆ codd. | Καλυδνίῳ Σ u.l. Καλυδωνίῳ codd.   58 τυρῶντα Heins.   60 κά Ahr. καί KAGS κέν PQW   61 κά Paris. 2835 κέ(ν) 𝔓4 codd.   62 τυ Iunt. τοι KPQW   om. AGS | κερτομέω KAGS φθονέω PQWA²G²S²   65 ἅδε ἁ P¹Q²W

5

ΘΕΟΚΡΙΤΟΥ

πᾷ ποκ' ἄρ' ἦσθ', ὅκα Δάφνις ἐτάκετο, πᾷ ποκα, Νύμφαι;
ἦ κατὰ Πηνειῶ καλὰ τέμπεα, ἢ κατὰ Πίνδω;
οὐ γὰρ δὴ ποταμοῖο μέγαν ῥόον εἴχετ' Ἀνάπω,
οὐδ' Αἴτνας σκοπιάν, οὐδ' Ἄκιδος ἱερὸν ὕδωρ.

70 ἄρχετε βουκολικᾶς, Μοῖσαι φίλαι, ἄρχετ' ἀοιδᾶς.

τῆνον μὰν θῶες, τῆνον λύκοι ὠρύσαντο,
τῆνον χὠκ δρυμοῖο λέων ἔκλαυσε θανόντα.

ἄρχετε βουκολικᾶς, Μοῖσαι φίλαι, ἄρχετ' ἀοιδᾶς.

πολλαί οἱ πὰρ ποσσὶ βόες, πολλοὶ δέ τε ταῦροι,
75 πολλαὶ δὲ δαμάλαι καὶ πόρτιες ὠδύραντο.

ἄρχετε βουκολικᾶς, Μοῖσαι φίλαι, ἄρχετ' ἀοιδᾶς.

ἦνθ' Ἑρμᾶς πράτιστος ἀπ' ὤρεος, εἶπε δὲ 'Δάφνι,
τίς τυ κατατρύχει; τίνος, ὠγαθέ, τόσσον ἔρασαι;'

ἄρχετε βουκολικᾶς, Μοῖσαι φίλαι, ἄρχετ' ἀοιδᾶς.

80 ἦνθον τοὶ βοῦται, τοὶ ποιμένες, ᾠπόλοι ἦνθον·
πάντες ἀνηρώτευν τί πάθοι κακόν. ἦνθ' ὁ Πρίηπος
κἤφα 'Δάφνι τάλαν, τί τὺ τάκεαι; ἁ δέ τυ κώρα
πάσας ἀνὰ κράνας, πάντ' ἄλσεα ποσσὶ φορεῖται—

ἄρχετε βουκολικᾶς, Μοῖσαι φίλαι, ἄρχετ' ἀοιδᾶς—

85 ζάτεισ'· ἆ δύσερώς τις ἄγαν καὶ ἀμήχανος ἐσσί.
βούτας μὲν ἐλέγευ, νῦν δ' αἰπόλῳ ἀνδρὶ ἔοικας.
ᾠπόλος, ὅκκ' ἐσορῇ τὰς μηκάδας οἷα βατεῦνται,
τάκεται ὀφθαλμὼς ὅτι οὐ τράγος αὐτὸς ἔγεντο.

ἄρχετε βουκολικᾶς, Μοῖσαι φίλαι, ἄρχετ' ἀοιδᾶς.

90 καὶ τὺ δ' ἐπεί κ' ἐσορῇς τὰς παρθένος οἷα γελᾶντι,

66 ἦθ' QA²S   71 ὠδύραντο KG²   72 ἂν ἔκλαυσε PAG²SΣu.l.
74 παρὰ PAGS   75 δὲ om. Q   δ' αὖ S²   78 ἔραυσυι QW   80 τοὶ
(alterum) KPQ   χοὶ W   om. AGS   82 τί νυ PQW | τυ Brunck   τι
PQW   τοι KAG   γε S   83 πᾶσα ... κράναν KP²AGS   85
ζάτεισ' ἆ K²   ζάτεισα K   ζατοῖσ' ἆ, -τοῖσα cett.   87 βατεῦνται PQW
-τι AGS   -τας K

6

I. ΘΥΡΣΙΣ Η ΩΙΔΗ

τάκεαι ὀφθαλμὼς ὅτι οὐ μετὰ ταῖσι χορεύεις.'
τὼς δ' οὐδὲν ποτελέξαθ' ὁ βουκόλος ἀλλὰ τὸν αὑτῶ
ἄνυε πικρὸν ἔρωτα, καὶ ἐς τέλος ἄνυε μοίρας.

ἄρχετε βουκολικᾶς, Μοῖσαι, πάλιν ἄρχετ' ἀοιδᾶς.

95 ἦνθέ γε μὰν ἁδεῖα καὶ ἁ Κύπρις γελάοισα,
λάθρη μὲν γελάοισα, βαρὺν δ' ἀνὰ θυμὸν ἔχοισα,
κεἶπε 'τύ θην τὸν Ἔρωτα κατεύχεο, Δάφνι, λυγιξεῖν·
ἦ ῥ' οὐκ αὐτὸς Ἔρωτος ὑπ' ἀργαλέω ἐλυγίχθης;'

ἄρχετε βουκολικᾶς, Μοῖσαι, πάλιν ἄρχετ' ἀοιδᾶς.

100 τὰν δ' ἄρα χὠ Δάφνις ποταμείβετο· 'Κύπρι βαρεῖα,
Κύπρι νεμεσσατά, Κύπρι θνατοῖσιν ἀπεχθής,
ἤδη γὰρ φράσδῃ πάνθ' ἅλιον ἅμμι δεδύκειν;
Δάφνις κἢν Ἀΐδα κακὸν ἔσσεται ἄλγος Ἔρωτι.

ἄρχετε βουκολικᾶς, Μοῖσαι, πάλιν ἄρχετ' ἀοιδᾶς.

105 οὐ λέγεται τὰν Κύπριν ὁ βουκόλος; ἕρπε ποτ' Ἴδαν,
ἕρπε ποτ' Ἀγχίσαν· τηνεὶ δρύες ἠδὲ κύπειρος,
αἱ δὲ καλὸν βομβεῦντι ποτὶ σμάνεσσι μέλισσαι.

ἄρχετε βουκολικᾶς, Μοῖσαι, πάλιν ἄρχετ' ἀοιδᾶς.

ὡραῖος χὤδωνις, ἐπεὶ καὶ μῆλα νομεύει
110 καὶ πτῶκας βάλλει καὶ θηρία πάντα διώκει.

ἄρχετε βουκολικᾶς, Μοῖσαι, πάλιν ἄρχετ' ἀοιδᾶς.

αὖτις ὅπως στασῇ Διομήδεος ἆσσον ἰοῖσα,
καὶ λέγε " τὸν βούταν νικῶ Δάφνιν, ἀλλὰ μάχευ μοι".

93 μοῖραν Wil.   94 hinc mutari u. intercalarem indicant Σ. Codd. πάλιν inconstanter a u. 73 inuehunt   95 ἁ δῖα Σ u.l.   97 κήφα τί θ. PQW | κατ' εὔχεο C.F.Herm. | λυγιζῆν K   98 ἦ ῥ' KQ   ἆρ' cett.   100 ποταμείψατο QA   102 φράσδῃ K²G² -δει cett. | πα]ντ' ₱3 | ἅλιον ₱3K¹ -ος cett. | ἅμμε ₱3   103 Ἔρωτος QAG²S   104 Μουσαι φιλαι ₱3   105 οὐ Graefe οὗ codd. Σ   106 κύπειρον QWG¹S¹ | ἠδὲ Mein. e Plut. Quaest. Nat. 36   ὥδε codd.: cf. 5. 45   107 αἱ δὲ Mein. ὥδε codd.   108 om. KPQWA¹G¹   109 μῆλα Ahr. μᾶλα codd.   110 τἆλλα δ. PQWG

7

ΘΕΟΚΡΙΤΟΥ

ἄρχετε βουκολικᾶς, Μοῖσαι, πάλιν ἄρχετ' ἀοιδᾶς.

115 ὦ λύκοι, ὦ θῶες, ὦ ἀν' ὤρεα φωλάδες ἄρκτοι,
χαίρεθ'· ὁ βουκόλος ὕμμιν ἐγὼ Δάφνις οὐκέτ' ἀν' ὕλαν,
οὐκέτ' ἀνὰ δρυμώς, οὐκ ἄλσεα. χαῖρ', Ἀρέθοισα,
καὶ ποταμοὶ τοὶ χεῖτε καλὸν κατὰ Θύβριδος ὕδωρ.

ἄρχετε βουκολικᾶς, Μοῖσαι, πάλιν ἄρχετ' ἀοιδᾶς.

120 Δάφνις ἐγὼν ὅδε τῆνος ὁ τὰς βόας ὧδε νομεύων,
Δάφνις ὁ τὼς ταύρως καὶ πόρτιας ὧδε ποτίσδων.

ἄρχετε βουκολικᾶς, Μοῖσαι, πάλιν ἄρχετ' ἀοιδᾶς.

ὦ Πὰν Πάν, εἴτ' ἐσσὶ κατ' ὤρεα μακρὰ Λυκαίω,
εἴτε τύγ' ἀμφιπολεῖς μέγα Μαίναλον, ἔνθ' ἐπὶ νᾶσον
125 τὰν Σικελάν, Ἑλίκας δὲ λίπε ῥίον αἰπύ τε σᾶμα
τῆνο Λυκαονίδαο, τὸ καὶ μακάρεσσιν ἀγητόν.

λήγετε βουκολικᾶς, Μοῖσαι, ἴτε λήγετ' ἀοιδᾶς.

ἔνθ', ὦναξ, καὶ τάνδε φέρευ πακτοῖο μελίπνουν
ἐκ κηρῶ σύριγγα καλὸν περὶ χεῖλος ἑλικτάν·
130 ἦ γὰρ ἐγὼν ὑπ' Ἔρωτος ἐς Ἅιδαν ἕλκομαι ἤδη.

λήγετε βουκολικᾶς, Μοῖσαι, ἴτε λήγετ' ἀοιδᾶς.

νῦν ἴα μὲν φορέοιτε βάτοι, φορέοιτε δ' ἄκανθαι,
ἁ δὲ καλὰ νάρκισσος ἐπ' ἀρκεύθοισι κομάσαι,
πάντα δ' ἄναλλα γένοιτο, καὶ ἁ πίτυς ὄχνας ἐνείκαι,
135 Δάφνις ἐπεὶ θνάσκει, καὶ τὰς κύνας ὤλαφος ἕλκοι,
κἠξ ὀρέων τοὶ σκῶπες ἀηδόσι γαρύσαιντο.'

λήγετε βουκολικᾶς, Μοῖσαι, ἴτε λήγετ' ἀοιδᾶς.

χὠ μὲν τόσσ' εἰπὼν ἀπεπαύσατο· τὸν δ' Ἀφροδίτα
ἤθελ' ἀνορθῶσαι· τά γε μὰν λίνα πάντα λελοίπει

---

114 post 115 habent PQW WAGSΣu.l.   Δύβρ- KΣu.l.
118 Θύβριδος PQNΣu.l.   Θύμβρ- WAGSΣu.l.
128 φέρευ πακτοῖο Σu.l.   φέρ' εὐπ- codd.
129 καλὸν Fritz. = λὰν codd.
130 Ἄιδος S²
132 νῦν ₚ₁ PQW νῦν δ' KAGS
134 ἄναλλα ₚ₁ PQ¹W ἔν- cett.
135 τὰς ₚ₁ W τὼς cett.
136 αηδονι ₚ₁ | δηρίσαιντο Scal.
138 ἀνεπαύσατο ₚ₁ QW²

8

I. ΘΥΡΣΙΣ Η ΩΙΔΗ

140 ἐκ Μοιρᾶν, χὠ Δάφνις ἔβα ῥόον. ἔκλυσε δίνα
τὸν Μοίσαις φίλον ἄνδρα, τὸν οὐ Νύμφαισιν ἀπεχθῆ.

λήγετε βουκολικᾶς, Μοῖσαι, ἴτε λήγετ' ἀοιδᾶς.

καὶ τὺ δίδου τὰν αἶγα τό τε σκύφος ὥς κεν ἀμέλξας
σπείσω ταῖς Μοίσαις. ὦ χαίρετε πολλάκι, Μοῖσαι,
145 χαίρετ'· ἐγὼ δ' ὕμμιν καὶ ἐς ὕστερον ἅδιον ᾀσῶ.

ΑΙΠΟΛΟΣ

πλῆρές τοι μέλιτος τὸ καλὸν στόμα, Θύρσι, γένοιτο,
πλῆρες δὲ σχαδόνων, καὶ ἀπ' Αἰγίλω ἰσχάδα τρώγοις
ἁδεῖαν, τέττιγος ἐπεὶ τύγα φέρτερον ᾄδεις.
ἠνίδε τοι τὸ δέπας· θᾶσαι, φίλος, ὡς καλὸν ὄσδει·
150 Ὡρᾶν πεπλύσθαι νιν ἐπὶ κράναισι δοκησεῖς.
ὧδ' ἴθι, Κισσαίθα· τὺ δ' ἄμελγέ νιν. αἱ δὲ χίμαιραι,
οὐ μὴ σκιρτασῆτε, μὴ ὁ τράγος ὔμμιν ἀναστῇ.

II. ΘΕΟΚΡΙΤΟΥ ΦΑΡΜΑΚΕΥΤΡΙΑ

Πᾷ μοι ταὶ δάφναι; φέρε, Θεστυλί. πᾷ δὲ τὰ φίλτρα;
στέψον τὰν κελέβαν φοινικέῳ οἰὸς ἀώτῳ,
ὡς τὸν ἐμὸν βαρὺν εὖντα φίλον καταδήσομαι ἄνδρα,
ὅς μοι δωδεκαταῖος ἀφ' ὧ τάλας οὐδὲ ποθίκει, ⸀προσικνέομαι
5 οὐδ' ἔγνω πότερον τεθνάκαμες ἢ ζῳοὶ εἰμές,
οὐδὲ θύρας ἄραξεν ἀνάρσιος. ἦ ῥά οἱ ἀλλᾷ

143 κεν KAS   μιν, νιν cett.   145 υμι[ν 𝔓1   147 δὲ 𝔓1 PQW
τοι KAGS Gal. 8. 971   148 τύγα KQ   τύγε cett.   151 Κιναίθα Σ
u.l.: cf. 4. 46, 5. 102   152 σκιρτασεῖτε Porson

CODD. PRIMARII: K W [Laur.] ANS [Vat.]
PAP.: 𝔓3 fere integra
TITULUS: Φαρμακεύτρια 𝔓3 NGP Seru. ad Verg. E. 8. 1 -ιαι KAS Ath.
11. 475 E Eust.1767.20   Δωρίδι add. 𝔓3 KAGP
3 ἐμοὶ Steph. | βαρὺν εὖντα Steph. βαρυνεῦντα codd. | καταδήσομαι 𝔓3
Toup e Σ: item 10 et 159   καταθύσο- codd.   4 τάλαν 𝔓3 WANS¹ |
(ποθ') ἵκει K   ἥκει 𝔓3 cett.   5 ζῳοὶ 𝔓3 S   ζωοὶ cett.

ΘΕΟΚΡΙΤΟΥ

ᾤχετ᾽ ἔχων ὅ τ᾽ Ἔρως <u>ταχινὰς</u> φρένας ἅ τ᾽ Ἀφροδίτα.
βασεῦμαι ποτὶ τὰν Τιμαγήτοιο παλαίστραν
<u>αὔριον</u> ὥς νιν ἴδω, καὶ μέμψομαι οἷά με ποιεῖ.
10 νῦν δέ νιν ἐκ θυέων καταδήσομαι. ἀλλά, Σελάνα,
φαῖνε καλόν· τὶν γὰρ <u>ποταείσομαι</u> ἄσυχα, δαῖμον, ⟩προσαιτέω
τᾷ χθονίᾳ θ᾽ Ἑκάτᾳ, τὰν καὶ <u>σκύλακες</u> τρομέοντι
ἐρχομέναν νεκύων ἀνά τ᾽ <u>ἠρία</u> καὶ μέλαν αἷμα.
χαῖρ᾽, Ἑκάτα δασπλῆτι, καὶ ἐς τέλος ἄμμιν ὀπάδει,
15 φάρμακα ταῦτ᾽ ἔρδοισα χερείονα μήτε τι Κίρκας
μήτε τι Μηδείας μήτε ξανθᾶς Περιμήδας.

Ἴυγξ, ἕλκε τὺ τῆνον ἐμὸν ποτὶ δῶμα τὸν ἄνδρα.

<u>ἄλφιτά</u> τοι πρᾶτον πυρὶ τάκεται. ἀλλ᾽ <u>ἐπίπασσε</u>,
Θεστυλί. δειλαία, πᾷ τὰς φρένας <u>ἐκπεπότασαι</u>;
20 ἦ ῥά γέ θην, <u>μυσαρά</u>, καὶ τὶν <u>ἐπίχαρμα</u> τέτυγμαι;
πάσσ᾽ ἅμα καὶ λέγε ταῦτα· 'τὰ Δέλφιδος ὀστία <u>πάσσω</u>'.

ἴυγξ, ἕλκε τὺ τῆνον ἐμὸν ποτὶ δῶμα τὸν ἄνδρα.

ἀνίαω ⟨ Δέλφις ἔμ᾽ <u>ἀνίασεν</u>· ἐγὼ δ᾽ ἐπὶ Δέλφιδι δάφναν
αἴθω· χὼς αὕτα <u>λακεῖ</u> μέγα <u>καππυρίσασα</u> κατα-
instantaneous
aorist? 25 κἠξαπίνας ἄφθη κοὐδὲ <u>σποδὸν</u> εἴδομες αὐτᾶς,
οὕτω τοι καὶ Δέλφις ἐνὶ φλογὶ <u>σάρκ᾽</u> ἀμαθύνοι.

27 ἴυγξ, ἕλκε τὺ τῆνον ἐμὸν ποτὶ δῶμα τὸν ἄνδρα.

33 νῦν θυσῶ τὰ πίτυρα. τὺ δ᾽, Ἄρτεμι, καὶ τὸν ἐν Ἄιδα
pot. opt. κινήσαις ἀδάμαντα καὶ εἴ τί περ ἀσφαλὲς ἄλλο—
35 Θεστυλί, ταὶ κύνες ἄμμιν ἀνὰ πτόλιν ὠρύονται· animals/human
ἁ θεὸς ἐν τριόδοισι· τὸ χαλκέον ὡς τάχος ἄχει. ⟨ ἠχέω

ἴυγξ, ἕλκε τὺ τῆνον ἐμὸν ποτὶ δῶμα τὸν ἄνδρα.

ἠνίδε σιγῇ μὲν πόντος, σιγῶντι δ᾽ ἀῆται·

10 ἐκ θυμου 𝔓3 18 κάεται Σ u.l. 19 πῃ (ex πει ut uid.) 𝔓3
20 θην 𝔓3 τοι codd. 24 κως 𝔓3 | λακῇ 𝔓3 ANS | καπ(π)υρίσασα
codd. κακπυρ- Et.M. 250.37 κακκ. πυρ- 𝔓3 25 εἴδομες 𝔓3KS²
εἴλομεν WANS 28–32 post 42 habent 𝔓3 K 34 ῥ᾽ ἀδάμαντα
WANS 35 ὠρύοντι K 36 χαλκίον K

10

II. ΦΑΡΜΑΚΕΥΤΡΙΑ

ἁ δ' ἐμὰ οὐ σιγῇ στέρνων ἔντοσθεν ἀνία,
40 ἀλλ' ἐπὶ τήνῳ πᾶσα καταίθομαι ὅς με τάλαιναν
ἀντὶ γυναικὸς ἔθηκε κακὰν καὶ ἀπάρθενον ἦμεν.

ἴυγξ, ἕλκε τὺ τῆνον ἐμὸν ποτὶ δῶμα τὸν ἄνδρα.

28 ὡς τοῦτον τὸν κηρὸν ἐγὼ σὺν δαίμονι τάκω,
29 ὣς τάκοιθ' ὑπ' ἔρωτος ὁ Μύνδιος αὐτίκα Δέλφις.
30 χὣς δινεῖθ' ὅδε ῥόμβος ὁ χάλκεος ἐξ Ἀφροδίτας,
31 ὣς τῆνος δινοῖτο ποθ' ἁμετέραισι θύραισιν.

32 ἴυγξ, ἕλκε τὺ τῆνον ἐμὸν ποτὶ δῶμα τὸν ἄνδρα.

43 ἐς τρὶς ἀποσπένδω καὶ τρὶς τάδε, πότνια, φωνῶ·
εἴτε γυνὰ τήνῳ παρακέκλιται εἴτε καὶ ἀνήρ,
45 τόσσον ἔχοι λάθας ὅσσον ποκὰ Θησέα φαντί
ἐν Δίᾳ λασθῆμεν ἐυπλοκάμω Ἀριάδνας.

ἴυγξ, ἕλκε τὺ τῆνον ἐμὸν ποτὶ δῶμα τὸν ἄνδρα.

ἱππομανὲς φυτόν ἐστι παρ' Ἀρκάσι, τῷ δ' ἔπι πᾶσαι
καὶ πῶλοι μαίνονται ἀν' ὤρεα καὶ θοαὶ ἵπποι·
50 ὣς καὶ Δέλφιν ἴδοιμι, καὶ ἐς τόδε δῶμα περάσαι
μαινομένῳ ἴκελος λιπαρᾶς ἔκτοσθε παλαίστρας.

ἴυγξ, ἕλκε τὺ τῆνον ἐμὸν ποτὶ δῶμα τὸν ἄνδρα.

τοῦτ' ἀπὸ τᾶς χλαίνας τὸ κράσπεδον ὤλεσε Δέλφις,
ὠγὼ νῦν τίλλοισα κατ' ἀγρίῳ ἐν πυρὶ βάλλω.
55 αἰαῖ Ἔρως ἀνιαρέ, τί μευ μέλαν ἐκ χροὸς αἷμα
ἐμφὺς ὡς λιμνᾶτις ἅπαν ἐκ βδέλλα πέπωκας;

ἴυγξ, ἕλκε τὺ τῆνον ἐμὸν ποτὶ δῶμα τὸν ἄνδρα.

σαύραν τοι τρίψαισα κακὸν ποτὸν αὔριον οἰσῶ.
Θεστυλί, νῦν δὲ λαβοῖσα τὺ τὰ θρόνα ταῦθ' ὑπόμαξον
60 τᾶς τήνω φλιᾶς καθ' ὑπέρτερον ᾇς ἔτι καὶ νύξ,

31 ποτ' 𝔓3 M | ἁμετέραισι Brunck -ῃσι 𝔓3 codd.   43 καὶ ἐς τρὶς 𝔓3
46 λασθῆμεν K λαθῆμεν A -μες W λελαθῆμεν NS   51 ἴκελος 𝔓3 K
-ον WANS   57 om. 𝔓3   58 τρίψαισα 𝔓3 -ασα codd.   59 ἀπό-
μορξον Σ u.l.   60 φιλίας 𝔓3 ante corr. Σ u.l. | νύξ Buech. νῦν 𝔓3 codd.

11

ΘΕΟΚΡΙΤΟΥ

[ἐκ θυμῷ δέδεμαι· ὃ δέ μευ λόγον οὐδένα ποιεῖ] — Id 3 l33.
καὶ λέγ' ἐπιτρύζοισα 'τὰ Δέλφιδος ὀστία μάσσω'.

ἴυγξ, ἕλκε τὺ τῆνον ἐμὸν ποτὶ δῶμα τὸν ἄνδρα.

Νῦν δὴ μώνα ἐοῖσα πόθεν τὸν ἔρωτα δακρύσω;
65 ἐκ τίνος ἄρξωμαι; τίς μοι κακὸν ἄγαγε τοῦτο;
ἦνθ' ἁ τωὐβούλοιο καναφόρος ἄμμιν Ἀναξώ
ἄλσος ἐς Ἀρτέμιδος, τᾷ δὴ τόκα πολλὰ μὲν ἄλλα
θηρία πομπεύεσκε περισταδόν, ἐν δὲ λέαινα.

φράζεό μευ τὸν ἔρωθ' ὅθεν ἵκετο, πότνα Σελάνα.

70 καί μ' ἁ Θευμαρίδα Θρᾷσσα τροφός, ἁ μακαρῖτις,
ἀγχίθυρος ναίοισα κατεύξατο καὶ λιτάνευσε
τὰν πομπὰν θάσασθαι· ἐγὼ δέ οἱ ἁ μεγάλοιτος
ὡμάρτευν βύσσοιο καλὸν σύροισα χιτῶνα <ουρω
ἀμφιστελλω< κἀμφιστειλαμένα τὰν ξυστίδα τὰν Κλεαρίστας.

75   φράζεό μευ τὸν ἔρωθ' ὅθεν ἵκετο, πότνα Σελάνα.

ἤδη δ' εὖσα μέσαν κατ' ἀμαξιτόν, ᾇ τὰ Λύκωνος,
εἶδον Δέλφιν ὁμοῦ τε καὶ Εὐδάμιππον ἰόντας·
τοῖς δ' ἦς ξανθοτέρα μὲν ἑλιχρύσοιο γενειάς
στήθεα δὲ στίλβοντα πολὺ πλέον ἢ τύ, Σελάνα,
80 ὡς ἀπὸ γυμνασίοιο καλὸν πόνον ἄρτι λιπόντων.

φράζεό μευ τὸν ἔρωθ' ὅθεν ἵκετο, πότνα Σελάνα.

χὠς ἴδον ὣς ἐμάνην, ὥς μοι πυρὶ θυμὸς ἰάφθη
δειλαίας, τὸ δὲ κάλλος ἐτάκετο. οὐκέτι πομπᾶς

61 om. 𝔓3 K | ἐκ W   ἐν ANS | δέδεμαι NS   -ευμαι W   δαίδευμαι K
62 ἐπιτρύζοισα 𝔓3 (agnosc. Σ)   ἐπιφθύζ- codd. | μάσσω Ahlwardt   πάσσω
codd.   καιω 𝔓3   65 τίνος 𝔓3 WANS   τῆνω δ' K | ἄρξωμαι 𝔓3 S
ἄρξομαι N   ἄρξομ' ἐγώ WA   ἄρξω K   67 και ex τα 𝔓3 | τόκα Cas.
ποκα 𝔓3 codd.   68 λέαιναι 𝔓3   70 Θευχαρίλα Mosch. τωὐμαρίδα
Gall.   72 θάσασθαι 𝔓3 NS²   θεάσ- KWA | μεγάλατος Maas   74 ἀμφι-
στειλαμένα NS | τὰν Κλ. KA   τᾶς Κλ. 𝔓3 WA²NS   76 μέσον KWA
79 τὺ Σελάνα 𝔓3 K   τὸ Σελάνας WANS   82 μευ 𝔓3 N | πυρὶ 𝔓3
περὶ codd.   83 ουκετι 𝔓3   κοὐκέτι D   κοὔτε τι Mosch.   κοὐδέ τι codd.

12

II. ΦΑΡΜΑΚΕΥΤΡΙΑ

τήνας ἐφρασάμαν, οὐδ' ὡς πάλιν οἴκαδ' ἀπῆνθον = ἀπηλθον
85 ἔγνων, ἀλλά μέ τις καπυρὰ νόσος ἐξεσάλαξεν < ἐκσαλασσω
κείμαν δ' ἐν κλιντῆρι δέκ' ἄματα καὶ δέκα νύκτας.

φράζεό μευ τὸν ἔρωθ' ὅθεν ἵκετο, πότνα Σελάνα.

καί μευ χρὼς μὲν ὁμοῖος ἐγίνετο πολλάκι θάψῳ,
ἔρρευν δ' ἐκ κεφαλᾶς πᾶσαι τρίχες, αὐτὰ δὲ λοιπά
90 ὀστί' ἔτ' ἦς καὶ δέρμα. καὶ ἐς τίνος οὐκ ἐπέρασα
ἢ ποίας ἔλιπον γραίας δόμον ἅτις ἐπᾷδεν;
ἀλλ' ἦς οὐδὲν ἐλαφρόν, ὁ δὲ χρόνος ἄνυτο φεύγων.

φράζεό μευ τὸν ἔρωθ' ὅθεν ἵκετο, πότνα Σελάνα.

χοὔτω τᾷ δώλᾳ τὸν ἀλαθέα μῦθον ἔλεξα·
95 'εἰ δ' ἄγε, Θεστυλί, μοι χαλεπᾶς νόσω εὑρέ τι μᾶχος.
πᾶσαν ἔχει με τάλαιναν ὁ Μύνδιος· ἀλλὰ μολοῖσα
τήρησον ποτὶ τὰν Τιμαγήτοιο παλαίστραν·
τηνεὶ γὰρ φοιτῇ, τηνεὶ δέ οἱ ἁδὺ καθῆσθαι.

φράζεό μευ τὸν ἔρωθ' ὅθεν ἵκετο, πότνα Σελάνα.

100 κἠπεί κά νιν ἐόντα μάθῃς μόνον, ἄσυχα νεῦσον,
κεἶφ' ὅτι "Σιμαίθα τυ καλεῖ", καὶ ὑφαγέο τεῖδε'.
ὣς ἐφάμαν· ἁ δ' ἦνθε καὶ ἄγαγε τὸν λιπαρόχρων
εἰς ἐμὰ δώματα Δέλφιν· ἐγὼ δέ νιν ὡς ἐνόησα
ἄρτι θύρας ὑπὲρ οὐδὸν ἀμειβόμενον ποδὶ κούφῳ—

105   φράζεό μευ τὸν ἔρωθ' ὅθεν ἵκετο, πότνα Σελάνα—

πᾶσα μὲν ἐψύχθην χιόνος πλέον, ἐκ δὲ μετώπω
ἱδρώς μευ κοχύδεσκεν ἴσον νοτίαισιν ἐέρσαις,
οὐδέ τι φωνῆσαι δυνάμαν, οὐδ' ὅσσον ἐν ὕπνῳ

85 ἐξεσάλαξεν 𝔓3 Σ u.l. ἐξαλάπαξεν codd.   89 ἔρρεν Κ ερ[ρ]εν τ' 𝔓3   95 ειτ' 𝔓3   101 ὑφαγέο Mosch. ἀφ- 𝔓3 codd. | τειδε 𝔓3 τωδε 𝔓3 supraNS τᾷδε KWA   106 ἐκ 𝔓3 WANS ἐν Κ   107 μευ 𝔓3corr.KNS   μὲν 𝔓3 WA | κοχύδεσκεν 𝔓3 Κ Eust.1095.29 -ύεσκεν WANS   108 φωνῆσαι Η² -ᾶσαι 𝔓3 codd.

ΘΕΟΚΡΙΤΟΥ

κνυζεῦνται φωνεῦντα φίλαν ποτὶ ματέρα τέκνα·
110 ἀλλ' ἐπάγην δαγῦδι καλὸν χρόα πάντοθεν ἴσα.

φράζεό μευ τὸν ἔρωθ' ὅθεν ἵκετο, πότνα Σελάνα.

καί μ' ἐσιδὼν ὤστοργος ἐπὶ χθονὸς ὄμματα πάξας
ἕζετ' ἐπὶ κλιντῆρι καὶ ἑζόμενος φάτο μῦθον·
'ἦ ῥά με, Σιμαίθα, τόσον ἔφθασας, ὅσσον ἐγώ θην
115 πρᾶν ποκα τὸν χαρίεντα τράχων ἔφθασσα Φιλῖνον,
ἐς τὸ τεὸν καλέσασα τόδε στέγος ἢ 'μὲ παρῆμεν.

φράζεό μευ τὸν ἔρωθ' ὅθεν ἵκετο, πότνα Σελάνα.

ἦνθον γάρ κεν ἐγώ, ναὶ τὸν γλυκὺν ἦνθον Ἔρωτα,
ἢ τρίτος ἠὲ τέταρτος ἐὼν φίλος αὐτίκα νυκτός,
120 μᾶλα μὲν ἐν κόλποισι Διωνύσοιο φυλάσσων,
κρατὶ δ' ἔχων λεύκαν, Ἡρακλέος ἱερὸν ἔρνος,
πάντοθι πορφυρέαισι περὶ ζώστραισιν ἑλικτάν.

φράζεό μευ τὸν ἔρωθ' ὅθεν ἵκετο, πότνα Σελάνα.

καί κ', εἰ μέν μ' ἐδέχεσθε, τάδ' ἦς φίλα (καὶ γὰρ ἐλαφρός
125 καὶ καλὸς πάντεσσι μετ' αἰθέοισι καλεῦμαι),
εὑδόν τ' εἴ κε μόνον τὸ καλὸν στόμα τεῦς ἐφίλησα·
εἰ δ' ἄλλᾳ μ' ὠθεῖτε καὶ ἁ θύρα εἴχετο μοχλῷ,
πάντως κα πελέκεις καὶ λαμπάδες ἦνθον ἐφ' ὑμέας.

φράζεό μευ τὸν ἔρωθ' ὅθεν ἵκετο, πότνα Σελάνα.

130 νῦν δὲ χάριν μὲν ἔφαν τᾷ Κύπριδι πρᾶτον ὀφείλειν,
καὶ μετὰ τὰν Κύπριν τύ με δευτέρα ἐκ πυρὸς εἵλευ,
ὦ γύναι, ἐσκαλέσαισα τεὸν ποτὶ τοῦτο μέλαθρον

---

109 κνυζεῦνται 𝔓3 KAN -εῦντα WS -ῶνται S²: cf. 6. 30   112 πάξας Paris. 2512 πήξας 𝔓3 codd.   115 τράχων 𝔓3 corr.· τρέχων 𝔓3 codd.: cf. 147 | ἔφθασσα S -ασα 𝔓3 N -αξα KWA   118 κεν ἐγώ Non. και εγω 𝔓3 κἀγώ, κἠγώ, κηγών codd.   122 πάντοθι 𝔓3 NS -θε(ν) KWA   124 κ' εἰ μέν μ' ἐδ. Ahr.]μ εδ. 𝔓3 μ' εἰ μέν κ' ἐδ. codd. | ἦς codd. ως 𝔓3   125 αἰθέοισι Wil. ἠιθ- codd.   126 τ' εἴ KNS δ' εἴ WA   128 κα Ahr. καὶ 𝔓3 codd.   129, 130 transp. 𝔓3   131 ειλε 𝔓3   132]καλεσαισα 𝔓3 -ασα codd.

11. *ΦΑΡΜΑΚΕΥΤΡΙΑ*

αὕτως ἡμίφλεκτον· Ἔρως δ' ἄρα καὶ Λιπαραίῳ
πολλάκις Ἀφαίστοιο <u>σέλας</u> φλογερώτερον αἴθει·
135   φράζεό μευ τὸν ἔρωθ' ὅθεν ἵκετο, πότνα Σελάνα.
σὺν δὲ κακαῖς μανίαις καὶ παρθένον ἐκ θαλάμοιο
καὶ νύμφαν ἐφόβησ' ἔτι <u>δέμνια θερμὰ</u> λιποῖσαν
ἀνέρος'. ὡς ὃ μὲν εἶπεν· ἐγὼ δέ νιν ἁ ταχυπειθής
χειρὸς <u>ἐφαψαμένα</u> μαλακῶν ἔκλιν' ἐπὶ λέκτρων·
140 καὶ ταχὺ χρὼς ἐπὶ χρωτὶ <u>πεπαίνετο</u>, καὶ τὰ πρόσωπα
θερμότερ' ἦς ἢ πρόσθε, καὶ <u>ἐψιθυρίσδομες</u> ἁδύ.
ὡς καί τοι μὴ μακρὰ φίλα θρυλέοιμι Σελάνα,
ἐπράχθη τὰ μέγιστα καὶ ἐς πόθον ἤνθομες ἄμφω.
κοὔτε τι τῆνος ἐμὶν ἀπεμέμψατο μέσφα τό γ' ἐχθές,
145 οὔτ' ἐγὼ αὖ τήνῳ. ἀλλ' ἦνθέ μοι ἅ τε Φιλίστας
μάτηρ τᾶς ἁμᾶς αὐλητρίδος ἅ τε Μελιξοῦς
σάμερον, ἁνίκα πέρ τε ποτ' ὠρανὸν <u>ἔτραχον</u> ἵπποι
Ἀῶ τὰν ῥοδόεσσαν ἀπ' ὠκεανοῖο φέροισαι,
κεῖπέ μοι ἄλλα τε πολλὰ καὶ ὡς ἄρα Δέλφις ἔραται.
150 κεῖτε νιν αὖτε γυναικὸς ἔχει πόθος εἴτε καὶ ἀνδρός,
οὐκ ἔφατ' ἀτρεκὲς ἴδμεν, ἀτὰρ τόσον· αἰὲν Ἔρωτος
<u>ἀκράτω ἐπεχεῖτο</u> καὶ ἐς τέλος ᾤχετο φεύγων,
καὶ φάτο οἱ στεφάνοισι τὰ δώματα τῆνα πυκαξεῖν.
ταῦτά μοι ἁ ξείνα μυθήσατο, ἔστι δ' ἀλαθής.
155 ἦ γάρ μοι καὶ τρὶς καὶ τετράκις ἄλλοκ' ἐφοίτη,
καὶ παρ' ἐμὶν ἐτίθει τὰν Δωρίδα πολλάκις <u>ὄλπαν</u>·

133 Λιπαραίῳ Valck. -ραίου codd. -ρη[𝔓3   134 φοβερωτερον 𝔓3
138 νιν scripsi μιν 𝔓3 οἱ codd.   139 εκαθημ' επι 𝔓3   141 θερ-
μότερον πυρὸς ἦθε Platt | ἁδύ KWAS   ηδη 𝔓3   ἀεί N   142 ὡς 𝔓3
KW χὼς ANS | καί S κά KWAN   κεν 𝔓3 | θρέομι' ω Σελ. 𝔓3 θρυλέ-
ωμι Herm.   144 κοὔτε τι 𝔓3 Mosch.   κοὐκέτι codd. | ἀπεμέμψατο
𝔓3 V² ἀπεπέμ- KWAN   ἐπεμέμ- S | τό γ' Paris. 2758   τύγ' KW   τόδ
𝔓3   τοι ANS   146 ἁμᾶς 𝔓3 S   ἐμᾶς KWAN   147 περ τοι 𝔓3
corr.   τοι τε 𝔓3 | ἔτραχον 𝔓3 corr.KW   ἔτρεχον 𝔓3 ANS: cf.115
148 ροδοεσσαν 𝔓3   ῥοδόπαχυν codd.   149 εραται 𝔓3   152 ακρατως
𝔓3 corr.   153 πυκαξεῖν Edm. -άσδεν codd. -ασθην 𝔓3   155 η (δη
add. supr.) γαρ μοι τρις 𝔓3

ΘΕΟΚΡΙΤΟΥ

νῦν δέ τε δωδεκαταῖος ἀφ᾽ ὡτέ νιν οὐδὲ ποτεῖδον.
ἦ ῥ᾽ οὐκ ἄλλο τι τερπνὸν ἔχει, ἁμῶν δὲ λέλασται;
νῦν μὲν τοῖς φίλτροις καταδήσομαι· αἰ δ᾽ ἔτι κά με
160 λυπῇ, τὰν Ἀίδαο πύλαν, ναὶ Μοίρας, ἀραξεῖ·
τοῖά οἱ ἐν κίστᾳ κακὰ φάρμακα φαμὶ φυλάσσειν,
Ἀσσυρίω, δέσποινα, παρὰ ξείνοιο μαθοῖσα.
ἀλλὰ τὺ μὲν χαίροισα ποτ᾽ ὠκεανὸν τρέπε πώλως,
πότνι᾽· ἐγὼ δ᾽ οἰσῶ τὸν ἐμὸν πόθον ὥσπερ ὑπέσταν.
165 χαῖρε, Σελαναία λιπαρόθρονε, χαίρετε δ᾽ ἄλλοι
ἀστέρες, εὐκάλοιο κατ᾽ ἄντυγα Νυκτὸς ὀπαδοί.

III. ΘΕΟΚΡΙΤΟΥ ΚΩΜΟΣ

Κωμάσδω ποτὶ τὰν Ἀμαρυλλίδα, ταὶ δέ μοι αἶγες
βόσκονται κατ᾽ ὄρος, καὶ ὁ Τίτυρος αὐτὰς ἐλαύνει.
Τίτυρ᾽, ἐμὶν τὸ καλὸν πεφιλημένε, βόσκε τὰς αἶγας,
καὶ ποτὶ τὰν κράναν ἄγε, Τίτυρε· καὶ τὸν ἐνόρχαν,
5 τὸν Λιβυκὸν κνάκωνα, φυλάσσεο μή τυ κορύψῃ.

Ὦ χαρίεσσ᾽ Ἀμαρυλλί, τί μ᾽ οὐκέτι τοῦτο κατ᾽ ἄντρον
παρκύπτοισα καλεῖς, τὸν ἐρωτύλον; ἦ ῥά με μισεῖς;
ἦ ῥά γέ τοι σιμὸς καταφαίνομαι ἐγγύθεν ἦμεν,
νύμφα, καὶ προγένειος; ἀπάγξασθαί με ποησεῖς.
10 ἠνίδε τοι δέκα μᾶλα φέρω· τηνῶθε καθεῖλον
ὦ μ᾽ ἐκέλευ καθελεῖν τύ, καὶ αὔριον ἄλλα τοι οἰσῶ.

157 δέ τε codd.   μαν ℙ3   159 μὲν ANS   μὰν ℙ3 KW | κα με ℙ3
κἠμέ codd.   161 φυλαξ..ν ℙ3   163 πώλως Ahr.   -ους ℙ3 codd.
164 πόθον ℙ3 K   πόνον cett.: cf. 22. 187   165 λιπαροθρονε ℙ3
-όχροε codd.

CODD. PRIMARII: K   PQW [Laur.]   AGNU [Vat.]
PAP.: ℙ1 (11–21, 34–46, 52–fin.)
TITULUS: Κῶμος A   Ἀμαρυλλὶς ἢ αἰπόλος ἢ κωμαστής PG   praefixo κῶ-
μος US   Αἰπόλος ἢ Ἀμαρυλλίς Σ Vat. Arg.   Αἰπολικὸν ἢ Ἀμαρυλλίς K
3 πεφιλημένε Gell. 9. 9   -αμένε codd.   4 ἐνόρχαν (ἡμιτομίαν) Σ u.l.
5 τυ codd.   τι Σ lemma Fauorin. s.u. κορύψῃ   10 τηνῶ δὲ PQW

III. ΚΩΜΟΣ

θᾶσαι μάν. θυμαλγὲς ἐμὶν ἄχος. αἴθε γενοίμαν
ἁ βομβεῦσα μέλισσα καὶ ἐς τεὸν ἄντρον ἱκοίμαν,
τὸν κισσὸν διαδὺς καὶ τὰν πτέριν ᾇ τυ πυκάσδει.
15 νῦν ἔγνων τὸν Ἔρωτα· βαρὺς θεός· ἦ ῥα λεαίνας
μαζὸν ἐθήλαζεν, δρυμῷ τέ νιν ἔτραφε μάτηρ,
ὅς με κατασμύχων καὶ ἐς ὀστίον ἄχρις ἰάπτει.

ὦ τὸ καλὸν ποθορεῦσα, τὸ πᾶν λίθος, ὦ κυάνοφρυ
νύμφα, πρόσπτυξαί με τὸν αἰπόλον ὥς τυ φιλήσω.
20 ἔστι καὶ ἐν κενεοῖσι φιλήμασιν ἁδέα τέρψις.

τὸν στέφανον τῖλαί με κατ' αὐτίκα λεπτὰ ποησεῖς,
τόν τοι ἐγών, Ἀμαρυλλὶ φίλα, κισσοῖο φυλάσσω,
ἀμπλέξας καλύκεσσι καὶ εὐόδμοισι σελίνοις.

ὤμοι ἐγών, τί πάθω, τί ὁ δύσσοος; οὐχ ὑπακούεις.

25 τὰν βαίταν ἀποδὺς ἐς κύματα τηνῶ ἁλεῦμαι,
ὥπερ τὼς θύννως σκοπιάζεται Ὄλπις ὁ γριπεύς·
καἴ κα δὴ 'ποθάνω, τό γε μὲν τεὸν ἁδὺ τέτυκται.

ἔγνων πρᾶν, ὅκα μοι, μεμναμένῳ εἰ φιλέεις με,
οὐδὲ τὸ τηλέφιλον ποτεμάξατο τὸ πλατάγημα,
30 ἀλλ' αὔτως ἁπαλῷ ποτὶ πάχεϊ ἐξεμαράνθη.

εἶπε καὶ Ἀγροιὼ τἀλαθέα κοσκινόμαντις,
ἁ πρᾶν ποιολογεῦσα παραιβάτις, οὕνεκ' ἐγὼ μέν
τὶν ὅλος ἔγκειμαι τὺ δέ μευ λόγον οὐδένα ποιῇ.

ἦ μάν τοι λευκὰν διδυματόκον αἶγα φυλάσσω,
35 τάν με καὶ ἁ Μέρμνωνος ἐριθακὶς ἁ μελανόχρως
αἰτεῖ· καὶ δωσῶ οἱ, ἐπεὶ τύ μοι ἐνδιαθρύπτῃ.

12 ἐμὶν 𝔓1 ἐμὸν codd.   14 πυκάσδει Q -δῃ cett.   16 μαζὸν Thom.
Mag. s.u. μαστός   μασδὸν codd.   μαστὸν Stob. 4. 20. 60: cf. 48 | ἐθήλαξε
Stob. | νιν Stob.   μιν codd. | ἔτραφε 𝔓1 A Stob.   ἔτρεφε cett.   17
ὀστίον Bgk -έον codd. | ἰάπτει 𝔓1 KAGNU   ἱκάνει PQW   18 λίπος,
ἔπος Σ uu.ll.   19 φιλήσω Ahr. -άσω codd.   23 ἐμπλέξας ANU
24 ὑπακούει Herm.   25 τῆνα ANU -νῶθεν G   27 δὴ Graefe μὴ
codd. | μὲν Denniston   μὰν codd. (θὰν K)   28 ὅκα μοι Greverus
ὅκ' ἔμοιγε KQW   ὅκα μευ AGNU   ὅτ' ἔμευ P   30 πάχει Mosch. -εος
codd.   31 ἁ Γροιὼ Σ u.l.   32 πρὶν K   35 καλα Μερμ. 𝔓1 ante corr.

17

ΘΕΟΚΡΙΤΟΥ

ἅλλεται ὀφθαλμός μευ ὁ δεξιός· ἆρά γ᾽ ἰδησῶ
αὐτάν; ᾀσεῦμαι ποτὶ τὰν πίτυν ὧδ᾽ ἀποκλινθείς,
καί κέ μ᾽ ἴσως ποτίδοι ἐπεὶ οὐκ ἀδαμαντίνα ἐστίν.

40 Ἱππομένης, ὅκα δὴ τὰν παρθένον ἤθελε γᾶμαι,
μᾶλ᾽ ἐν χερσὶν ἑλὼν δρόμον ἄνυεν· ἁ δ᾽ Ἀταλάντα
ὡς ἴδεν ὣς ἐμάνη, ὣς ἐς βαθὺν ἅλατ᾽ ἔρωτα.

τὰν ἀγέλαν χὠ μάντις ἀπ᾽ Ὄθρυος ἆγε Μελάμπους
ἐς Πύλον· ἁ δὲ Βίαντος ἐν ἀγκοίναισιν ἐκλίνθη
45 μάτηρ ἁ χαρίεσσα περίφρονος Ἀλφεσιβοίας.

τὰν δὲ καλὰν Κυθέρειαν ἐν ὤρεσι μῆλα νομεύων
οὐχ οὕτως Ὤδωνις ἐπὶ πλέον ἄγαγε λύσσας
ὥστ᾽ οὐδὲ φθίμενόν νιν ἄτερ μαζοῖο τίθητι;

ζαλωτὸς μὲν ἐμὶν ὁ τὸν ἄτροπον ὕπνον ἰαύων
50 Ἐνδυμίων· ζαλῶ δέ, φίλα γύναι, Ἰασίωνα,
ὃς τόσσων ἐκύρησεν ὅσ᾽ οὐ πευσεῖσθε βέβαλοι.

Ἀλγέω τὰν κεφαλάν, τὶν δ᾽ οὐ μέλει. οὐκέτ᾽ ἀείδω,
κεισεῦμαι δὲ πεσών, καὶ τοὶ λύκοι ὧδέ μ᾽ ἔδονται.
ὡς μέλι τοι γλυκὺ τοῦτο κατὰ βρόχθοιο γένοιτο.

IV. ΘΕΟΚΡΙΤΟΥ ΝΟΜΕΙΣ

ΒΑΤΤΟΣ

Εἰπέ μοι, ὦ Κορύδων, τίνος αἱ βόες; ἦ ῥα Φιλώνδα;

ΚΟΡΥΔΩΝ

οὔκ, ἀλλ᾽ Αἴγωνος· βόσκειν δέ μοι αὐτὰς ἔδωκεν.

ΒΑ. ἦ πᾴ ψε κρύβδαν τὰ ποθέσπερα πάσας ἀμέλγες;

39 ἀδαμάντινος 𝔓1 ante corr. 42 ἅλατ᾽ Hemst. ἅλλατ᾽ K Tzetz. *Chil.* 12. 948 ἄλ(λ)ετ᾽ cett. 44 ἀγκοίναισιν Wint. -ησιν codd. 51 τοσσῆν᾽ P 53 ἔδονται US Greg. Cor. 73 -οντι cett.

CODD. PRIMARII : K PQW [Laur.] AGU [Vat.]
PAPP. : 𝔓1 (8–11, 56–fin.), 𝔓4 (34–38)
TITULUS : Νομεῖς K (supra schol.) G Βουκολιασταὶ ἢ νομεῖς PS εἰς Κορύδωνα ἢ νομεῖς ἢ φιλαλήθης ἢ Βάττος P(arg.)U Αἴγων Σ 3.1 K in textu tit. Id. 5 huc translatum expunxit.
1 τίνες KWA   3 ἀμέλγεις PU

IV. ΝΟΜΕΙΣ

ΚΟ. ἀλλ' ὁ γέρων ὑφίητι τὰ μοσχία κἠμὲ φυλάσσει.
5 ΒΑ. αὐτὸς δ' ἐς τίν' ἄφαντος ὁ βουκόλος ᾤχετο χώραν;
ΚΟ. οὐκ ἄκουσας; ἄγων νιν ἐπ' Ἀλφεὸν ᾤχετο Μίλων.
ΒΑ. καὶ πόκα τῆνος ἔλαιον ἐν ὀφθαλμοῖσιν ὀπώπει;
ΚΟ. φαντί νιν Ἡρακλῆι βίην καὶ κάρτος ἐρίσδειν.
ΒΑ. κἠμ' ἔφαθ' ἁ μάτηρ Πολυδεύκεος ἦμεν ἀμείνω.
10 ΚΟ. κᾤχετ' ἔχων σκαπάναν τε καὶ εἴκατι τουτόθε μῆλα
ΒΑ. πεῖσαι κα Μίλων καὶ τὼς λύκος αὐτίκα λυσσῆν.
ΚΟ. ταὶ δαμάλαι δ' αὐτὸν μυκώμεναι αἵδε ποθεῦντι.
ΒΑ. δείλαιαί γ' αὗται, τὸν βουκόλον ὡς κακὸν εὗρον.
ΚΟ. ἦ μὰν δείλαιαί γε, καὶ οὐκέτι λῶντι νέμεσθαι.
15 ΒΑ. τήνας μὲν δή τοι τᾶς πόρτιος αὐτὰ λέλειπται
    τὠστία. μὴ πρώκας σιτίζεται ὥσπερ ὁ τέττιξ;
ΚΟ. οὐ Δᾶν, ἀλλ' ὅκα μέν νιν ἐπ' Αἰσάροιο νομεύω
    καὶ μαλακῶ χόρτοιο καλὰν κώμυθα δίδωμι,
    ἄλλοκα δὲ σκαίρει τὸ βαθύσκιον ἀμφὶ Λάτυμνον.
20 ΒΑ. λεπτὸς μὰν χὠ ταῦρος ὁ πυρρίχος. αἴθε λάχοιεν
    τοὶ τῶ Λαμπριάδα, τοὶ δαμόται ὅκκα θύωντι
    τᾷ Ἥρᾳ, τοιόνδε· †κακοχράσμων† γὰρ ὁ δᾶμος.
ΚΟ. καὶ μὰν ἐς στομάλιμνον ἐλαύνεται ἔς τε τὰ Φύσκω,
    καὶ ποτὶ τὸν Νήαιθον, ὅπᾳ καλὰ πάντα φύοντι,
25 αἰγίπυρος καὶ κνύζα καὶ εὐώδης μελίτεια.
ΒΑ. φεῦ φεῦ βασεῦνται καὶ ταὶ βόες, ὦ τάλαν Αἴγων,
    εἰς Ἀΐδαν ὅκα καὶ τὺ κακᾶς ἠράσσαο νίκας,
    χἀ σῦριγξ εὐρῶτι παλύνεται, ἅν ποκ' ἐπάξα.
ΚΟ. οὐ τήνα γ', οὐ Νύμφας, ἐπεὶ ποτὶ Πῖσαν ἀφέρπων
30 δῶρον ἐμοί νιν ἔλειπεν· ἐγὼ δέ τις εἰμὶ μελικτάς,
    κεὖ μὲν τὰ Γλαύκας ἀγκρούομαι, εὖ δὲ τὰ Πύρρω.

5 οὗτὸς K¹ ωὑτὸς AGU | βουκόλος Ahr. βωκ- codd. 7, 8 om. G
7 ἐν PAU ἐπ' QW om. K 10 τουτόθε S Mosch. -όθι codd. | μῆλα
Ahr. μᾶλα codd. 11 κα Ahr. κε K τοι cett. 12 αἷδε K ὧδε
cett. 13 γ' PSTr δ' cett. 17 γᾶν K: cf. 7. 39 | νομεύων WAG
21 θύωντι Valck. -οντι codd. 22 κακοφράσμων Harl. 5691 | ὁ ταῦρος
Σ u.l. 24 ὅπῃ KP 28 ἐπάξω K²QW

19

ΘΕΟΚΡΙΤΟΥ

αἰνέω τάν τε Κρότωνα—'Καλὰ πόλις ἅ τε Ζάκυνθος...'—
καὶ τὸ ποταῷον τὸ Λακίνιον, ἇπερ ὁ πύκτας
Αἴγων ὀγδώκοντα μόνος κατεδαίσατο μάζας.
35 τηνεὶ καὶ τὸν ταῦρον ἀπ' ὤρεος ἆγε πιάξας
τᾶς ὁπλᾶς κἤδωκ' Ἀμαρυλλίδι, ταὶ δὲ γυναῖκες
μακρὸν ἀνάυσαν, χὠ βουκόλος ἐξεγέλασσεν.
ΒΑ. ὦ χαρίεσσ' Ἀμαρυλλί, μόνας σέθεν οὐδὲ θανοίσας
λασεύμεσθ'· ὅσον αἶγες ἐμὶν φίλαι, ὅσσον ἀπέσβης.
40 αἰαῖ τῶ σκληρῶ μάλα δαίμονος ὅς με λελόγχει.
ΚΟ. θαρσεῖν χρή, φίλε Βάττε· τάχ' αὔριον ἔσσετ' ἄμεινον.
ἐλπίδες ἐν ζωοῖσιν, ἀνέλπιστοι δὲ θανόντες,
χὠ Ζεὺς ἄλλοκα μὲν πέλει αἴθριος ἄλλοκα δ' ὕει.
ΒΑ. θαρσέω. βάλλε κάτωθε τὰ μοσχία· τᾶς γὰρ ἐλαίας
45 τὸν θαλλὸν τρώγοντι, τὰ δύσσοα. ΚΟ. σίτθ', ὁ Λέπαργος,
σίτθ', ἁ Κυμαίθα, ποτὶ τὸν λόφον. οὐκ ἐσακούεις;
ἡξῶ, ναὶ τὸν Πᾶνα, κακὸν τέλος αὐτίκα δωσῶν
εἰ μὴ ἄπει τουτῶθεν. ἴδ' αὖ πάλιν ἅδε ποθέρπει.
αἴθ' ἧς μοι ῥοικόν τι λαγωβόλον ὥς τυ πάταξα.
50 ΒΑ. θᾶσαί μ', ὦ Κορύδων, ποττῶ Διός· ἁ γὰρ ἄκανθα
ἁρμοῖ μ' ὧδ' ἐπάταξ' ὑπὸ τὸ σφυρόν. ὡς δὲ βαθεῖαι
τἀτρακτυλλίδες ἐντί. κακῶς ἁ πόρτις ὄλοιτο·
εἰς ταύταν ἐτύπην χασμεύμενος. ἦ ῥά γε λεύσσεις;
ΚΟ. ναὶ ναί, τοῖς ὀνύχεσσιν ἔχω τέ νιν· ἅδε καὶ αὐτά.
55 ΒΑ. ὀσσίχον ἐστὶ τὸ τύμμα, καὶ ἁλίκον ἄνδρα δαμάσδει.
ΚΟ. εἰς ὄρος ὅκχ' ἔρπῃς, μὴ νήλιπος ἔρχεο, Βάττε·
ἐν γὰρ ὄρει ῥάμνοι τε καὶ ἀσπάλαθοι κομόωντι.

37 ἐξεγέλασεν KQWG -αξε Tzetz. *Chil.* 2. 585   39 ἄλγος ἐ., φίλα, Fritz. | ὅσσον KS τόσσον cett.   46 σίτθ' ἁ GU σίτθ' ὦ A σίττ' ὦ cett. | Κυναίθα PQW: cf. 1. 151, 5. 102   48 ὧδε PW om. Q   49 ἦς Toup ἦν codd. | τι Herm.   τὐ P   τὸ cett. | πάταξα K¹ -ξω cett. 50 ποτὶ τῶ KAGU   53 εἰς ed. Morel.   ἐς codd. | ἐτύπην Ahr.   -αν codd. | χασμώμενος SMosch. | ῥά γε Med.   ῥά τε KAGU   ἄρα PQW 56 ὅκχ' Iunt.   ὅκκ' KAGU   ὅχ' PQW | νήλιπος K   ἀνήλ-, ἀνάλ- cett.   57 κάκτοι τε Σ u.l. | κομέονται Q¹ Et.M. 156. 31

IV. ΝΟΜΕΙΣ

ΒΑ. εἴπ' ἄγε μ', ὦ Κορύδων, τὸ γερόντιον ἦ ῥ' ἔτι μύλλει
τήναν τὰν κυάνοφρυν ἐρωτίδα τᾶς ποκ' ἐκνίσθη;
60 ΚΟ. ἀκμάν γ', ὦ δείλαιε· πρόαν γε μὲν αὐτὸς ἐπενθών
καὶ ποτὶ τᾷ μάνδρᾳ κατελάμβανον ἇμος ἐνήργει.
ΒΑ. εὖ γ', ὤνθρωπε φιλοῖφα. τό τοι γένος ἢ Σατυρίσκοις
ἐγγύθεν ἢ Πάνεσσι κακοκνάμοισιν ἐρίσδει.

V. ΘΕΟΚΡΙΤΟΥ ΑΙΠΟΛΙΚΟΝ ΚΑΙ ΠΟΙΜΕΝΙΚΟΝ

ΚΟΜΑΤΑΣ

Αἶγες ἐμαί, τῆνον τὸν ποιμένα, τὸν Συβαρίταν,
φεύγετε, τὸν Λάκωνα· τό μευ νάκος ἐχθὲς ἔκλεψεν.

ΛΑΚΩΝ

οὐκ ἀπὸ τᾶς κράνας; σίττ', ἀμνίδες· οὐκ ἐσορῆτε
τόν μευ τὰν σύριγγα πρόαν κλέψαντα Κομάταν;
5 ΚΟ. τὰν ποίαν σύριγγα; τὺ γάρ ποκα, δῶλε Σιβύρτα,
ἐκτάσω σύριγγα; τί δ' οὐκέτι σὺν Κορύδωνι
ἀρκεῖ τοι καλάμας αὐλὸν ποππύσδεν ἔχοντι;
ΛΑ. τάν μοι ἔδωκε Λύκων, ὠλεύθερε. τὶν δὲ τὸ ποῖον
Λάκων ἀγκλέψας ποκ' ἔβα νάκος; εἰπέ, Κομάτα·
10 οὐδὲ γὰρ Εὐμάρᾳ τῷ δεσπότᾳ ἧς τοι ἐνεύδειν.

60 γ' om. K | πρόαν Ε πρώαν PQW πράν cett.   61 τὰν μάνδραν Q¹WAGU τὰν μάκτραν Σ u.l. | ἐνήργει S ἐνάρ- codd.   63 ἐρίσδεις K¹ ἐρείδεις Lobel

CODD. PRIMARII: K   PQW [Laur.]   AGL (55–fin.) [Vat.]
PAPP.: 𝔓1 (136–49), 𝔓2 (53–65, 81–93, 110–22, 127–37, 139–fin.), 𝔓3 (19–28, 33–37, 88–96, 143–fin.), 𝔓4 (3–8, 50–56, 83–89). Commentarium in uu. 38–45 conseruat p. Berol. 7506.
TITULUS: Αἰπολικὸν (καὶ) ποιμενικόν Σ arg. et ad 7. 21   praefixo 'Οδοιπόροι KG   addito Βουκολιασταί Δωρίδι Κ   praefixo Βουκολιασταί PQ(?) 'Οδοιπόροι Α]ροι 𝔓3   'Οδοιπόροι ex Id. 7, Βουκολιασταί ex Id. 6 uel 8 huc translata.
3 κράνας codd.   α[κ]ρα[ς ut uid. 𝔓4   4 πρόαν Briggs   πρώαν codd.: cf. 4. 60   5 Σιβύρτα KP   Σιβάρτα W   Συβάρτα QA   Συβαρίτα G: cf. 72, 74

ΘΕΟΚΡΙΤΟΥ

ΚΟ. τὸ Κροκύλος μοι ἔδωκε, τὸ ποικίλον, ἀνίκ' ἔθυσε
ταῖς Νύμφαις τὰν αἶγα· τὺ δ', ὦ κακέ, καὶ τόκ' ἐτάκευ
βασκαίνων, καὶ νῦν με τὰ λοίσθια γυμνὸν ἔθηκας.

ΛΑ. οὐ μαυτὸν τὸν Πᾶνα τὸν ἄκτιον, οὐ τέ γε Λάκων
15 τὰν βαίταν ἀπέδυσ' ὁ Καλαιθίδος· ἢ κατὰ τήνας
τᾶς πέτρας, ὤνθρωπε, μανεὶς εἰς Κρᾶθιν ἁλοίμαν.

ΚΟ. οὐ μάν, οὐ ταύτας τὰς λιμνάδας, ὠγαθέ, Νύμφας,
αἴτε μοι ἵλαοί τε καὶ εὐμενέες τελέθοιεν,
οὔ τευ τὰν σύριγγα λαθὼν ἔκλεψε Κομάτας.

20 *ΛΑ.* αἴ τοι πιστεύσαιμι, τὰ Δάφνιδος ἄλγε' ἀροίμαν.
ἀλλ' ὦν αἴ κα λῇς ἔριφον θέμεν, ἔστι μὲν οὐδέν
ἱερόν, ἀλλά γέ τοι διαείσομαι ἔστε κ' ἀπείπῃς.

ΚΟ. ὗς ποτ' Ἀθαναίαν ἔριν ἤρισεν. ἠνίδε κεῖται
ὤριφος· ἀλλ' ἄγε καὶ τύ τιν' εὔβοτον ἀμνὸν ἔρειδε.

25 *ΛΑ.* καὶ πῶς, ὦ κίναδος τύ, τάδ' ἔσσεται ἐξ ἴσω ἄμμιν;
τίς τρίχας ἀντ' ἐρίων ἐποκίξατο; τίς δὲ παρεύσας
αἰγὸς πρατοτόκοιο κακὰν κύνα δήλετ' ἀμέλγειν;

ΚΟ. ὅστις νικασεῖν τὸν πλατίον ὡς τὺ πεποίθεις,
σφὰξ βομβέων τέττιγος ἐναντίον. ἀλλὰ γὰρ οὔτι
30 ὤριφος ἰσοπαλής τοι, ἴδ' ὁ τράγος οὗτος· ἔρισδε.

ΛΑ. μὴ σπεῦδ'· οὐ γάρ τοι πυρὶ θάλπεαι. ἅδιον ᾀσῇ
τεῖδ' ὑπὸ τὰν κότινον καὶ τἄλσεα ταῦτα καθίξας.
ψυχρὸν ὕδωρ τουτεὶ καταλείβεται· ὧδε πεφύκει
ποία, χἀ στιβὰς ἅδε, καὶ ἀκρίδες ὧδε λαλεῦντι.

35 *ΚΟ.* ἀλλ' οὔτι σπεύδω· μέγα δ' ἄχθομαι εἰ τύ με τολμῇς
ὄμμασι τοῖς ὀρθοῖσι ποτιβλέπεν, ὅν ποκ' ἐόντα

14 τέ Kiess. σέ codd. 19 ἔκλεψα PG 21 ὦν Brunck οὖν P3 codd. | ἔστι Ahr. ἐντὶ codd. 22 ἀλλ' ἄγε KW 23 ποτ' S ποκ' codd. 24 τιν' Fritz. τὸν codd. | ἔρισδε K¹ 25 κίναδος τύ (σύ) Words. κίναδ' εὖ, κιναδεῦ codd. | τάδ' A τά γ' PG τάδε γ' KQW | ἴσω Briggs ἴσου codd. | ἁμῖν K 27 πρατοτόκοιο Ahr. πρωτ- P3 codd. 29 οὔτι S οὔτοι codd. 30 τοι Koehler τυ codd. 32 τεῖδ' KA τῇδ' G τεῖνδ' PQW 33 τουτεὶ PQ²S τηνεὶ KQWAG 36 τοῖσδ' Herm.

22

V. ΑΙΠΟΛΙΚΟΝ ΚΑΙ ΠΟΙΜΕΝΙΚΟΝ

παῖδ᾽ ἔτ᾽ ἐγὼν ἐδίδασκον. ἴδ᾽ ἁ χάρις ἐς τί ποχ᾽ ἕρπει·
θρέψαι καὶ λυκιδεῖς, θρέψαι κύνας, ὥς τυ φάγωντι.

ΛΑ. καὶ πόκ᾽ ἐγὼν παρὰ τεῦς τι μαθὼν καλὸν ἢ καὶ ἀκούσας
40 μέμναμ᾽, ὦ φθονερὸν τὺ καὶ ἀπρεπὲς ἀνδρίον αὕτως;

ΚΟ. ἁνίκ᾽ ἐπύγιζόν τυ, τὺ δ᾽ ἄλγεες· αἱ δὲ χίμαιραι
αἵδε κατεβληχῶντο, καὶ ὁ τράγος αὐτὰς ἐτρύπη.

ΛΑ. μὴ βάθιον τήνω πυγίσματος, ὑβέ, ταφείης.
ἀλλὰ γὰρ ἔρφ᾽, ὧδ᾽ ἕρπε, καὶ ὕστατα βουκολιαξῇ.

45 ΚΟ. οὐχ ἐρψῶ τηνεί. τουτεὶ δρύες, ὧδε κύπειρος,
ὧδε καλὸν βομβεῦντι ποτὶ σμάνεσσι μέλισσαι,
ἔνθ᾽ ὕδατος ψυχρῶ κρᾶναι δύο, ταὶ δ᾽ ἐπὶ δένδρει
ὄρνιχες λαλαγεῦντι, καὶ ἁ σκιὰ οὐδὲν ὁμοία
τᾷ παρὰ τίν· βάλλει δὲ καὶ ἁ πίτυς ὑψόθε κώνοις.

50 ΛΑ. ἦ μὰν ἀρνακίδας τε καὶ εὔρια τεῖδε πατησεῖς,
αἴ κ᾽ ἔνθῃς, ὕπνω μαλακώτερα· ταὶ δὲ τραγεῖαι
ταὶ παρὰ τὶν ὄσδοντι κακώτερον ἢ τύ περ ὄσδεις.
στασῶ δὲ κρατῆρα μέγαν λευκοῖο γάλακτος
ταῖς Νύμφαις, στασῶ δὲ καὶ ἁδέος ἄλλον ἐλαίω.

55 ΚΟ. αἰ δέ κε καὶ τὺ μόλῃς, ἁπαλὰν πτέριν ὧδε πατησεῖς
καὶ γλάχων᾽ ἀνθεῦσαν· ὑπεσσεῖται δὲ χιμαιρᾶν
δέρματα τᾶν παρὰ τὶν μαλακώτερα τετράκις ἀρνᾶν.
στασῶ δ᾽ ὀκτὼ μὲν γαυλὼς τῷ Πανὶ γάλακτος,
ὀκτὼ δὲ σκαφίδας μέλιτος πλέα κηρί᾽ ἐχοίσας.

60 ΛΑ. αὐτόθε μοι ποτέρισδε καὶ αὐτόθε βουκολιάσδευ·
τὰν σαυτῶ πατέων ἔχε τὰς δρύας. ἀλλὰ τίς ἄμμε,
τίς κρινεῖ; αἴθ᾽ ἔνθοι ποχ᾽ ὁ βουκόλος ὧδε Λυκώπας.

ΚΟ. οὐδὲν ἐγὼ τήνω ποτιδεύομαι· ἀλλὰ τὸν ἄνδρα,

37 ποχ᾽ ἕρπει Mein.   ποθέρπει codd.   38 καὶ om. PA Stob. 2. 46. 7
κα Σ ut uid.   39 τεῦς Iunt. Ap. Dysc. *pron.* 75. 6   τεῦ codd.   44
βουκολιαξῇ S -ξεῖς codd.   45 κύπειρον PQW   49 ὑψόθε S -θι
codd. | κώνους WA   50 τεῖδε Ahr.   τιδε aut ηδε 𝔓4   τῆδε codd.
52 χαλεπώτερον PQW   55 κε KP   κα cett.   57 πολλάκις 𝔓2 ut uid.
KAGL¹ | ἀρνᾶν Ahr.   ἀρνῶν 𝔓2 codd.   62 ποχ᾽ Brunck   ποθ᾽ codd. |
ὧδ᾽ ὁ Λ. Κ

23

ΘΕΟΚΡΙΤΟΥ

αἰ λῆς, τὸν δρυτόμον βωστρήσομες, ὃς τὰς ἐρείκας
65 τήνας τὰς παρὰ τὶν ξυλοχίζεται· ἔστι δὲ Μόρσων.

ΛΑ. βωστρέωμες.

ΚΟ. τὺ κάλει νιν.

ΛΑ. ἴθ᾽ ὦ ξένε, μικκὸν ἄκουσον
τεῖδ᾽ ἐνθών· ἄμμες γὰρ ἐρίσδομες ὅστις ἀρείων
βουκολιαστάς ἐστι. τὺ δ᾽, ὠγαθέ, μήτ᾽ ἐμέ, Μόρσων,
ἐν χάριτι κρίνῃς, μήτ᾽ ὦν τύγα τοῦτον ὀνάσῃς.

70 ΚΟ. ναί, ποτὶ τᾶν Νυμφᾶν, Μόρσων φίλε, μήτε Κομάτᾳ
τὸ πλέον ἰθύνῃς, μήτ᾽ ὦν τύγα τῷδε χαρίξῃ.
ἅδε τοι ἁ ποίμνα τῶ Θουρίω ἐστὶ Σιβύρτα,
Εὐμάρα δὲ τὰς αἶγας ὁρῇς, φίλε, τῶ Συβαρίτα.

ΛΑ. μὴ τύ τις ἠρώτη, ποττῶ Διός, αἴτε Σιβύρτα
75 αἴτ᾽ ἐμόν ἐστι, κάκιστε, τὸ ποίμνιον; ὡς λάλος ἐσσί.

ΚΟ. βέντισθ᾽ οὗτος, ἐγὼ μὲν ἀλαθέα πάντ᾽ ἀγορεύω
κοὐδὲν καυχέομαι· τύγα μὰν φιλοκέρτομος ἐσσί.

ΛΑ. εἶα λέγ᾽, εἴ τι λέγεις, καὶ τὸν ξένον ἐς πόλιν αὖθις
ζῶντ᾽ ἄφες· ὦ Παιάν, ἦ στωμύλος ἦσθα, Κομᾶτα.

80 ΚΟ. ταὶ Μοῖσαί με φιλεῦντι πολὺ πλέον ἢ τὸν ἀοιδόν
Δάφνιν· ἐγὼ δ᾽ αὐταῖς χιμάρως δύο πρᾶν ποκ᾽ ἔθυσα.

ΛΑ. καὶ γὰρ ἔμ᾽ Ὠπόλλων φιλέει μέγα, καὶ καλὸν αὐτῷ
κριὸν ἐγὼ βόσκω· τὰ δὲ Κάρνεα καὶ δὴ ἐφέρπει.

ΚΟ. πλὰν δύο τὰς λοιπὰς διδυματόκος αἶγας ἀμέλγω,
85 καί μ᾽ ἁ παῖς ποθορεῦσα, 'τάλαν,' λέγει, 'αὐτὸς ἀμέλγεις;'

ΛΑ. φεῦ φεῦ, Λάκων τοι ταλάρως σχεδὸν εἴκατι πληροῖ
τυρῶ, καὶ τὸν ἄναβον ἐν ἄνθεσι παῖδα μολύνει.

ΚΟ. βάλλει καὶ μάλοισι τὸν αἰπόλον ἁ Κλεαρίστα
τὰς αἶγας παρελᾶντα καὶ ἁδύ τι ποππυλιάσδει.

66 βωστρέομες KPQW 67 τεῖδ᾽ K τῆδ᾽ AGL τεῖνδ᾽ PQW
68 ὦ φίλε KAGL 72 Συβάρτα QW 72, 73 transp. K 74
Συβάρτα Q 76 ἀγορεύσω KAGL 77 καυχῶμαι S | γα μὰν Wil. γε
μὰν PQW δ᾽ ἄγαν cett. 85 ποθέρεισ[ ]94 | ἀμέλγεις KP -ες cett.:
cf. 4. 3 89 παρελᾶντα QUV Gell. 9. 9 -λαῦντα PW -λῶντα GL
-λεῦντα KA: cf. 8. 73 | παππυλιάσδει u.l. ap. Eust. 565. 12

24

V. ΑΙΠΟΛΙΚΟΝ ΚΑΙ ΠΟΙΜΕΝΙΚΟΝ

90 *ΛΑ.* κἠμὲ γὰρ ὁ Κρατίδας τὸν ποιμένα λεῖος ὑπαντῶν
ἐκμαίνει· λιπαρὰ δὲ παρ' αὐχένα σείετ' ἔθειρα.

ΚΟ. ἀλλ' οὐ συμβλήτ' ἐστὶ κυνόσβατος οὐδ' ἀνεμώνα
πρὸς ῥόδα, τῶν ἄνδηρα παρ' αἱμασιαῖσι πεφύκει.

ΛΑ. οὐδὲ γὰρ οὐδ' ἀκύλοις ὀρομαλίδες· αἳ μὲν ἔχοντι
95   λεπτὸν ἀπὸ πρίνοιο λεπύριον, αἳ δὲ μελιχραί.

ΚΟ. κἠγὼ μὲν δωσῶ τᾷ παρθένῳ αὐτίκα φάσσαν,
ἐκ τᾶς ἀρκεύθω καθελών· τηνεὶ γὰρ ἐφίσδει.

ΛΑ. ἀλλ' ἐγὼ ἐς χλαῖναν μαλακὸν πόκον, ὁππόκα πέξω
τὰν οἶν τὰν πέλλαν, Κρατίδᾳ δωρήσομαι αὐτός.

100 *ΚΟ.* σίττ' ἀπὸ τᾶς κοτίνω, ταὶ μηκάδες· ὧδε νέμεσθε
ὡς τὸ κάταντες τοῦτο γεώλοφον αἵ τε μυρῖκαι.

ΛΑ. οὐκ ἀπὸ τᾶς δρυός, οὗτος ὁ Κώναρος ἅ τε Κιναίθα;
τουτεὶ βοσκησεῖσθε ποτ' ἀντολὰς ὡς ὁ Φάλαρος.

ΚΟ. ἔστι δέ μοι γαυλὸς κυπαρίσσινος, ἔστι δὲ κρατήρ,
105   ἔργον Πραξιτέλευς· τᾷ παιδὶ δὲ ταῦτα φυλάσσω.

ΛΑ. χἀμῖν ἐστι κύων φιλοποίμνιος ὃς λύκος ἄγχει,
ὃν τῷ παιδὶ δίδωμι τὰ θηρία πάντα διώκειν.

ΚΟ. ἀκρίδες, αἳ τὸν φραγμὸν ὑπερπαδῆτε τὸν ἁμόν,
μή μευ λωβάσησθε τὰς ἀμπέλος· ἐντὶ γὰρ αὖαι.

110 *ΛΑ.* τοὶ τέττιγες, ὁρῆτε τὸν αἰπόλον ὡς ἐρεθίζω·
οὕτω κὔμμες θην ἐρεθίζετε τὼς καλαμευτάς.

ΚΟ. μισέω τὰς δασυκέρκος ἀλώπεκας, αἳ τὰ Μίκωνος
αἰεὶ φοιτῶσαι τὰ ποθέσπερα ῥαγίζοντι.

ΛΑ. καὶ γὰρ ἐγὼ μισέω τὼς κανθάρος, οἳ τὰ Φιλώνδα
115   σῦκα κατατρώγοντες ὑπανέμιοι φορέονται.

ΚΟ. ἢ οὐ μέμνασ' ὅκ' ἐγών τυ κατήλασα, καὶ τὺ σεσαρὼς
εὖ ποτεκιγκλίζευ καὶ τᾶς δρυὸς εἴχεο τήνας;

91 παρ' αὐτόθι K   κατ[𝔓3   93 φυλάσσει K : cf. 1. 47   94 ὀρομαλίδες
𝔓3 KPQW ὀρυμ- AGL ὁμομ- Asclepiades in Σ   95 μελίχροι Σ u.l.
ut uid.   101 αἵ τε Xylander ᾇτε codd.   102 Κυναίθα AGL   109
ᾄβαι QW ᾄζαι, αὐταί Σ uu.ll.   111 κὔμμες S Mosch. χὔμμες PQWAL
χὐμὲς 𝔓2 KG   115 φορέονται 𝔓2 KAGL   ποτέ- PQW   116
ἢ om. PQW | μέμνᾳ AGL (γρ. ἢ ῥα μέμνᾳ Σ) | ὅκ' Tr   ὅτ' 𝔓2 codd.

25

ΘΕΟΚΡΙΤΟΥ

ΛΑ. τοῦτο μὲν οὐ μέμναμ'· ὅκα μάν ποκα τεῖδέ τυ δήσας
       Εὐμάρας ἐκάθηρε, καλῶς μάλα τοῦτό γ' ἴσαμι.

120 *ΚΟ.* ἤδη τις, Μόρσων, πικραίνεται· ἢ οὐχὶ παρήσθευ;
       σκίλλας ἰὼν γραίας ἀπὸ σάματος αὐτίκα τίλλοις.

ΛΑ. κἠγὼ μὰν κνίζω, Μόρσων, τινά· καὶ τὺ δὲ λεύσσεις.
       ἐνθὼν τὰν κυκλάμινον ὄρυσσέ νυν ἐς τὸν Ἄλεντα.

ΚΟ. Ἱμέρα ἀνθ' ὕδατος ῥείτω γάλα, καὶ τὺ δέ, Κρᾶθι,
125   οἴνῳ πορφύροις, τὰ δέ τοι σία καρπὸν ἐνείκαι.

ΛΑ. ῥείτω χἀ Συβαρῖτις ἐμὶν μέλι, καὶ τὸ πότορθρον
       ἁ παῖς ἀνθ' ὕδατος τᾷ κάλπιδι κηρία βάψαι.

ΚΟ. ταὶ μὲν ἐμαὶ κύτισόν τε καὶ αἴγιλον αἶγες ἔδοντι,
       καὶ σχῖνον πατέοντι καὶ ἐν κομάροισι κέονται.

130 *ΛΑ.* ταῖσι δ' ἐμαῖς ὀίεσσι πάρεστι μὲν ἁ μελίτεια
       φέρβεσθαι, πολλὸς δὲ καὶ ὡς ῥόδα κισθὸς ἐπανθεῖ.

ΚΟ. οὐκ ἔραμ' Ἀλκίππας, ὅτι με πρᾶν οὐκ ἐφίλησε
       τῶν ὤτων καθελοῖσ' ὅκα οἱ τὰν φάσσαν ἔδωκα.

ΛΑ. ἀλλ' ἐγὼ Εὐμήδευς ἔραμαι μέγα· καὶ γὰρ ὅκ' αὐτῷ
135   τὰν σύριγγ' ὤρεξα, καλόν τί με κάρτ' ἐφίλησεν.

ΚΟ. οὐ θεμιτόν, Λάκων, ποτ' ἀηδόνα κίσσας ἐρίσδειν,
       οὐδ' ἔποπας κύκνοισι· τὺ δ', ὦ τάλαν, ἐσσὶ φιλεχθής.

ΜΟΡΣΩΝ

παύσασθαι κέλομαι τὸν ποιμένα. τὶν δέ, Κομᾶτα,
δωρεῖται Μόρσων τὰν ἀμνίδα· καὶ τὺ δὲ θύσας
140 ταῖς Νύμφαις Μόρσωνι καλὸν κρέας αὐτίκα πέμψον.

ΚΟ. πεμψῶ, ναὶ τὸν Πᾶνα. φριμάσσεο, πᾶσα τραγίσκων
       νῦν ἀγέλα· κἠγὼν γὰρ ἴδ' ὡς μέγα τοῦτο καχαξῶ

---

118 ὅκα 𝔓2 KPQW   ὅκκα AGL   ὅτι Legr. | ποκα om. KAGL | τεῖδε
𝔓2 K   τῇδε AGL   τεῖνδε PQW   120 ἢ K   om. cett.   121 τίλλειν
AS Mosch.   122 μὰν KL   μὲν cett.   123 νυν A²Tr   νιν cett. |
Ἀλεῦντα AGL   127 τὰν κάλπιδα AGL   129 σχοῖνον 𝔓2
AGL: cf. 7. 133 | κέονται PS Mosch.   κέοντι KAGL   κέχυνται QW
131 κισθὸς M Mosch.   κισσὸς codd. (ῥοδάκισσος Σ u.k.)   140 Μοίσαις
PQW: cf.149   142 κἠγὼ μὲν ἴδ' AGL

26

V. ΑΙΠΟΛΙΚΟΝ ΚΑΙ ΠΟΙΜΕΝΙΚΟΝ

καττῶ Λάκωνος τῶ ποιμένος, ὅττι ποκ' ἤδη
ἀνυσάμαν τὰν ἀμνόν· ἐς ὠρανὸν ὔμμιν ἀλεῦμαι.
145 αἶγες ἐμαί, θαρσεῖτε, κερουχίδες· αὔριον ὔμμε
πάσας ἐγὼ λουσῶ Συβαρίτιδος ἔνδοθι λίμνας.
οὗτος ὁ λευκίτας ὁ κορυπτίλος, εἴ τιν' ὀχευσεῖς
τᾶν αἰγῶν, φλασσῶ τυ, πρὶν ἢ ἐμὲ καλλιερῆσαι
ταῖς Νύμφαις τὰν ἀμνόν. ὃ δ' αὖ πάλιν. ἀλλὰ γενοίμαν,
150 αἰ μή τυ φλάσσαιμι, Μελάνθιος ἀντὶ Κομάτα.

VI. ΘΕΟΚΡΙΤΟΥ ΒΟΥΚΟΛΙΑΣΤΑΙ

ΔΑΜΟΙΤΑΣ ΚΑΙ ΔΑΦΝΙΣ

Δαμοίτας καὶ Δάφνις ὁ βουκόλος εἰς ἕνα χῶρον
τὰν ἀγέλαν ποκ', Ἄρατε, συνάγαγον· ἦς δ' ὃ μὲν αὐτῶν
πυρρός, ὃ δ' ἡμιγένειος· ἐπὶ κράναν δέ τιν' ἄμφω
ἑσδόμενοι θέρεος μέσῳ ἄματι τοιάδ' ἄειδον.
5 πρᾶτος δ' ἄρξατο Δάφνις ἐπεὶ καὶ πρᾶτος ἔρισδεν.

ΔΑΦΝΙΣ

βάλλει τοι, Πολύφαμε, τὸ ποίμνιον ἁ Γαλάτεια
μάλοισιν, δυσέρωτα καὶ αἰπόλον ἄνδρα καλεῦσα·
καὶ τύ νιν οὐ ποθόρησθα, τάλαν τάλαν, ἀλλὰ κάθησαι
ἁδέα συρίσδων. πάλιν ἄδ', ἴδε, τὰν κύνα βάλλει,
10 ἅ τοι τᾶν οἰῶν ἕπεται σκοπός· ἁ δὲ βαΰσδει
εἰς ἅλα δερκομένα, τὰ δέ νιν καλὰ κύματα φαίνει

143 ὡδέ ποκ' Κ 144 τὰν Κ² τὸν 𝔓2 cett.: cf. 149 145 κερουχίδες
𝔓2 codd. κερουλίδες, κερουλκίδες Σ uu.ll. 146 λίμνας AGL κράνας
𝔓3 cett. 148 αἰγῶν AS Mosch. -ᾶν cett.: cf. 8. 49 | ἢ PQ ἤ γ' 𝔓2
cett.: cf. 7. 88 149 τὰν Κ τὸν cett.: cf. 144

CODD. PRIMARII: K PQW [Laur.] AGLU (1–38) [Vat.]
PAP.: 𝔓1 (28 sq., 34–40)
TITULUS: *Βουκολιασταὶ Δαμοίτας καὶ Δάφνις* codd.
1 καὶ PQAU χὠ cett. 7 καὶ Mein. τὸν codd. 9 ἁδὶ τὰν P Σ u.l.
11 ῥαίνει Σ u.l.

ΘΕΟΚΡΙΤΟΥ

ἅσυχα καχλάζοντος ἐπ' αἰγιαλοῖο θέοισαν.
φράζεο μὴ τᾶς παιδὸς ἐπὶ κνάμαισιν ὀρούσῃ
ἐξ ἁλὸς ἐρχομένας, κατὰ δὲ χρόα καλὸν ἀμύξῃ.
15 ἁ δὲ καὶ αὐτόθε τοι διαθρύπτεται· ὡς ἀπ' ἀκάνθας
ταὶ καπυραὶ χαῖται, τὸ καλὸν θέρος ἁνίκα φρύγει,
καὶ φεύγει φιλέοντα καὶ οὐ φιλέοντα διώκει,
καὶ τὸν ἀπὸ γραμμᾶς κινεῖ λίθον· ἦ γὰρ ἔρωτι
πολλάκις, ὦ Πολύφαμε, τὰ μὴ καλὰ καλὰ πέφανται.

20   Τῷ δ' ἐπὶ Δαμοίτας ἀνεβάλλετο καὶ τάδ' ἄειδεν.

ΔΑΜΟΙΤΑΣ

εἶδον, ναὶ τὸν Πᾶνα, τὸ ποίμνιον ἁνίκ' ἔβαλλε,
κοὔ μ' ἔλαθ', οὐ τὸν ἐμὸν τὸν ἕνα γλυκύν, ᾧ ποθορῶμι
ἐς τέλος (αὐτὰρ ὁ μάντις ὁ Τήλεμος ἐχθρ' ἀγορεύων
ἐχθρὰ φέροι ποτὶ οἶκον ὅπως τεκέεσσι φυλάσσοι)·
25 ἀλλὰ καὶ αὐτὸς ἐγὼ κνίζων πάλιν οὐ ποθόρημι,
ἀλλ' ἄλλαν τινὰ φαμὶ γυναῖκ' ἔχεν· ἁ δ' ἀΐοισα
ζαλοῖ μ', ὦ Παιάν, καὶ τάκεται, ἐκ δὲ θαλάσσας
οἰστρεῖ παπταίνοισα ποτ' ἄντρα τε καὶ ποτὶ ποίμνας.
σίξα δ' ὑλακτεῖν νιν καὶ τᾷ κυνί· καὶ γὰρ ὅκ' ἤρων,
30 αὐτᾶς ἐκνυζεῖτο ποτ' ἰσχία ῥύγχος ἔχοισα.
ταῦτα δ' ἴσως ἐσορεῦσα ποεῦντά με πολλάκι πεμψεῖ
ἄγγελον. αὐτὰρ ἐγὼ κλαξῶ θύρας ἔστε κ' ὀμόσσῃ
αὐτά μοι στορεσεῖν καλὰ δέμνια τᾶσδ' ἐπὶ νάσω·
καὶ γάρ θην οὐδ' εἶδος ἔχω κακὸν ὥς με λέγοντι.
35 ἦ γὰρ πρᾶν ἐς πόντον ἐσέβλεπον, ἦς δὲ γαλάνα,

---

12 καχλάζοντος SΣ -οντα codd.   15 αὐτόθε P -θι cett.   16 φρύγει
S -γῇ KWALU -ξῇ PG φλέγει Q   20 καλὸν ἀείδε(ι)ν PQWΣ u.l.
22 κοὔτ' ἔλ. K | τὸν alterum om. KL | ποθορῶμι Heins. -ῶμαι US
-ημαι cett.   24 φέροι ποτὶ A²L²U φέρει (-ῃ) ποτὶ KAL φέροιτο ποτ'
PQWG |.φυλάσσοι KQWG -σσῃ P -ξῇ ALU   25 ποθόρημι A Mosch.
-ημαι cett. (-ῶμαι US)   29 σίξα Ruhnken   σῖγα, σιγα, σιγᾷ codd. |
ὑλακτεῖ K¹ Σ u.l. | νιν om. KPQW   30 ἐκνυζεῖτο K²P -ᾶτο cett.
-οῖτο ΣK lemma -ῆτο S Greg. Cor. 79 | παρ ἰ. PQW

VI. ΒΟΥΚΟΛΙΑΣΤΑΙ

καὶ καλὰ μὲν τὰ γένεια, καλὰ δέ μευ ἁ μία κώρα,
ὡς παρ' ἐμὶν κέκριται, κατεφαίνετο, τῶν δέ τ' ὀδόντων
λευκοτέραν αὐγὰν Παρίας ὑπέφαινε λίθοιο.
ὡς μὴ βασκανθῶ δὲ τρὶς εἰς ἐμὸν ἔπτυσα κόλπον·
40 ταῦτα γὰρ ἁ γραία με Κοτυτταρὶς ἐξεδίδαξε
[ἁ πρᾶν ἀμάντεσσι παρ' Ἱπποκίωνι ποταύλει].

Τόσσ' εἰπὼν τὸν Δάφνιν ὁ Δαμοίτας ἐφίλησε·
χὦ μὲν τῷ σύριγγ', ὃ δὲ τῷ καλὸν αὐλὸν ἔδωκεν.
αὔλει Δαμοίτας, σύρισδε δὲ Δάφνις ὁ βούτας·
45 ὠρχεῦντ' ἐν μαλακᾷ ταὶ πόρτιες αὐτίκα ποίᾳ.
νίκη μὲν οὐδάλλος, ἀνήσσατοι δ' ἐγένοντο.

VII. ΘΕΟΚΡΙΤΟΥ ΘΑΛΥΣΙΑ

Ἧς χρόνος ἁνίκ' ἐγών τε καὶ Εὔκριτος εἰς τὸν Ἅλεντα
εἴρπομες ἐκ πόλιος, σὺν καὶ τρίτος ἄμμιν Ἀμύντας.
τᾷ Δηοῖ γὰρ ἔτευχε θαλύσια καὶ Φρασίδαμος
κἀντιγένης, δύο τέκνα Λυκωπέος, εἴ τί περ ἐσθλόν
5 χαῶν τῶν ἐπάνωθεν ἀπὸ Κλυτίας τε καὶ αὐτῶ
Χάλκωνος, Βούριναν ὃς ἐκ ποδὸς ἄνυε κράναν
εὖ ἐνερεισάμενος πέτρᾳ γόνυ· ταὶ δὲ παρ' αὐτάν
αἴγειροι πτελέαι τε εὔσκιον ἄλσος ὕφαινον

36 δέ μευ Ahr.   δέ μοι KPQW   δ' ἐμὶν AGLU   37 τοῖς δέ τ' ὀδοῦσι Σ u.l.   41 (= 10. 16) om. K | πρὰν S Mosch.   πρὶν codd. | Ἱπποκίωνι M¹ Mosch.   -κίωνα PQW   -κόωντι AGL   46 μὰν AGL

Codd. Primarii: K   PQW [Laur.]   ALU [Vat.]
Papp.: 𝔓1 (1–18, 24–27, 44–57, 64–87, 90–92, 104–31, 134–46), 𝔓2 (4–13, 68–117)
Titulus: Θαλύσια Σ arg. et 3. 8, 6. arg., 2]ια[𝔓1   τὰ ἐς Κομάταν Θαλ. K   Λυκίδας ἢ Θαλ. Et.M. 273. 42   Θαλ. ἢ ἐαρινοὶ ὁδοιπόροι PQ   Θαλ. ἢ ἐαρινὴ ὁδοιπορία ALU
2 καὶ 𝔓1 KALU   δὲ PQW | ἁμὶν PG Ap. Dysc. pron. 42. 7, synt. 177. 11
5 ἐπάνωθεν Reiske   ἔτ' ἄν- codd.: cf. Epigr. 22. 3   6 Βούρειαν QWΣ | ἄνυσε PΣu.l.   7 εὖ Herm. et ut uid. 𝔓1   εὖ γ' codd.   8 ὕφαινον Heins.   ἐφ- codd.

ΘΕΟΚΡΙΤΟΥ

χλωροῖσιν πετάλοισι κατηρεφέες κομόωσαι.
10 κοὔπω τὰν μεσάταν ὁδὸν ἄνυμες, οὐδὲ τὸ σᾶμα
ἁμῖν τὸ Βρασίλα κατεφαίνετο, καί τιν' ὁδίταν
ἐσθλὸν σὺν Μοίσαισι Κυδωνικὸν εὕρομες ἄνδρα,
οὔνομα μὲν Λυκίδαν, ἦς δ' αἰπόλος, οὐδέ κέ τίς νιν
ἠγνοίησεν ἰδών· ἐπεὶ αἰπόλῳ ἔξοχ' ἐῴκει.
15 ἐκ μὲν γὰρ λασίοιο δασύτριχος εἶχε τράγοιο
κνακὸν δέρμ' ὤμοισι νέας ταμίσοιο ποτόσδον,
ἀμφὶ δέ οἱ στήθεσσι γέρων ἐσφίγγετο πέπλος
ζωστῆρι πλακερῷ, ῥοικὰν δ' ἔχεν ἀγριελαίω
δεξιτερᾷ κορύναν. καί μ' ἀτρέμας εἶπε σεσαρώς
20 ὄμματι μειδιόωντι, γέλως δέ οἱ εἴχετο χείλευς·
'Σιμιχίδα, πᾷ δὴ τὺ μεσαμέριον πόδας ἕλκεις,
ἁνίκα δὴ καὶ σαῦρος ἐν αἱμασιαῖσι καθεύδει,
οὐδ' ἐπιτυμβίδιοι κορυδαλλίδες ἠλαίνοντι;
ἦ μετὰ δαῖτ' ἄκλητος ἐπείγεαι, ἤ τινος ἀστῶν
25 λανὸν ἔπι θρῴσκεις; ὥς τοι ποσὶ νισσομένοιο
πᾶσα λίθος πταίοισα ποτ' ἀρβυλίδεσσιν ἀείδει.'
τὸν δ' ἐγὼ ἀμείφθην· 'Λυκίδα φίλε, φαντί τυ πάντες
ἦμεν συρικτὰν μέγ' ὑπείροχον ἔν τε νομεῦσιν
ἔν τ' ἀματήρεσσι. τὸ δὴ μάλα θυμὸν ἰαίνει
30 ἁμέτερον· καίτοι κατ' ἐμὸν νόον ἰσοφαρίζειν
ἔλπομαι. ἁ δ' ὁδὸς ἅδε θαλυσιάς· ἦ γὰρ ἑταῖροι
ἀνέρες εὐπέπλῳ Δαμάτερι δαῖτα τελεῦντι
ὄλβω ἀπαρχόμενοι· μάλα γάρ σφισι πίονι μέτρῳ
ἁ δαίμων εὔκριθον ἀνεπλήρωσεν ἀλωάν.
35 ἀλλ' ἄγε δή, ξυνὰ γὰρ ὁδὸς ξυνὰ δὲ καὶ ἀώς,

11 τιν' Q²WS² τὸν cett.   12 εσλον 𝔓1   13 Λυκίδας PQW | νιν Zieg.   μιν 𝔓1𝔓2 (ε νιν) codd.   18 πλοκερῷ Σ u.l.   21 τὸ μεσ. UG Σ (in uita)   22 ἐφ' ALU   23 αἱ δ' ἐπ. PQW | ἐπιτυμβίδιαι ALUΣ lemma Gal. 12. 361 | ἠλαίνοντι Iunt. Gal. -ται codd.   24 δαῖτ' ἄκλητος Σ u.l. δαῖτα κλητὸς codd.   25 τεῦ Mosch. Tr   28 ἦμεν Wil. ἔμμεν(αι) codd.   29 ἀματήρεσσι Wil. ἀμητ- codd.   34 ἄλωνα PQW

30

VII. ΘΑΛΥΣΙΑ

βουκολιασδώμεσθα· τάχ' ὥτερος ἄλλον ὀνασεῖ.
καὶ γὰρ ἐγὼ Μοισᾶν καπυρὸν στόμα, κἠμὲ λέγοντι
πάντες ἀοιδὸν ἄριστον· ἐγὼ δέ τις οὐ ταχυπειθής,
οὐ Δᾶν· οὐ γάρ πω κατ' ἐμὸν νόον οὔτε τὸν ἐσθλόν
40 Σικελίδαν νίκημι τὸν ἐκ Σάμω οὔτε Φιλίταν
ἀείδων, βάτραχος δὲ ποτ' ἀκρίδας ὥς τις ἐρίσδω.'
ὣς ἐφάμαν ἐπίταδες· ὁ δ' αἰπόλος ἁδὺ γελάσσας,
'τάν τοι', ἔφα, 'κορύναν δωρύττομαι, οὕνεκεν ἐσσί
πᾶν ἐπ' ἀλαθείᾳ πεπλασμένον ἐκ Διὸς ἔρνος.
45 ὥς μοι καὶ τέκτων μέγ' ἀπέχθεται ὅστις ἐρευνῇ
ἶσον ὄρευς κορυφᾷ τελέσαι δόμον Ὠρομέδοντος,
καὶ Μοισᾶν ὄρνιχες ὅσοι ποτὶ Χῖον ἀοιδὸν
ἀντία κοκκύζοντες ἐτώσια μοχθίζοντι.
ἀλλ' ἄγε βουκολικᾶς ταχέως ἀρξώμεθ' ἀοιδᾶς,
50 Σιμιχίδα· κἠγὼ μέν—ὅρη, φίλος, εἴ τοι ἀρέσκει
τοῦθ' ὅτι πρᾶν ἐν ὄρει τὸ μελύδριον ἐξεπόνασα.

Ἔσσεται Ἀγεάνακτι καλὸς πλόος ἐς Μιτυλήναν,
χὤταν ἐφ' ἑσπερίοις Ἐρίφοις νότος ὑγρὰ διώκῃ
κύματα, χὠρίων ὅτ' ἐπ' ὠκεανῷ πόδας ἴσχει,
55 αἴ κα τὸν Λυκίδαν ὀπτεύμενον ἐξ Ἀφροδίτας
ῥύσηται· θερμὸς γὰρ ἔρως αὐτῶ με καταίθει.
χαλκυόνες στορεσεῦντι τὰ κύματα τάν τε θάλασσαν
τόν τε νότον τόν τ' εὖρον, ὃς ἔσχατα φυκία κινεῖ,
ἀλκυόνες, γλαυκαῖς Νηρηίσι ταί τε μάλιστα
60 ὀρνίχων ἐφίληθεν, ὅσοις τέ περ ἐξ ἁλὸς ἄγρα.
Ἀγεάνακτι πλόον διζημένῳ ἐς Μιτυλήναν

---

39 γᾶν K: cf. 4.17　　40 οὐδὲ KPW¹ | Φιλίταν Croenert -ήταν codd.
42 γελάσσας S Mosch. -άσας KPA¹ -άξας cett.: cf. 128, 156　　43
δωρήσομαι PALU　　44 κεκασμένος PQ² -ον W　　46 Ὠρομέδοντος
ϼ₁ KPQWLU Εὐρυμ- AU² Σ u.l.　　49 ἀρχιώμεθ' PALU　　52
Μιτυλήναν K -άναν cett. ut in 61　　54 ἴσχει Q¹S -η cett.　　55 κα
Wil. κεν codd.　　56 ῥύηται K　　60 ἐφίληθεν G -αθεν codd. | ὅσοις
Greverus -αις codd.

31

ΘΕΟΚΡΙΤΟΥ

ὥρια πάντα γένοιτο, καὶ εὔπλοος ὅρμον ἵκοιτο.
κἠγὼ τῆνο κατ᾽ ἆμαρ ἀνήτινον ἢ ῥοδόεντα
ἢ καὶ λευκοΐων στέφανον περὶ κρατὶ φυλάσσων
65 τὸν Πτελεατικὸν οἶνον ἀπὸ κρατῆρος ἀφυξῶ
πὰρ πυρὶ κεκλιμένος, κύαμον δέ τις ἐν πυρὶ φρυξεῖ.
χἀ στιβὰς ἐσσεῖται πεπυκασμένα ἔστ᾽ ἐπὶ πᾶχυν
κνύζᾳ τ᾽ ἀσφοδέλῳ τε πολυγνάμπτῳ τε σελίνῳ.
καὶ πίομαι μαλακῶς μεμναμένος Ἀγεάνακτος
70 αὐταῖς ἐν κυλίκεσσι καὶ ἐς τρύγα χεῖλος ἐρείδων.
αὐλησεῦντι δέ μοι δύο ποιμένες, εἷς μὲν Ἀχαρνεύς,
εἷς δὲ Λυκωπίτας· ὁ δὲ Τίτυρος ἐγγύθεν ᾀσεῖ
ὥς ποκα τᾶς Ξενέας ἠράσσατο Δάφνις ὁ βούτας,
χὢς ὄρος ἀμφεπονεῖτο καὶ ὡς δρύες αὐτὸν ἐθρήνευν
75 Ἱμέρα αἵτε φύοντι παρ᾽ ὄχθαισιν ποταμοῖο,
εὖτε χιὼν ὥς τις κατετάκετο μακρὸν ὑφ᾽ Αἷμον
ἢ Ἄθω ἢ Ῥοδόπαν ἢ Καύκασον ἐσχατόωντα.
ᾀσεῖ δ᾽ ὥς ποκ᾽ ἔδεκτο τὸν αἰπόλον εὐρέα λάρναξ
ζωὸν ἐόντα κακαῖσιν ἀτασθαλίαισιν ἄνακτος,
80 ὥς τέ νιν αἱ σιμαὶ λειμωνόθε φέρβον ἰοῖσαι
κέδρον ἐς ἁδεῖαν μαλακοῖς ἄνθεσσι μέλισσαι
οὕνεκά οἱ γλυκὺ Μοῖσα κατὰ στόματος χέε νέκταρ.
ὦ μακαριστὲ Κομᾶτα, τύ θην τάδε τερπνὰ πεπόνθεις·
καὶ τὺ κατεκλᾴσθης ἐς λάρνακα, καὶ τὺ μελισσᾶν
85 κηρία φερβόμενος ἔτος ὥριον ἐξεπόνασας.
αἴθ᾽ ἐπ᾽ ἐμεῦ ζωοῖς ἐναρίθμιος ὤφελες ἦμεν
ὥς τοι ἐγὼν ἐνόμευον ἀν᾽ ὥρεα τὰς καλὰς αἶγας
φωνᾶς εἰσαΐων, τὺ δ᾽ ὑπὸ δρυσὶν ἢ ὑπὸ πεύκαις
ἁδὺ μελισδόμενος κατεκέκλισο, θεῖε Κομᾶτα.'

62 ὥρια Σ u.l. (fort. οὖρ-) ὥρια codd. | εὔπλοος Schaefer -ον codd.
64 παρά PQ²WAL   68 πολυγνάμπτῳ K -γνάπτῳ cett.   70 αὐταῖς
ἐν Valck. αὐταῖσιν codd.   72 Λυκωπίτας 𝔓2 codd. -ειτας 𝔓1
73 Ξενέας 𝔓1 KQWALU Ξενίας PΣ u.l. ξανθᾶς Σ u.l.   74 ἀμφ-
επονεῖτο 𝔓1 𝔓2 KP¹ -επολεῖτο cett.   75 αιτ᾽ ἐφύοντο 𝔓1 𝔓2   85
ἐξετέλεσσας QWM   86 ἐμεῦ PG ἐμοὶ 𝔓2 cett.   88 η γ᾽ 𝔓2: cf. 5. 148

32

VII. ΘΑΛΥΣΙΑ

90 Χὼ μὲν τόσσ' εἰπὼν ἀπεπαύσατο· τὸν δὲ μέτ' αὖθις
κἠγὼν τοῖ' ἐφάμαν· 'Λυκίδα φίλε, πολλὰ μὲν ἄλλα
Νύμφαι κἠμὲ δίδαξαν ἀν' ὤρεα βουκολέοντα
ἐσθλά, τά που καὶ Ζηνὸς ἐπὶ θρόνον ἄγαγε φάμα·
ἀλλὰ τόγ' ἐκ πάντων μέγ' ὑπείροχον, ᾧ τυ γεραίρειν
95 ἀρξεῦμ'· ἀλλ' ὑπάκουσον, ἐπεὶ φίλος ἔπλεο Μοίσαις.

Σιμιχίδα μὲν Ἔρωτες ἐπέπταρον· ἦ γὰρ ὁ δειλός
τόσσον ἐρᾷ Μυρτοῦς ὅσον εἴαρος αἶγες ἔρανται.
Ὤρατος δ' ὁ τὰ πάντα φιλαίτατος ἀνέρι τήνῳ
παιδὸς ὑπὸ σπλάγχνοισιν ἔχει πόθον. οἶδεν Ἄριστις,
100 ἐσθλὸς ἀνήρ, μέγ' ἄριστος, ὃν οὐδέ κεν αὐτὸς ἀείδειν
Φοῖβος σὺν φόρμιγγι παρὰ τριπόδεσσι μεγαίροι,
ὡς ἐκ παιδὸς Ἄρατος ὑπ' ὀστίον αἴθετ' ἔρωτι.
τόν μοι, Πάν, Ὁμόλας ἐρατὸν πέδον ὅστε λέλογχας,
ἄκλητον τήνοιο φίλας ἐς χεῖρας ἐρείσαις,
105 εἴτ' ἔστ' ἄρα Φιλῖνος ὁ μαλθακὸς εἴτε τις ἄλλος.
κεἰ μὲν ταῦτ' ἔρδοις, ὦ Πὰν φίλε, μήτι τυ παῖδες
Ἀρκαδικοὶ σκίλλαισιν ὑπὸ πλευράς τε καὶ ὤμως
τανίκα μαστίζοιεν ὅτε κρέα τυτθὰ παρείη·
εἰ δ' ἄλλως νεύσαις, κατὰ μὲν χρόα πάντ' ὀνύχεσσι
110 δακνόμενος κνάσαιο καὶ ἐν κνίδαισι καθεύδοις·
εἴης δ' Ἠδωνῶν μὲν ἐν ὤρεσι χείματι μέσσῳ
Ἕβρον πὰρ ποταμὸν τετραμμένος ἐγγύθεν Ἄρκτω,
ἐν δὲ θέρει πυμάτοισι παρ' Αἰθιόπεσσι νομεύοις
πέτρᾳ ὕπο Βλεμύων, ὅθεν οὐκέτι Νεῖλος ὁρατός.
115 ὕμμες δ' Ὑετίδος καὶ Βυβλίδος ἁδὺ λιπόντες

90 ἀνεπαύσατο K 94 ὅττι γ' ἀείδειν Mosch. et ut uid. 𝔓2 95 ἐπάκουσον Cobet 97 ἔραντι KPQW 98 Ὤρατος S Mosch. Ἄρ- 𝔓2 codd. 101 περὶ PQW 102 ὀστίον Fritz. -έον 𝔓2 codd. 104 τήνοιο S κείνοιο 𝔓1 ut uid. 𝔓2 codd. 105 ita 𝔓1 𝔓2 codd. εἴτε Φ. ἄρ' ἐστὶν S 106 κεὶ 𝔓2 W κῆν cett. 107 ὤμως Valck. -ους 𝔓1 codd. 109 νεύσαις 𝔓1 𝔓2 PQWALU -εις K 112 Ἕβρον 𝔓1 U εὗρον cett.]ρω πα[ρ] ποταμω 𝔓2 corr. | κεκλιμένος K²PQ¹W | Ἄρκτω S -ου codd.

ΘΕΟΚΡΙΤΟΥ

νᾶμα καὶ Οἰκοῦντα, ξανθᾶς ἕδος αἰπὺ Διώνας,
ὦ μάλοισιν Ἔρωτες ἐρευθομένοισιν ὁμοῖοι,
βάλλετέ μοι τόξοισι τὸν ἱμερόεντα Φιλῖνον,
βάλλετ', ἐπεὶ τὸν ξεῖνον ὁ δύσμορος οὐκ ἐλεεῖ μευ.
120 καὶ δὴ μὰν ἀπίοιο πεπαίτερος, αἱ δὲ γυναῖκες,
"αἰαῖ", φαντί, "Φιλῖνε, τό τοι καλὸν ἄνθος ἀπορρεῖ".
μηκέτι τοι φρουρέωμες ἐπὶ προθύροισιν, Ἄρατε,
μηδὲ πόδας τρίβωμες· ὁ δ' ὄρθριος ἄλλον ἀλέκτωρ
κοκκύσδων νάρκαισιν ἀνιαραῖσι διδοίη·
125 εἷς δ' ἀπὸ τᾶσδε, φέριστε, Μόλων ἄγχοιτο παλαίστρας.
ἄμμιν δ' ἁσυχία τε μέλοι, γραῖά τε παρείη
ἅτις ἐπιφθύζοισα τὰ μὴ καλὰ νόσφιν ἐρύκοι.'

Τόσσ' ἐφάμαν· ὁ δέ μοι τὸ λαγωβόλον, ἁδὺ γελάσσας.
ὡς πάρος, ἐκ Μοισᾶν ξεινήιον ὤπασεν ἦμεν.
130 χὠ μὲν ἀποκλίνας ἐπ' ἀριστερὰ τὰν ἐπὶ Πύξας
εἷρφ' ὁδόν· αὐτὰρ ἐγών τε καὶ Εὔκριτος ἐς Φρασιδάμω
στραφθέντες χὠ καλὸς Ἀμύντιχος ἔν τε βαθείαις
ἁδείας σχοίνοιο χαμευνίσιν ἐκλίνθημες
ἔν τε νεοτμάτοισι γεγαθότες οἰναρέοισι.
135 πολλαὶ δ' ἄμμιν ὕπερθε κατὰ κρατὸς δονέοντο
αἴγειροι πτελέαι τε· τὸ δ' ἐγγύθεν ἱερὸν ὕδωρ
Νυμφᾶν ἐξ ἄντροιο κατειβόμενον κελάρυζε.
τοὶ δὲ ποτὶ σκιαραῖς ὀροδαμνίσιν αἰθαλίωνες
τέττιγες λαλαγεῦντες ἔχον πόνον· ἁ δ' ὀλολυγών
140 τηλόθεν ἐν πυκιναῖσι βάτων τρύζεσκεν ἀκάνθαις·
ἄειδον κόρυδοι καὶ ἀκανθίδες, ἔστενε τρυγών,

116 Οἰκοῦντα Hecker]ντα 𝔓2 -εῦντα SΣ -εῦντες codd.   120 μὰν ALU μάλ' cett. μαλαπίοιο Maas   124 νάρκαισι S -ῃσιν codd. 125 ἀπὸ 𝔓1 KQ²Σ lemma ὑπὸ ALU ἐπὶ PQWΣ   128 τόσσ' 𝔓1 ut uid. KQ²ALU ὣς PQW | γελάσσας U²S Mosch. -άξας cett.: cf. 42, 156   130 Φύξας Σ u.l. ut uid.   131 ἧρχ' K   133 σχοίνοιο KP σχίν- cett.: cf. 5. 129   134 οἰναρέαισι L   138 σκιεραῖς ALU 140 πυκιναῖσι H -ῇσι codd.

VII. ΘΑΛΥΣΙΑ

πωτῶντο ξουθαὶ περὶ πίδακας ἀμφὶ μέλισσαι.
πάντ' ὦσδεν θέρεος μάλα πίονος, ὦσδε δ' ὀπώρας.
ὄχναι μὲν πὰρ ποσσί, παρὰ πλευραῖσι δὲ μᾶλα
145 δαψιλέως ἁμῖν ἐκυλίνδετο, τοὶ δ' ἐκέχυντο
ὄρπακες βραβίλοισι καταβρίθοντες ἔραζε·
τετράενες δὲ πίθων ἀπελύετο κρατὸς ἄλειφαρ.
Νύμφαι Κασταλίδες Παρνάσιον αἶπος ἔχοισαι,
ἆρά γέ πα τοιόνδε Φόλω κατὰ λάινον ἄντρον
150 κρατῆρ' Ἡρακλῆι γέρων ἐστάσατο Χίρων;
ἆρά γέ πα τῆνον τὸν ποιμένα τὸν ποτ' Ἀνάπῳ,
τὸν κρατερὸν Πολύφαμον, ὃς ὤρεσι νᾶας ἔβαλλε,
τοῖον νέκταρ ἔπεισε κατ' αὔλια ποσσὶ χορεῦσαι,
οἷον δὴ τόκα πῶμα διεκρανάσατε, Νύμφαι,
155 βωμῷ πὰρ Δάματρος ἁλωίδος; ἇς ἐπὶ σωρῷ
αὖτις ἐγὼ πάξαιμι μέγα πτύον, ἁ δὲ γελάσσαι
δράγματα καὶ μάκωνας ἐν ἀμφοτέραισιν ἔχοισα.

VIII.
[ΘΕΟΚΡΙΤΟΥ] ΒΟΥΚΟΛΙΑΣΤΑΙ ⟨β'⟩

ΔΑΦΝΙΣ ΚΑΙ ΜΕΝΑΛΚΑΣ

Δάφνιδι τῷ χαρίεντι συνάντετο βουκολέοντι
μῆλα νέμων, ὡς φαντί, κατ' ὤρεα μακρὰ Μενάλκας.
ἄμφω τώγ' ἤστην πυρροτρίχω, ἄμφω ἀνάβω,
ἄμφω συρίσδεν δεδαημένω, ἄμφω ἀείδεν.

146 βραβίλοισι KQ Ath.2.50A   βραβύλ- cett.: cf.12.3 | ἔραζε Ath. Et. M. 211. 5   -ασδε codd.   147 ἑπτάενες Σ lemma   τετράενον Von der Mühll   152 νᾶας Heins.   λᾶας codd.   154 διεκρανώσατε ALU Σ u.l. Et.M. 273. 41   155 ἁλωάδος ALU

CODD. PRIMARII: K   PQW [Laur.]   ALNU [Vat.]
PAP.: 𝔓1 (1-6, 9-16, 29-32, 56-65, 70-85)
TITULUS: Βουκολιασταί. Δάφνις καὶ Μενάλκας codd. Carmen spurium esse stat. Valck.
1 συνάντετο Wil.   συνήν- codd.   2 μῆλα Cholmeley   μάλα codd.   3 -τρι]χι 𝔓1

[ΘΕΟΚΡΙΤΟΥ]

5   πρᾶτος δ' ὦν ποτὶ Δάφνιν ἰδὼν ἀγόρευε Μενάλκας·
'μυκητᾶν ἐπίουρε βοῶν Δάφνι, λῇς μοι ἀεῖσαι;
φαμί τυ νικασεῖν, ὅσσον θέλω αὐτὸς ἀείδων'.
τὸν δ' ἄρα χὠ Δάφνις τοιῷδ' ἀπαμείβετο μύθῳ·
' ποιμὴν εἰροπόκων οἴων, συρικτὰ Μενάλκα,
10   οὔποκα νικασεῖς μ', οὐδ' εἴ τι πάθοις τύγ' ἀείδων'.

ΜΕΝΑΛΚΑΣ
χρῄσδεις ὦν ἐσιδεῖν; χρῄσδεις καταθεῖναι ἄεθλον;

ΔΑΦΝΙΣ
χρῄσδω τοῦτ' ἐσιδεῖν, χρῄσδω καταθεῖναι ἄεθλον.

ΜΕ. καὶ τί νυ θησεύμεσθ' ὅ κεν ἁμὶν ἄρκιον εἴη;
ΔΑ. μόσχον ἐγὼ θησῶ, τὺ δὲ θὲς ἰσομάτορα ἀμνόν.
15 *ΜΕ.* οὐ θησῶ ποκα ἀμνόν, ἐπεὶ χαλεπὸς ὁ πατήρ μευ
χἀ μάτηρ, τὰ δὲ μῆλα ποθέσπερα πάντ' ἀριθμεῦντι.
ΔΑ. ἀλλὰ τί μὰν θησεῖς; τί δὲ τὸ πλέον ἑξεῖ ὁ νικῶν;
ΜΕ. σύριγγ' ἃν ἐπόησα καλὰν ἔχω ἐννεάφωνον,
λευκὸν κηρὸν ἔχοισαν ἴσον κάτω ἶσον ἄνωθεν·
20   ταύταν κατθείην, τὰ δὲ τῶ πατρὸς οὐ καταθησῶ.
ΔΑ. ἦ μάν τοι κἠγὼ σύριγγ' ἔχω ἐννεάφωνον,
λευκὸν κηρὸν ἔχοισαν ἴσον κάτω ἶσον ἄνωθεν.
πρώαν νιν συνέπαξ'· ἔτι καὶ τὸν δάκτυλον ἀλγῶ
τοῦτον, ἐπεὶ κάλαμός με διασχισθεὶς διέτμαξεν.
25 *ΜΕ.* ἀλλὰ τίς ἄμμε κρινεῖ; τίς ἐπάκοος ἔσσεται ἁμέων;
ΔΑ. τῆνόν πως ἐνταῦθα τὸν αἰπόλον, ἤν, καλέσωμες,
ᾧ ποτὶ ταῖς ἐρίφοις ὁ κύων ὁ φάλαρος ὑλακτεῖ.

Χοἰ μὲν παῖδες ἄυσαν, ὁ δ' αἰπόλος ἦνθ' ὑπακούσας·

9 συρικτὰ K   10 τι πάθης QW   παθέοις KP   11 δ' ὦν ALNU
13 καὶ τί νυ Legr.   καὶ τίνα KPWLNU   καί τι A erasa syllaba καὶ [P]1
ἀλλά τι Q in rasura H Mosch. | ὅ κεν ἁμὶν Mosch.   ]εψ[P1 ὅστις χ' ἁμὶν
KALNU   ὅστις ἁμὶν PQW | ἄρκιον H in rasura Mosch. -ιος codd.
14 θές τ' PQW   θές γ' U Mosch   16 μῆλα Cholmeley   μᾶλα
codd.   18 ἔχω Warton   ἐγὼ codd.   24 με KPQW   γε ALNU | νιν ἔτμ.
Mein.   28 ὑπακούσας Cobet   ἐπακούσας PQ²W   -σαι cett.

VIII. ΒΟΥΚΟΛΙΑΣΤΑΙ ⟨β'⟩

χοὶ μὲν παῖδες ἀείδεν, ὁ δ' αἰπόλος ἤθελε κρίνειν.
30   πρᾶτος δ' ὦν ἄειδε λαχὼν ἰυκτὰ Μενάλκας,
εἶτα δ' ἀμοιβαίαν ὑπελάμβανε Δάφνις ἀοιδάν
βουκολικάν· οὕτω δὲ Μενάλκας ἄρξατο πρᾶτος.

ΜΕ. ἄγκεα καὶ ποταμοί, θεῖον γένος, αἴ τι Μενάλκας
πήποχ' ὁ συρικτὰς προσφιλὲς ᾆσε μέλος,
35   βόσκοιτ' ἐκ ψυχᾶς τὰς ἀμνάδας· ἢν δέ ποκ' ἔνθῃ
Δάφνις ἔχων δαμάλας, μηδὲν ἔλασσον ἔχοι.

ΔΑ. κρᾶναι καὶ βοτάναι, γλυκερὸν φυτόν, αἴπερ ὁμοῖον
μουσίσδει Δάφνις ταῖσιν ἀηδονίσι,
τοῦτο τὸ βουκόλιον πιαίνετε· κἤν τι Μενάλκας
40   τεῖδ' ἀγάγῃ, χαίρων ἄφθονα πάντα νέμοι.

45 ΜΕ. ἔνθ' ὄϊς, ἔνθ' αἶγες διδυματόκοι, ἔνθα μέλισσαι
46   σμήνεα πληροῦσιν, καὶ δρύες ὑψίτεραι,
47   ἔνθ' ὁ καλὸς Μίλων βαίνει ποσίν· αἱ δ' ἂν ἀφέρπῃ,
44   χὠ ποιμὴν ξηρὸς τηνόθι χαἰ βοτάναι.

41 ΔΑ. παντᾷ ἔαρ, παντᾷ δὲ νομοί, παντᾷ δὲ γάλακτος
42   οὔθατα πιδῶσιν, καὶ τὰ νέα τράφεται,
43   ἔνθα καλὰ Ναῒς ἐπινίσσεται· αἱ δ' ἂν ἀφέρπῃ,
48   χὠ τὰς βῶς βόσκων χαἰ βόες αὐότεραι.

ΜΕ. ὦ τράγε, τᾶν λευκᾶν αἰγῶν ἄνερ, ἐς βάθος ὕλας
50   μυρίον—αἱ σιμαὶ δεῦτ' ἐφ' ὕδωρ ἔριφοι—
ἐν τήνῳ γὰρ τῆνος· ἴθ', ὦ κόλε, καὶ λέγε, 'Μίλων,
ὁ Πρωτεὺς φώκας καὶ θεὸς ὢν ἔνεμεν.'

29 ἀείδεν Gebauer -δον codd. | κρῖναι ALNU   33 γάνος Mein.   34 συρικτὰς KWL   35 τάσδ' Fritz.   36 ἄγων Ahlwardt   38 μουσίσδει WAU -σδοι, -ζοι cett.   39 ποιμαίνετε ANU   40 τεῖδ' K   τῇδ' QWALNU   τεῖνδ' PQ² | ἀγάγῃ S -γοι codd.   41–43 et 45–47 trai. Bindemann   41 νομαί PQW   42 πιδῶσιν Ahr.   πηδῶσιν KQALNU πλήθουσιν PQ²W | τράφεται scripsi   τρέφ- codd.: cf. 3. 16, 9. 23, 11. 40   43 Ναῒς Mein.   παῖς codd.   46 ὑψίτεραι KP   -ότεραι cett.   49 αἰγῶν ἄν. S -γᾶν ἄν. KALNU   ἄν. -γᾶν PQW: cf. 5.148 | ἐς Wil.   ὦ uel ὢ codd.   50 αἵ Wil.   ὤ codd.   51 καλὲ Σ lemma | Μίλων K²PN Μίλωνι KWL   Μίλῳ QAUΣ u.l.   52 ὁ Mein.   ὡς codd.

[ΘΕΟΚΡΙΤΟΥ]

<ΔΑ. . . . . >
ΜΕ. μή μοι γᾶν Πέλοπος, μή μοι Κροίσεια τάλαντα
εἴη ἔχειν, μηδὲ πρόσθε θέειν ἀνέμων·
55 ἀλλ' ὑπὸ τᾷ πέτρᾳ τᾷδ' ᾁσομαι ἀγκὰς ἔχων τυ,
σύννομα μῆλ' ἐσορῶν Σικελικάν τ' ἐς ἅλα.

ΔΑ. δένδρεσι μὲν χειμὼν φοβερὸν κακόν, ὕδασι δ' αὐχμός,
ὄρνισιν δ' ὕσπλαγξ, ἀγροτέροις δὲ λίνα,
ἀνδρὶ δὲ παρθενικᾶς ἁπαλᾶς πόθος. ὦ πάτερ, ὦ Ζεῦ,
60 οὐ μόνος ἠράσθην· καὶ τὺ γυναικοφίλας.

Ταῦτα μὲν ὦν δι' ἀμοιβαίων οἱ παῖδες ἄεισαν,
τὰν πυμάταν δ' ᾠδὰν οὕτως ἐξᾶρχε Μενάλκας·

ΜΕ. φείδευ τᾶν ἐρίφων, φείδευ, λύκε, τᾶν τοκάδων μευ,
μηδ' ἀδίκει μ', ὅτι μικκὸς ἐὼν πολλαῖσιν ὁμαρτέω.
65 ὦ Λάμπουρε κύον, οὕτω βαθὺς ὕπνος ἔχει τυ;
οὐ χρὴ κοιμᾶσθαι βαθέως σὺν παιδὶ νέμοντα.
ταὶ δ' ὄιες, μηδ' ὕμμες ὀκνεῖθ' ἁπαλᾶς κορέσασθαι
ποίας· οὔτι καμεῖσθ' ὅκκα πάλιν ἅδε φύηται.
σίττα νέμεσθε νέμεσθε, τὰ δ' οὔθατα πλήσατε πᾶσαι,
70 ὡς τὸ μὲν ὤρνες ἔχωντι, τὸ δ' ἐς ταλάρως ἀποθῶμαι.

Δεύτερος αὖ Δάφνις λιγυρῶς ἀνεβάλλετ' ἀείδεν·

ΔΑ. κἤμ' ἐκ τῶ ἄντρω σύνοφρυς κόρα ἐχθὲς ἰδοῖσα
τὰς δαμάλας παρελᾶντα καλὸν καλὸν ἦμεν ἔφασκεν·
οὐ μὰν οὐδὲ λόγον ἐκρίθην ἄπο τὸν πικρὸν αὐτᾷ,
75 ἀλλὰ κάτω βλέψας τὰν ἁμετέραν ὁδὸν εἷρπον.

Ante 53 lacunam statuit Wuestemann   53 Κροίσεια Jortin   χρύσεια codd.   55 ᾄδομαι Σ ut uid.   56 μῆλ' Cholmeley   μᾶλ' codd. | Σικελικάν τ' Valck.   τὰν Σικελ(ικ)ὰν codd.   59 ἁπαλὸς K   63 φ. τ. ἀρνῶν, φ.λ.τ. ἐρίφων Stob. 4. 24. 47   65 κύον K   -ων cett.   67 ὀκνεῖθ' S Mosch. -νῆθ', -νᾶθ', -νεῖσθ', -νῆσθ' codd.   68 καμεῖσθ'. Mosch.   -μοῖσθ' K -μῆσθ', -μᾶθ' cett. | ὅκκ' αὖ Mein.   70 ἔχωντι Mosch.   -οντι codd. 72 κἤμ' HV² κἄμ' codd.   73 παρελᾶντα ⅁1 PQW   -λαῦντα ALNU -λεῦντα K: cf. 5. 89   74 λόγον ⅁1 QWALNU   -ων KP | τὸν KPALNU τὸ QW   ἄτοπον πικρὸν Σ u.l.

38

VIII. ΒΟΥΚΟΛΙΑΣΤΑΙ ⟨β'⟩

ἁδεῖ' ἁ φωνὰ τᾶς πόρτιος, ἁδὺ τὸ πνεῦμα,
[ἁδὺ δὲ χὠ μόσχος γαρύεται, ἁδὺ δὲ χἀ βῶς,]
ἁδὺ δὲ τῶ θέρεος παρ' ὕδωρ ῥέον αἰθριοκοιτεῖν.

τᾷ δρυῒ ταὶ βάλανοι κόσμος, τᾷ μαλίδι μᾶλα,
80 τᾷ βοῒ δ' ἁ μόσχος, τῷ βουκόλῳ αἱ βόες αὐταί.

Ὥς οἱ παῖδες ἄεισαν, ὁ δ' αἰπόλος ὧδ' ἀγόρευεν·
'ἁδύ τι τὸ στόμα τοι καὶ ἐφίμερος, ὦ Δάφνι, φωνά·
κρέσσον μελπομένω τευ ἀκουέμεν ἢ μέλι λείχειν.
λάσδεο τὰς σύριγγας, ἐνίκασας γὰρ ἀείδων.
85 αἰ δέ τι λῇς με καὶ αὐτὸν ἅμ' αἰπολέοντα διδάξαι,
τήναν τὰν μιτύλαν δωσῶ τὰ δίδακτρά τοι αἶγα,
ἅτις ὑπὲρ κεφαλᾶς αἰεὶ τὸν ἀμολγέα πληροῖ'.
ὡς μὲν ὁ παῖς ἐχάρη καὶ ἀνάλατο καὶ πλατάγησε
νικάσας, οὕτως ἐπὶ ματέρι νεβρὸς ἅλοιτο.
90 ὡς δὲ κατεσμύχθη καὶ ἀνετράπετο φρένα λύπᾳ
ὥτερος, οὕτω καὶ νύμφα δμαθεῖσ' ἀκάχοιτο.
κἠκ τούτω πρᾶτος παρὰ ποιμέσι Δάφνις ἔγεντο,
καὶ νύμφαν ἄκραβος ἐὼν ἔτι Ναΐδα γᾶμεν.

IX. [ΘΕΟΚΡΙΤΟΥ] ΒΟΥΚΟΛΙΑΣΤΑΙ ⟨γ'⟩

ΔΑΦΝΙΣ ΚΑΙ ΜΕΝΑΛΚΑΣ

Βουκολιάζεο, Δάφνι· τὺ δ' ᾠδᾶς ἄρχεο πρᾶτος,
ᾠδᾶς ἄρχεο, Δάφνι, ἐφεψάσθω δὲ Μενάλκας,

76 ἁδέα φ. Κ   77 (= 9. 7) damn. Valck.: habet etiam 𝔓1   86 μιτάλαν ΚΜ   μυτάλαν Σ u.l.   89 νικάσας Paris. 2512   -ήσας codd. | ματέρι Κ   -ρα cett.   91 δμαθεῖσ' Ahr.   γαμεθεῖσ' codd.   γαμεθεῖσ' STr Greg. Cor. 92   92 Δάφνις π. π. πρῶτος ALNU   93 ἄκραβος scripsi   -ηβος codd.: cf. 3

Codd. Primarii: K   PQW [Laur.]   ALNU [Vat.]
Titulus: Βουκολιασταί. Δάφνις καὶ Μενάλκας codd.   προλογίζει νομεύς τις ὁ καὶ κριτής add. Q.   Carmen spurium esse stat. Valck.
2 ᾠδᾶς ἄρχεο KALNU   πρᾶτος ἄειδε PQW | Δάφνι KPQW   πρᾶτος ALNU | ἐφεψάσθω A²U   ἐφαψ- WALN   συναψ- KPQ   συναρξ- Σ u.l.   συνεψ- Gall.

[ΘΕΟΚΡΙΤΟΥ]

μόσχως βουσὶν ὑφέντες, ἐπὶ στείραισι δὲ ταύρως.
χοἳ μὲν ἁμᾷ βόσκοιντο καὶ ἐν φύλλοισι πλανῷντο
5 μηδὲν ἀτιμαγελεῦντες· ἐμὶν δὲ τὺ βουκολιάζευ
ἐκ τόθεν, ἄλλοθε δ' αὖτις ὑποκρίνοιτο Μενάλκας.

ΔΑΦΝΙΣ

ἁδὺ μὲν ἁ μόσχος γαρύεται, ἁδὺ δὲ χἁ βῶς,
ἁδὺ δὲ χἁ σῦριγξ χὠ βουκόλος, ἁδὺ δὲ κἠγών.
ἔστι δέ μοι παρ' ὕδωρ ψυχρὸν στιβάς, ἐν δὲ νέναοται
10 λευκᾶν ἐκ δαμαλᾶν καλὰ δέρματα τάς μοι ἁπάσας
λὶψ κόμαρον τρωγοίσας ἀπὸ σκοπιᾶς ἐτίναξε.
τῶ δὲ θέρευς φρύγοντος ἐγὼ τόσσον μελεδαίνω
ὅσσον ἐρῶν τὸ πατρὸς μύθων καὶ ματρὸς ἀκούειν.

Οὕτω Δάφνις ἄεισεν ἐμίν, οὕτω δὲ Μενάλκας·

ΜΕΝΑΛΚΑΣ

15 Αἴτνα μᾶτερ ἐμά, κἠγὼ καλὸν ἄντρον ἐνοικέω
κοίλαις ἐν πέτραισιν· ἔχω δέ τοι ὅσσ' ἐν ὀνείρῳ
φαίνονται, πολλὰς μὲν ὄις, πολλὰς δὲ χιμαίρας,
ὧν μοι πρὸς κεφαλᾷ καὶ πρὸς ποσὶ κώεα κεῖται.
ἐν πυρὶ δὲ δρυΐνῳ χόρια ζεῖ, ἐν πυρὶ δ' αὖαι
20 φαγοὶ χειμαίνοντος· ἔχω δέ τοι οὐδ' ὅσον ὥραν
χείματος ἢ νωδὸς καρύων ἀμύλοιο παρόντος.

Τοῖς μὲν ἐπεπλατάγησα καὶ αὐτίκα δῶρον ἔδωκα,
Δάφνιδι μὲν κορύναν, τάν μοι πατρὸς ἔτραφεν ἀγρός,
αὐτοφυῆ, τὰν οὐδ' ἂν ἴσως μωμάσατο τέκτων,
25 τήνῳ δὲ στρόμβω καλὸν ὄστρακον, ᾧ κρέας αὐτός
σιτήθην πέτραισιν ἐν Ἰκαρίαισι δοκεύσας,

3 ἐφέντες Legr. | ἐπὶ M² Cal.   ὑπὸ codd.   6 ἐκ τόθεν Cholmeley ἔκποθεν Non. u.l.   ἔμπο(σ)θεν KPLNU   ἔμπροσθεν QWAL²   ἐν ποθ' ἐν K²L²U² | ἄλλο(σ)θε(ν) codd.   ἄλλωθεν K² | δ' αὖτις ὑποκρίνοιτο LM   δὲ ποτικρ- cett.   7 ἁ S ὁ codd.   10 ἀπ' ἄκρας PQ¹W   12 τῶ Wint. τοῦ codd.   13 ἐρῶν τὸ KALNU   ἐρῶντι PQWA² | (ἐρῶντι) π. μέλεται Buech. | ἢ ματρὸς PQ   18 κεῖνται ALNU   19 ζέει Brunck   25 ὦ Brunck   οὗ codd.   26 Ὑκκαρίεσι Paris. 2722

IX. *ΒΟΥΚΟΛΙΑΣΤΑΙ* ⟨γ´⟩

πέντε ταμὼν πέντ᾽ οὔσιν· ὃ δ᾽ ἐγκαναχήσατο κόχλῳ.

Βουκολικαὶ Μοῖσαι, μάλα χαίρετε, φαίνετε δ᾽ ᾠδάν
τάν ποκ᾽ ἐγὼ τήνοισι παρὼν ἄεισα νομεῦσι·
30 μηκέτ᾽ ἐπὶ γλώσσας ἄκρας ὀλοφυγγόνα φύσω.
'τέττιξ μὲν τέττιγι φίλος, μύρμακι δὲ μύρμαξ,
ἴρηκες δ᾽ ἴρηξιν, ἐμὶν δ᾽ ἁ Μοῖσα καὶ ᾠδά.
τᾶς μοι πᾶς εἴη πλεῖος δόμος. οὔτε γὰρ ὕπνος
οὔτ᾽ ἔαρ ἐξαπίνας γλυκερώτερον, οὔτε μελίσσαις
35 ἄνθεα· τόσσον ἐμὶν Μοῖσαι φίλαι. οὓς γὰρ ὀρεῦντι
γαθεῦσαι τὼς δ᾽ οὔτι ποτῷ δαλήσατο Κίρκα.'

X. ΘΕΟΚΡΙΤΟΥ ΕΡΓΑΤΙΝΑΙ Η ΘΕΡΙΣΤΑΙ

ΜΙΛΩΝ

Ἐργατίνα Βουκαῖε, τί νῦν, ᾠζυρέ, πεπόνθεις;
οὔτε τὸν ὄγμον ἄγειν ὀρθὸν δύνᾳ, ὡς τὸ πρὶν ἆγες,
οὔθ᾽ ἅμα λᾳοτομεῖς τῷ πλατίον, ἀλλ᾽ ἀπολείπῃ,
ὥσπερ ὄϊς ποίμνας ἇς τὸν πόδα κάκτος ἔτυψε.
5 ποῖός τις δείλαν τὺ καὶ ἐκ μέσω ἄματος ἐσσῇ,
ὃς νῦν ἀρχόμενος τᾶς αὔλακος οὐκ ἀποτρώγεις;

ΒΟΥΚΑΙΟΣ

Μίλων ὀψαμᾶτα, πέτρας ἀπόκομμ᾽ ἀτεράμνω,
οὐδαμά τοι συνέβα ποθέσαι τινὰ τῶν ἀπεόντων;

28, 29 ᾠδάς τάς PQ²W | τόκ᾽Mein.   30 ὀλοφυγγόνα K Hsch. s.u.
-γδόνα cett. | φύσω Graefe   -ης codd.   32 δὲ M. ALU   δέ τε M. Q²
35 ὅσσον PQWNU | γὰρ P   μὲν cett. Σ | ὀρεῦντι KPQW   -ρῇ(ν)τε
K²ALU   -ῶντι N   36 γαθεῦσαι Brunck   -εῦσι(ν) codd.

CODD. PRIMARII: K   PQW [Laur.]   ALNU [Vat.]
PAP.: 𝔓3 (53–fin.)
TITULUS: Ἐργατίναι ἢ θερισταί codd.
1 οἰζυρέ ALNU   2 οὔτε τὸν MTr   οὐ τεὸν K   οὔθ᾽ ἐὸν cett.   3 ὑπολείπῃ PALNU   5 δείλαν τὺ K²M   δ. τε KQWALNU   δειλαῖε P | ἐκ KM
ἐν K² cett.

41

ΘΕΟΚΡΙΤΟΥ

ΜΙ. οὐδαμά. τίς δὲ πόθος τῶν ἔκτοθεν ἐργάτᾳ ἀνδρί;
10 *ΒΟ.* οὐδαμά νυν συνέβα τοι ἀγρυπνῆσαι δι' ἔρωτα;
ΜΙ. μηδέ γε συμβαίη· χαλεπὸν χορίω κύνα γεῦσαι.
ΒΟ. ἀλλ' ἐγώ, ὦ Μίλων, ἔραμαι σχεδὸν ἐνδεκαταῖος.
ΜΙ. ἐκ πίθω ἀντλεῖς δῆλον· ἐγὼ δ' ἔχω οὐδ' ἅλις ὄξος.
ΒΟ. τοιγὰρ τὰ πρὸ θυρᾶν μοι ἀπὸ σπόρω ἄσκαλα πάντα.
15 *ΜΙ.* τίς δέ τυ τᾶν παίδων λυμαίνεται;
ΒΟ.   ἁ Πολυβώτα,
ἁ πρᾶν ἀμάντεσσι παρ' Ἱπποκίωνι ποταύλει.
ΜΙ. εὗρε θεὸς τὸν ἀλιτρόν· ἔχεις πάλαι ὧν ἐπεθύμεις·
μάντις τοι τὰν νύκτα χροϊξεῖται καλαμαία.
ΒΟ. μωμᾶσθαί μ' ἄρχῃ τύ· τυφλὸς δ' οὐκ αὐτὸς ὁ Πλοῦτος,
20   ἀλλὰ καὶ ὠφρόντιστος Ἔρως. μὴ δὴ μέγα μυθεῦ.
ΜΙ. οὐ μέγα μυθεῦμαι· τὺ μόνον κατάβαλλε τὸ λᾷον,
καί τι κόρας φιλικὸν μέλος ἀμβάλευ. ἅδιον οὕτως
ἐργαξῇ. καὶ μὰν πρότερόν ποκα μουσικὸς ἦσθα.

ΒΟ. Μοῖσαι Πιερίδες, συναείσατε τὰν ῥαδινάν μοι
25   παῖδ'· ὧν γάρ χ' ἅψησθε, θεαί, καλὰ πάντα ποεῖτε.
Βομβύκα χαρίεσσα, Σύραν καλέοντί τυ πάντες,
ἰσχνάν, ἁλιόκαυστον, ἐγὼ δὲ μόνος μελίχλωρον.
καὶ τὸ ἴον μέλαν ἐστί, καὶ ἁ γραπτὰ ὑάκινθος·
ἀλλ' ἔμπας ἐν τοῖς στεφάνοις τὰ πρᾶτα λέγονται.
30   ἁ αἲξ τὰν κύτισον, ὁ λύκος τὰν αἶγα διώκει,
ἁ γέρανος τὤροτρον· ἐγὼ δ' ἐπὶ τὶν μεμάνημαι.
αἴθε μοι ἦς ὅσσα Κροῖσόν ποκα φαντὶ πεπᾶσθαι·
χρύσεοι ἀμφότεροί κ' ἀνεκείμεθα τᾷ Ἀφροδίτᾳ,

---

14 τοιγὰρ τὰ PS   τοιγάρτοι cett.   16 πρᾶν S   πρὶν codd. | ἀμάντεσσι Ahr.   ἀμῶντ- codd.: cf. 6. 41 | Ἱπποκόωντι ALNU | ποκ' αὔλει KPQW² 18 τοι om. KALNU | χροϊξεῖται ἁ Σ u.l.   -ξεται, -ξῆται, -ζεῖται, -ζεται, -ζῆται ἁ cett. ἁ del. Valck.   20 μὴ δὴ Κ   μηδὲ(ν) cett.   23 ἐργαξῇ KQW   24 Μοῖσαι Mein.   Μῶσ- codd.   30 τὰν κ. Κ   τὸν κ. cett.   32 ἦς ὅσσα Κ²Q   ἧς, ἦσαν, εἴησαν ὅσα cett. | ποκα Κ²P   ἔχειν ποκὰ KQW(?)   ἔχειν AL   om. NU

42

X. ΕΡΓΑΤΙΝΑΙ Η ΘΕΡΙΣΤΑΙ

τὼς αὐλὼς μὲν ἔχοισα καὶ ἢ ῥόδον ἢ τύγε μᾶλον,
35 σχῆμα δ' ἐγὼ καὶ καινὰς ἐπ' ἀμφοτέροισιν ἀμύκλας.
Βομβύκα χαρίεσσ', οἱ μὲν πόδες ἀστράγαλοί τευς,
ἁ φωνὰ δὲ τρύχνος· τὸν μὰν τρόπον οὐκ ἔχω εἰπεῖν.

MI. ἦ καλὰς ἄμμε ποῶν ἐλελάθει Βοῦκος ἀοιδάς·
ὡς εὖ τὰν ἰδέαν τᾶς ἁρμονίας ἐμέτρησεν.
40 ὤμοι τῶ πώγωνος, ὃν ἁλιθίως ἀνέφυσα.
θᾶσαι δὴ καὶ ταῦτα τὰ τῶ θείω Λιτυέρσα.

Δάματερ πολύκαρπε, πολύσταχυ, τοῦτο τὸ λᾶον
εὔεργόν τ' εἴη καὶ κάρπιμον ὅττι μάλιστα.
σφίγγετ', ἀμαλλοδέται, τὰ δράγματα, μὴ παριών τις
45 εἴπῃ, 'σύκινοι ἄνδρες· ἀπώλετο χοὗτος ὁ μισθός'.
ἐς βορέαν ἄνεμον τᾶς κόρθυος ἁ τομὰ ὔμμιν
ἢ ζέφυρον βλεπέτω· πιαίνεται ὁ στάχυς οὕτως.
σῖτον ἀλοιῶντας φεύγειν τὸ μεσαμβρινὸν ὕπνον·
ἐκ καλάμας ἄχυρον τελέθει τημόσδε μάλιστα·
50 ἄρχεσθαι δ' ἀμῶντας ἐγειρομένω κορυδαλλῶ
καὶ λήγειν εὕδοντος, ἐλινῦσαι δὲ τὸ καῦμα.
εὐκτὸς ὁ τῶ βατράχω, παῖδες, βίος· οὐ μελεδαίνει
τὸν τὸ πιεῖν ἐγχεῦντα, πάρεστι γὰρ ἄφθονον αὐτῷ.
κάλλιον, ὦ 'πιμελητὰ φιλάργυρε, τὸν φακὸν ἕψειν
55 μὴ 'πιτάμῃς τὰν χεῖρα καταπρίων τὸ κύμινον.

ταῦτα χρὴ μόχθεντας ἐν ἁλίῳ ἄνδρας ἀείδειν,
τὸν δὲ τεόν, Βουκαῖε, πρέπει λιμηρὸν ἔρωτα
μυθίσδεν τᾷ ματρὶ κατ' εὐνὰν ὀρθρευοίσᾳ.

34 τύγε μᾶλ(λ)ον ALNU μᾶλ(λ)ον τύ cett.   35 σχοῖμι δ' Σ lemma
36 τευς D² Iunt. τευ codd.   37 τρύχνα ALNU   38 ἄμμι KALNU |
ἐλελάθει Wil. -λήθη, -θει codd.   40 ἀλιθίως PQ ἀληθ-, ἀλαθ-
cett. | ἀνέφυσας PALNU   45 εἴπῃ P -οι cett. | ὤνδρες Edm.   46 βορέαν
Neapol. 165 -ην codd.   48 ἀλοιῶντες ALNU | φεύγει ALN¹ | ὕπνος
AL(?)N(?)   50 δ' om. ALNU   53 ἐγχεῦντα ⅌3 MS ἐκχ- codd.
55 μὴ 'πιτάμῃς ⅌3ALNU Stob. 3. 16. 10   μή τι τάμῃς cett. | διαπρίων
Stob.   56 μοχθέντας ⅌3 -εῦντας codd.

XI. ΘΕΟΚΡΙΤΟΥ ΚΥΚΛΩΨ

Οὐδὲν ποττὸν ἔρωτα πεφύκει φάρμακον ἄλλο,
Νικία, οὔτ' ἔγχριστον, ἐμὶν δοκεῖ, οὔτ' ἐπίπαστον,
ἢ ταὶ Πιερίδες· κοῦφον δέ τι τοῦτο καὶ ἁδύ
γίνετ' ἐπ' ἀνθρώποις, εὑρεῖν δ' οὐ ῥᾴδιόν ἐστι.
5 γινώσκειν δ' οἶμαί τυ καλῶς ἰατρὸν ἐόντα
καὶ ταῖς ἐννέα δὴ πεφιλημένον ἔξοχα Μοίσαις.
οὕτω γοῦν ῥᾶιστα διᾶγ' ὁ Κύκλωψ ὁ παρ' ἁμῖν,
ὡρχαῖος Πολύφαμος, ὅκ' ἤρατο τᾶς Γαλατείας,
ἄρτι γενειάσδων περὶ τὸ στόμα τὼς κροτάφως τε.
10 ἤρατο δ' οὐ μάλοις οὐδὲ ῥόδῳ οὐδὲ κικίννοις,
ἀλλ' ὀρθαῖς μανίαις, ἀγεῖτο δὲ πάντα πάρεργα.
πολλάκι ταὶ ὄιες ποτὶ τωὔλιον αὐταὶ ἀπῆνθον
χλωρᾶς ἐκ βοτάνας· ὁ δὲ τὰν Γαλάτειαν ἀείδων
αὐτὸς ἐπ' ἀιόνος κατετάκετο φυκιοέσσας
15 ἐξ ἀοῦς, ἔχθιστον ἔχων ὑποκάρδιον ἕλκος,
Κύπριδος ἐκ μεγάλας τό οἱ ἥπατι πᾶξε βέλεμνον.
ἀλλὰ τὸ φάρμακον εὗρε, καθεζόμενος δ' ἐπὶ πέτρας
ὑψηλᾶς ἐς πόντον ὁρῶν ἄειδε τοιαῦτα·

Ὦ λευκὰ Γαλάτεια, τί τὸν φιλέοντ' ἀποβάλλῃ,
20 λευκοτέρα πακτᾶς ποτιδεῖν, ἁπαλωτέρα ἀρνός,
μόσχω γαυροτέρα, φιαρωτέρα ὄμφακος ὠμᾶς;
φοιτῇς δ' αὖθ' οὕτως ὅκκα γλυκὺς ὕπνος ἔχῃ με,
οἴχῃ δ' εὐθὺς ἰοῖσ' ὅκκα γλυκὺς ὕπνος ἀνῇ με,

CODD. PRIMARII: K   PQW [Laur.| ALNU [Vat.]
PAP.: Ber. 5017 (21–25)
TITULUS: Κύκλωψ Σ arg.   καὶ (uel ἢ) Γαλάτεια add. codd.
2 οὐδ' ἐπίπιστον ALNU   4 ἀνθρώποις K   -πους cett.   6 πεφιλημένον
Laur. Conv. Soppr. 158   -αμένον codd.   10 οὐδὲ ῥόδῳ Zieg.   οὐδὲ
ῥόδοις KPQW   οὐδ' αὖ ῥόδῳ MS   οὐδ' αὖ ῥόδοις ALNU   11 ὀρθαῖς K
ὀλοαῖς cett. Σ u.l.   12 τωὔλιον AU   ταὔλ- cett.   14 αὐτὸς Q¹WNon.
-τῷ, -τοῦ cett.   16 ἥ οἱ PQ²W   20 ἀρνός MS   δ' ἀρνός codd.
21 σφ⟨ρ⟩ιγ⟨γ⟩αν⟨ε⟩ωτέρα Σ u.l.

44

XI. ΚΥΚΛΩΨ

φεύγεις δ' ὥσπερ ὄϊς πολιὸν λύκον ἀθρήσασα;
25 ἠράσθην μὲν ἔγωγε τεοῦς, κόρα, ἀνίκα πρᾶτον
ἦνθες ἐμᾷ σὺν ματρὶ θέλοισ' ὑακίνθινα φύλλα
ἐξ ὄρεος δρέψασθαι, ἐγὼ δ' ὁδὸν ἁγεμόνευον.
παύσασθαι δ' ἐσιδών τυ καὶ ὕστερον οὐδ' ἔτι πᾳ νῦν
ἐκ τήνω δύναμαι· τὶν δ' οὐ μέλει, οὐ μὰ Δί' οὐδέν.
30 γινώσκω, χαρίεσσα κόρα, τίνος οὕνεκα φεύγεις·
οὕνεκά μοι λασία μὲν ὀφρὺς ἐπὶ παντὶ μετώπῳ
ἐξ ὠτὸς τέταται ποτὶ θώτερον ὣς μία μακρά,
εἷς δ' ὀφθαλμὸς ὕπεστι, πλατεῖα δὲ ῥὶς ἐπὶ χείλει.
ἀλλ' οὗτος τοιοῦτος ἐὼν βοτὰ χίλια βόσκω,
35 κἠκ τούτων τὸ κράτιστον ἀμελγόμενος γάλα πίνω·
τυρὸς δ' οὐ λείπει μ' οὔτ' ἐν θέρει οὔτ' ἐν ὀπώρᾳ,
οὐ χειμῶνος ἄκρω· ταρσοὶ δ' ὑπεραχθέες αἰεί.
συρίσδεν δ' ὡς οὔτις ἐπίσταμαι ὧδε Κυκλώπων,
τίν, τὸ φίλον γλυκύμαλον, ἁμᾷ κἠμαυτὸν ἀείδων
40 πολλάκι νυκτὸς ἀωρί. τράφω δέ τοι ἕνδεκα νεβρώς,
πάσας μαννοφόρως, καὶ σκύμνως τέσσαρας ἄρκτων.
ἀλλ' ἀφίκευσο ποθ' ἁμέ, καὶ ἑξεῖς οὐδὲν ἔλασσον,
τὰν γλαυκὰν δὲ θάλασσαν ἔα ποτὶ χέρσον ὀρεχθεῖν·
ἅδιον ἐν τὤντρῳ παρ' ἐμὶν τὰν νύκτα διαξεῖς.
45 ἐντὶ δάφναι τηνεί, ἐντὶ ῥαδιναὶ κυπάρισσοι,
ἔστι μέλας κισσός, ἔστ' ἄμπελος ἁ γλυκύκαρπος,
ἔστι ψυχρὸν ὕδωρ, τό μοι ἁ πολυδένδρεος Αἴτνα
λευκᾶς ἐκ χιόνος ποτὸν ἀμβρόσιον προΐητι.
τίς κα τῶνδε θάλασσαν ἔχειν καὶ κύμαθ' ἕλοιτο;
50 αἰ δέ τοι αὐτὸς ἐγὼν δοκέω λασιώτερος ἦμεν,
ἐντὶ δρυὸς ξύλα μοι καὶ ὑπὸ σποδῷ ἀκάματον πῦρ·

28 πᾳ K πω A τὰ cett. 30 ὥνεκα K 31 μὲν λ. (om. μοι) K
33 ὕπεστι Winsem ἔπ- codd. 34 οὗτος K οὕτως PQW ωὑτὸς ALNU
40 τράφω Paris. Suppl. Gr. 1024 τρέφω codd.: cf. 3. 16 41 μαννο-
φόρως Σ u.l. ἀμνοφ- codd. 42 ἀφίκευσο PΣ ἀφίκευ QW ἀφίκευ
τὺ cett. 43 ὀρεχθεῖν KQ²LU² ἐρ- cett. Σ u.l. 49 κα Brunck
κᾶν, ἂν, τᾶν codd. | καὶ Ahr. ἦ codd.

45

ΘΕΟΚΡΙΤΟΥ

καιόμενος δ' ὑπὸ τεῦς καὶ τὰν ψυχὰν ἀνεχοίμαν
καὶ τὸν ἕν' ὀφθαλμόν, τῶ μοι γλυκερώτερον οὐδέν.
ὤμοι ὅτ' οὐκ ἔτεκέν μ' ἁ μάτηρ βράγχι' ἔχοντα,
55 ὡς κατέδυν ποτὶ τὶν καὶ τὰν χέρα τεῦς ἐφίλησα,
αἰ μὴ τὸ στόμα λῇς, ἔφερον δέ τοι ἢ κρίνα λευκά
ἢ μάκων' ἁπαλὰν ἐρυθρὰ πλαταγώνι' ἔχοισαν·
ἀλλὰ τὰ μὲν θέρεος, τὰ δὲ γίνεται ἐν χειμῶνι,
ὥστ' οὔ κά τοι ταῦτα φέρειν ἅμα πάντ' ἐδυνάθην.
60 νῦν μάν, ὦ κόριον, νῦν αὐτίκα νεῖν γε μαθεῦμαι,
αἴ κά τις σὺν ναΐ πλέων ξένος ὧδ' ἀφίκηται,
ὡς εἰδῶ τί ποχ' ἁδὺ κατοικεῖν τὸν βυθὸν ὔμμιν.
ἐξένθοις, Γαλάτεια, καὶ ἐξενθοῖσα λάθοιο,
ὥσπερ ἐγὼ νῦν ὧδε καθήμενος, οἴκαδ' ἀπενθεῖν·
65 ποιμαίνειν δ' ἐθέλοις σὺν ἐμὶν ἅμα καὶ γάλ' ἀμέλγειν
καὶ τυρὸν πᾶξαι τάμισον δριμεῖαν ἐνεῖσα.
ἁ μάτηρ ἀδικεῖ με μόνα, καὶ μέμφομαι αὐτᾷ·
οὐδὲν πήποχ' ὅλως ποτὶ τὶν φίλον εἶπεν ὑπέρ μευ,
καὶ ταῦτ' ἆμαρ ἐπ' ἆμαρ ὁρεῦσά με λεπτύνοντα.
70 φασῶ τὰν κεφαλὰν καὶ τὼς πόδας ἀμφοτέρως μευ
σφύσδειν, ὡς ἀνιαθῇ ἐπεὶ κἠγὼν ἀνιῶμαι.
ὦ Κύκλωψ Κύκλωψ, πᾷ τὰς φρένας ἐκπεπότασαι;
αἴ κ' ἐνθὼν ταλάρως τε πλέκοις καὶ θαλλὸν ἀμάσας
ταῖς ἄρνεσσι φέροις, τάχα κα πολὺ μᾶλλον ἔχοις νῶν.
75 τὰν παρεοῖσαν ἄμελγε· τί τὸν φεύγοντα διώκεις;
εὑρησεῖς Γαλάτειαν ἴσως καὶ καλλίον' ἄλλαν.
πολλαὶ συμπαίσδεν με κόραι τὰν νύκτα κέλονται,
κιχλίζοντι δὲ πᾶσαι, ἐπεί κ' αὐταῖς ὑπακούσω.
δῆλον ὅτ' ἐν τᾷ γᾷ κἠγών τις φαίνομαι ἦμεν.

52 τεῦς K   τεῦ cett.: item 55   54 ὅτι οὐκ KP   55 ἐπὶ Q²ALNU   59 οὔ κά Wil.   οὐκ ἄν codd.   60 αὐτίκα Paley   αὐτόγα KPW   τόγε Q²ALNU | γε με θεσεῦμαι W   μεμαθεῦμαι Q²L   61 εἴτε κα σὺν K   62 ὥς κεν (ε)ἰδῶ Q²WALNU | ποχ' S   ποθ' codd.   69 λεπτύνοντα Mein.   λεπτὸν ἐόντα codd.   70 φλασῶ KQ²   74 τοῖς ALNU | κα Ahr.   κεν S   καὶ codd.   78 ἐπακούσω PQ²AU   79 ἦμεν MS   εἶναι codd.

46

XI. ΚΥΚΛΩΨ

80 Οὕτω τοι Πολύφαμος ἐποίμαινεν τὸν ἔρωτα
μουσίσδων, ῥᾷον δὲ διᾶγ' ἢ εἰ χρυσὸν ἔδωκεν.

XII. ΘΕΟΚΡΙΤΟΥ ΑΙΤΗΣ

Ἤλυθες, ὦ φίλε κοῦρε· τρίτῃ σὺν νυκτὶ καὶ ἠοῖ
ἤλυθες· οἱ δὲ ποθεῦντες ἐν ἤματι γηράσκουσιν.
ὅσσον ἔαρ χειμῶνος, ὅσον μῆλον βραβίλοιο
ἥδιον, ὅσσον ὄις σφετέρης λασιωτέρη ἀρνός,
5 ὅσσον παρθενικὴ προφέρει τριγάμοιο γυναικός,
ὅσσον ἐλαφροτέρη μόσχου νεβρός, ὅσσον ἀηδών
συμπάντων λιγύφωνος ἀοιδοτάτη πετεηνῶν,
τόσσον ἔμ' εὔφρηνας σὺ φανείς, σκιερὴν δ' ὑπὸ φηγόν
ἠελίου φρύγοντος ὁδοιπόρος ἔδραμον ὥς τις.
10 εἴθ' ὁμαλοὶ πνεύσειαν ἐπ' ἀμφοτέροισιν Ἔρωτες
νῶιν, ἐπεσσομένοις δὲ γενοίμεθα πᾶσιν ἀοιδή·
'δίω δή τινε τώδε μετὰ προτέροισι γενέσθην
φῶθ', ὃ μὲν εἴσπνηλος, φαίη χ' Ὠμυκλαϊάζων,
τὸν δ' ἕτερον πάλιν, ὥς κεν ὁ Θεσσαλὸς εἴποι, ἀίτην·
15 ἀλλήλους δ' ἐφίλησαν ἴσῳ ζυγῷ. ἦ ῥα τότ' ἦσαν
χρύσειοι πάλιν ἄνδρες ὅτ' ἀντεφίλησ' ὁ φιληθείς.'
εἰ γὰρ τοῦτο, πάτερ Κρονίδη, πέλοι, εἰ γάρ, ἀγήρῳ
ἀθάνατοι, γενεῆς δὲ διηκοσίῃσιν ἔπειτα
ἀγγείλειεν ἐμοί τις ἀνέξοδον εἰς Ἀχέροντα·
20 'ἡ σὴ νῦν φιλότης καὶ τοῦ χαρίεντος ἀίτεω
πᾶσι διὰ στόματος, μετὰ δ' ἠιθέοισι μάλιστα.'

81 εἰ ΚΣ om. cett.

CODD. PRIMARII: K PQW [Laur.] ALU [Vat.]
PAP.: 𝔓3 (14, 22–fin.)
TITULUS: Ἀίτης τῇ κοινῇ Ἰάδι codd. (γέγραπται δὲ Ἰάδι διαλέκτῳ Σ arg.).
Dorismos codicum praetermisi.
3 βραβύλοιο ALU: cf. 7. 146   12 δίω Ahr. δοιὼ codd. | μετὰ προτέροισι
Taylor e Σ μετ' ἀμφοτ- codd.   13 χ' ἀμυκλ- K   14 ὡς καὶ ὁ
Briggs

47

ΘΕΟΚΡΙΤΟΥ

ἀλλ' ἤτοι τούτων μὲν ὑπέρτεροι Οὐρανίωνες·
ἔσσεται ὡς ἐθέλουσιν. ἐγὼ δέ σε τὸν καλὸν αἰνέων
ψεύδεα ῥινὸς ὕπερθεν ἀραιῆς οὐκ ἀναφύσω.
25 ἢν γὰρ καί τι δάκῃς, τὸ μὲν ἀβλαβὲς εὐθὺς ἔθηκας,
διπλάσιον δ' ὤνησας, ἔχων δ' ἐπίμετρον ἀπῆλθον.
Νισαῖοι Μεγαρῆες, ἀριστεύοντες ἐρετμοῖς,
ὄλβιοι οἰκείοιτε, τὸν Ἀττικὸν ὡς περίαλλα
ξεῖνον ἐτιμήσασθε, Διοκλέα τὸν φιλόπαιδα.
30 αἰεί οἱ περὶ τύμβον ἀολλέες εἴαρι πρώτῳ
κοῦροι ἐριδμαίνουσι φιλήματος ἄκρα φέρεσθαι·
ὃς δέ κε προσμάξῃ γλυκερώτερα χείλεσι χείλη,
βριθόμενος στεφάνοισιν ἑὴν ἐς μητέρ' ἀπῆλθεν.
ὄλβιος ὅστις παισὶ φιλήματα κεῖνα διαιτᾷ·
35 ἦ που τὸν χαροπὸν Γανυμήδεα πόλλ' ἐπιβῶται
Λυδίῃ ἶσον ἔχειν πέτρῃ στόμα, χρυσὸν ὁποίῃ
πεύθονται, μὴ φαῦλος, ἐτήτυμον ἀργυραμοιβοί.

XIII. ΘΕΟΚΡΙΤΟΥ ΥΛΑΣ

Οὐχ ἁμῖν τὸν Ἔρωτα μόνοις ἔτεχ', ὡς ἐδοκεῦμες,
Νικία, ᾧτινι τοῦτο θεῶν ποκα τέκνον ἔγεντο·
οὐχ ἁμῖν τὰ καλὰ πράτοις καλὰ φαίνεται ἦμεν,
οἳ θνατοὶ πελόμεσθα τὸ δ' αὔριον οὐκ ἐσορῶμες·
5 ἀλλὰ καὶ Ἀμφιτρύωνος ὁ χαλκεοκάρδιος υἱός,

22 αλλ' ηδη 𝔓3   23 ἔσσεται Mein. εσσοντ[𝔓3 ἔσσονθ' codd. |
ὡς codd. ὅσσ' Non.   25 τι Q¹ τὺ cett.   28 περίαλλα 𝔓3 M Non.
Σ Ar. *Ach.* 774   περὶ ἄλλων codd.   31 ἐριδμαίνουσι KS -ωσι
𝔓3 ἐριδαίν- cett.   33 πρὸς PQW   35 ἐπιβῶται Ahr. et ut
uid. 𝔓3 -βωτᾶ KPQWLU -βωστρᾷ AU²S   36 στομα πέτρη 𝔓3
37 φαῦλος 𝔓3 K -ον cett. uersus uix sanus

Codd. Primarii: K PQW [Laur.] ALU [Vat.]
Papp.: 𝔓3 (1–8, 46–52), 𝔓4 (53–66), Ox. 694 (19–34)
Titulus: Ὕλ(λ)ας 𝔓3 codd. Δωρίδι add. 𝔓3 KALUΣ arg. Dialectus
autem incerta.
1 ετεκ' 𝔓3   2 ποκα in ras. 𝔓3   5 Ὡμφιτρύωνος K

XIII. ΥΛΑΣ

ὃς τὸν λῖν ὑπέμεινε τὸν ἄγριον, ἤρατο παιδός,
τοῦ χαρίεντος Ὕλα, τοῦ τὰν πλοκαμῖδα φορεῦντος,
καί νιν πάντ' ἐδίδασκε, πατὴρ ὡσεὶ φίλον υἱόν,
ὅσσα μαθὼν ἀγαθὸς καὶ ἀοίδιμος αὐτὸς ἔγεντο·
10 χωρὶς δ' οὐδέποκ' ἦς, οὔτ' εἰ μέσον ἆμαρ ὄροιτο,
οὔθ' ὁπόχ' ἁ λεύκιππος ἀνατρέχοι ἐς Διὸς Ἀώς,
οὔθ' ὁπόκ' ὀρτάλιχοι μινυροὶ ποτὶ κοῖτον ὁρῷεν,
σεισαμένας πτερὰ ματρὸς ἐπ' αἰθαλόεντι πετεύρῳ,
ὡς αὐτῷ κατὰ θυμὸν ὁ παῖς πεποναμένος εἴη,
15 †αὐτῷ δ' εὖ ἕλκων† ἐς ἀλαθινὸν ἄνδρ' ἀποβαίη.
ἀλλ' ὅτε τὸ χρύσειον ἔπλει μετὰ κῶας Ἰάσων
Αἰσονίδας, οἱ δ' αὐτῷ ἀριστῆες συνέποντο
πασᾶν ἐκ πολίων προλελεγμένοι ὧν ὄφελός τι,
ἵκετο χὠ ταλαεργὸς ἀνὴρ ἐς ἀφνειὸν Ἰωλκόν,
20 Ἀλκμήνας υἱὸς Μιδεάτιδος ἡρωίνας,
σὺν δ' αὐτῷ κατέβαινεν Ὕλας εὔεδρον ἐς Ἀργώ,
ἅτις κυανεᾶν οὐχ ἅψατο συνδρομάδων ναῦς
ἀλλὰ διεξάιξε βαθὺν δ' εἰσέδραμε Φᾶσιν,
αἰετὸς ὥς, μέγα λαῖτμα, ἀφ' οὗ τότε χοιράδες ἔσταν.
25 Ἆμος δ' ἀντέλλοντι Πελειάδες, ἐσχατιαὶ δέ
ἄρνα νέον βόσκοντι, τετραμμένου εἴαρος ἤδη,
τᾶμος ναυτιλίας μιμνάσκετο θεῖος ἄωτος
ἡρώων, κοίλαν δὲ καθιδρυθέντες ἐς Ἀργώ
Ἑλλάσποντον ἵκοντο νότῳ τρίτον ἆμαρ ἀέντι,
30 εἴσω δ' ὅρμον ἔθεντο Προποντίδος, ἔνθα Κιανῶν

---

7 του alterum suprascr. τω 𝔓3   8 ε]διδασκε 𝔓3 -αξε codd. | υιον
𝔓3 υιέα K υἷα cett.   10 οὔτ' Sauppe οὐδ' codd.   11 οὐδ'
K | ὁπόχ' Graefe ὅκα codd. | ἀνατρέχοι Schaefer -χει codd.   12
οὐδ' K | ὁπόκ' S ὁπότ' codd.   13 πεταύρῳ QALU   15 αὑτῶ
(ἀντὶ τοῦ αὐτόθεν), αὑτῷ Σ uu.ll.   οὕτω δ' εὐκλειῶς conieci (cf. ΣK)
16 Ἰάσων Laur. Conv. Soppr. 158 Ἰήσων codd.: cf. 67   19 κω p. Ox.
694 | ἀφνειὸν Ἰωλκόν K ἀφνειὰν Ἰαολκόν cett. (om. ἀνὴρ QAU)   20
Ἀλκμήνας p.Ox.694PQWAU -ης KL | ἡρωίνας Med. -ης codd.
22 ἅψατο Brunck ἦψ- codd.   30 ὅρμον ·κον[το p.Ox. 694

ΘΕΟΚΡΙΤΟΥ

αὔλακας εὐρύνοντι βόες τρίβοντες ἄροτρα.
ἐκβάντες δ' ἐπὶ θῖνα κατὰ ζυγὰ δαῖτα πένοντο
δειελινοί, πολλοὶ δὲ μίαν στορέσαντο χαμεύναν.
λειμὼν γάρ σφιν ἔκειτο μέγα στιβάδεσσιν ὄνειαρ,
35 ἔνθεν βούτομον ὀξὺ βαθύν τ' ἐτάμοντο κύπειρον.
κᾤχεθ' Ὕλας ὁ ξανθὸς ὕδωρ ἐπιδόρπιον οἴσων
αὐτῷ θ' Ἡρακλῆι καὶ ἀστεμφεῖ Τελαμῶνι,
οἳ μίαν ἄμφω ἑταῖροι ἀεὶ δαίνυντο τράπεζαν,
χάλκεον ἄγγος ἔχων. τάχα δὲ κράναν ἐνόησεν
40 ἡμένῳ ἐν χώρῳ· περὶ δὲ θρύα πολλὰ πεφύκει,
κυάνεόν τε χελιδόνιον χλωρόν τ' ἀδίαντον
καὶ θάλλοντα σέλινα καὶ εἰλιτενὴς ἄγρωστις.
ὕδατι δ' ἐν μέσσῳ Νύμφαι χορὸν ἀρτίζοντο,
Νύμφαι ἀκοίμητοι, δειναὶ θεαὶ ἀγροιώταις,
45 Εὐνίκα καὶ Μαλὶς ἔαρ θ' ὁρόωσα Νύχεια.
ἤτοι ὁ κοῦρος ἐπεῖχε ποτῷ πολυχανδέα κρωσσόν
βάψαι ἐπειγόμενος· ταὶ δ' ἐν χερὶ πᾶσαι ἔφυσαν·
πασάων γὰρ ἔρως ἁπαλὰς φρένας ἐξεφόβησεν
Ἀργείῳ ἐπὶ παιδί. κατήριπε δ' ἐς μέλαν ὕδωρ
50 ἀθρόος, ὡς ὅτε πυρσὸς ἀπ' οὐρανοῦ ἤριπεν ἀστήρ
ἀθρόος ἐν πόντῳ, ναύτας δέ τις εἶπεν ἑταίροις
'κουφότερ', ὦ παῖδες, ποιεῖσθ' ὅπλα· πλευστικὸς οὖρος'.
Νύμφαι μὲν σφετέροις ἐπὶ γούνασι κοῦρον ἔχοισαι
δακρυόεντ' ἀγανοῖσι παρεψύχοντ' ἐπέεσσιν·
55 Ἀμφιτρυωνιάδας δὲ ταρασσόμενος περὶ παιδί
ᾤχετο, Μαιωτιστὶ λαβὼν εὐκαμπέα τόξα

31 ἄροτρα KL -ρον cett. 33 δειελινοί p.Ox. 694 PQWALU -νήν K 34 λειμ]ων [σ]φ[ι]ν πα[ρέκειτο p.Ox. 694 | μέγα K μέγας cett. 35 δ' WALU 39 ἄγγος K ἄγχος PQ² ἔγχος cett. 40 χόρτῳ PQW | θρύα KU² φρῦα, θρία, δρία cett. (θρία Σ) 41 χλοερόν PQW 45 Εὐνίκα HTγ -νείκα codd.: cf. 20. 1, 42 48 ἐξεφ(ηβ)όβησεν KM² ἀμφεκάλυψεν cett. 50 πυρσὸς KL πυρρὸς cett. 51 ναύτας Brunck -ταις codd. | ἑταίροις K -ρος cett. 52 ποιεῖθ' PQW | πνευστικὸς K 55 ἐπὶ K

50

XIII. ΥΛΑΣ

καὶ ῥόπαλον, τό οἱ αἰὲν ἐχάνδανε δεξιτερὰ χείρ.
τρὶς μὲν Ὕλαν ἄυσεν ὅσον βαθὺς ἤρυγε λαιμός,
τρὶς δ' ἄρ' ὁ παῖς ὑπάκουσεν, ἀραιὰ δ' ἵκετο φωνά
60 ἐξ ὕδατος, παρεὼν δὲ μάλα σχεδὸν εἴδετο πόρρω.
[ὡς δ' ὁπότ' ἠυγένειος ἀπόπροθι λὶς ἐσακούσας]
νεβροῦ φθεγξαμένας τις ἐν οὔρεσιν ὠμοφάγος λίς
ἐξ εὐνᾶς ἔσπευσεν ἑτοιμοτάταν ἐπὶ δαῖτα·
Ἡρακλέης τοιοῦτος ἐν ἀτρίπτοισιν ἀκάνθαις
65 παῖδα ποθῶν δεδόνητο, πολὺν δ' ἐπελάμβανε χῶρον.
σχέτλιοι οἱ φιλέοντες, ἀλώμενος ὅσσ' ἐμόγησεν
οὔρεα καὶ δρυμούς, τὰ δ' Ἰάσονος ὕστερα πάντ' ἦς.
ναῦς γέμεν ἄρμεν' ἔχοισα μετάρσια τῶν παρεόντων,
ἱστία δ' ἡμίθεοι μεσονύκτιον αὖτε καθαίρουν
70 Ἡρακλῆα μένοντες. ὁ δ' ᾇ πόδες ἆγον ἐχώρει
μαινόμενος· χαλεπὸς γὰρ ἔσω θεὸς ἧπαρ ἄμυσσεν.
οὕτω μὲν κάλλιστος Ὕλας μακάρων ἀριθμεῖται·
Ἡρακλέην δ' ἥρωες ἐκερτόμεον λιποναύταν,
οὕνεκεν ἠρώησε τριακοντάζυγον Ἀργώ,
75 πεζᾷ δ' ἐς Κόλχους τε καὶ ἄξενον ἵκετο Φᾶσιν.

57 δεξιτερὰ codd. recc. -ρῇ codd.   58 βαρὺς K   59 ἀραιὴ PQW
61 om. P4 KΣ   62 νεβροῦ E -ρῷ codd. | ὤρεσι PQW   63
ἑτοιμοτάταν Wint. -την codd.   65 δεδόνητο K -νατο cett.   66 ὡς
ἐμ. K   67 ὤρεα PQW | δρυμούς Zieg. -μώς codd.   68 γέμεν
Herm. μὲν codd.   69 ἡμίθεοι K   ἡίθ- cett.: cf. 15.137 |
αὖτε καθαίρουν Words. ἐξεκάθαιρον codd.   73 Ἡρακλέῃ K   74
τριακοντόζυγον KPW   75 Κόλχως KL

XIV. ΘΕΟΚΡΙΤΟΥ ΑΙΣΧΙΝΑΣ ΚΑΙ ΘΥΩΝΙΧΟΣ

ΑΙΣΧΙΝΑΣ
Χαίρειν πολλὰ τὸν ἄνδρα Θυώνιχον.

ΘΥΩΝΙΧΟΣ
                          ἄλλα τοιαῦτα
Αἰσχίνᾳ. ὡς χρόνιος.

ΑΙ.   χρόνιος.
ΘΥ.   τί δέ τοι τὸ μέλημα;
ΑΙ. πράσσομες οὐχ ὡς λῷστα, Θυώνιχε.
ΘΥ.   ταῦτ' ἄρα λεπτός,
χὠ μύσταξ πολὺς οὗτος, ἀυσταλέοι δὲ κίκιννοι.
5   τοιοῦτος πρώαν τις ἀφίκετο Πυθαγορικτάς,
     ὠχρὸς κἀνυπόδητος· Ἀθαναῖος δ' ἔφατ' ἦμεν.
ΑΙ. ἤρατο μὰν καὶ τῆνος;
ΘΥ.   ἐμὶν δοκεῖ, ὀπτῶ ἀλεύρω.
ΑΙ. παίσδεις, ὠγάθ', ἔχων· ἐμὲ δ' ἁ χαρίεσσα Κυνίσκα
     ὑβρίσδει· λασῶ δὲ μανείς ποκα, θρὶξ ἀνὰ μέσσον.
10 ΘΥ. τοιοῦτος μὲν ἀεὶ τύ, φίλ' Αἰσχίνα, ἀσυχᾷ ὀξύς,
     πάντ' ἐθέλων κατὰ καιρόν· ὅμως δ' εἶπον τί τὸ καινόν.
ΑΙ. Ὠργεῖος κἠγὼν καὶ ὁ Θεσσαλὸς ἱπποδιώκτας
     Ἆγις καὶ Κλεύνικος ἐπίνομες ὁ στρατιώτας
     ἐν χώρῳ παρ' ἐμίν. δύο μὲν κατέκοψα νεοσσώς
15   θηλάζοντά τε χοῖρον, ἀνῷξα δὲ Βίβλινον αὐτοῖς

CODD. PRIMARII : K   LWTr [Laur.]   ANU [Vat.]
PAPP. : 𝔓3 (1–fin.), Ber. 5017 (59–63)
TITULUS : Αἰσχίνας (-νης) καὶ (ἡ) Θυώνιχος 𝔓3 LVGP   Αἰσχίνας Θυώνιχον K   Δ[ωρίδι add. 𝔓3
1 ἄλλα τοιαῦτα Reiske   ἀλλά τοι (K : τυ cett.?)   αὐτά (-τό TrA) codd.
4 ἀυσταλέοι Non. u.l.   ανασταλ- 𝔓3   ἂν αὐαλ- codd. (αὐ.αλ- KGP cum ras.)   6 Ἀθαναῖος Gall.   Ἀθην- 𝔓3 codd.   10 ἄσυχα KLWTr -χος ANU   11 παντα θέλων 𝔓3 | καῖνον K u.l.   Σ u.l.   12 κἠγὼ 𝔓3 W   13 Ἆγις 𝔓3   Ἆπις codd.   14 χώρᾳ LWTr   15 δε χοιρ. 𝔓3 | Βίβλινον 𝔓3 KLW   Βύβ- cett.

XIV. ΑΙΣΧΙΝΑΣ ΚΑΙ ΘΥΩΝΙΧΟΣ

εὐώδη τετόρων ἐτέων σχεδὸν ὡς ἀπὸ λανῶ·
βολβός τις, κοχλίας, ἐξαιρέθη· ἧς πότος ἁδύς.
ἤδη δὲ προϊόντος ἔδοξ' ἐπιχεῖσθαι ἄκρατον
ὧτινος ἤθελ' ἕκαστος· ἔδει μόνον ὧτινος εἰπεῖν.
20 ἁμὲς μὲν φωνεῦντες ἐπίνομες, ὡς ἐδέδοκτο·
ἁ δ' οὐδὲν παρεόντος ἐμεῦ. τίν' ἔχειν με δοκεῖς νῶν;
'οὐ φθεγξῇ; λύκον εἶδες;' ἔπαιξέ τις. 'ὡς σοφός' εἶπεν,
κἠφλέγετ'· εὐμαρέως κεν ἀπ' αὐτᾶς καὶ λύχνον ἆψας.
ἔστι Λύκος, Λύκος ἐστί, Λάβα τῶ γείτονος υἱός,
25 εὐμάκης, ἁπαλός, πολλοῖς δοκέων καλὸς ἦμεν·
τούτω τὸν κλύμενον κατεφρύγετο τῆνον ἔρωτα.
χἀμῖν τοῦτο δι' ὠτὸς ἔγεντό ποχ' ἀσυχᾷ οὕτως·
οὐ μὰν ἐξήταξα, μάταν εἰς ἄνδρα γενειῶν.
ἤδη δ' ὦν πόσιος τοὶ τέσσαρες ἐν βάθει ἦμες,
30 χὠ Λαρισαῖος 'τὸν ἐμὸν Λύκον' ᾆδεν ἀπ' ἀρχᾶς,
Θεσσαλικόν τι μέλισμα, κακαὶ φρένες· ἁ δὲ Κυνίσκα
ἔκλαεν ἐξαπίνας θαλερώτερον ἢ παρὰ ματρί
παρθένος ἑξαετὴς κόλπω ἐπιθυμήσασα.
τᾶμος ἐγώ, τὸν ἴσαις τύ, Θυώνιχε, πὺξ ἐπὶ κόρρας
35 ἤλασα, κἄλλαν αὖθις. ἀνειρύσασα δὲ πέπλως
ἔξω ἀποίχετο θᾶσσον. 'ἐμὸν κακόν, οὔ τοι ἀρέσκω;
ἄλλος τοι γλυκίων ὑποκόλπιος; ἄλλον ἰοῖσα
θάλπε φίλον. τήνῳ τεὰ δάκρυα; μᾶλα ῥεόντω.'
μάστακα δοῖσα τέκνοισιν ὑπωροφίοισι χελιδών
40 ἄψορρον ταχινὰ πέτεται βίον ἄλλον ἀγείρειν·
ὠκυτέρα μαλακᾶς ἀπὸ δίφρακος ἔπτετο τήνα

17 κοχλίας 𝔓3 K¹(?)WTr κολχίας cett. | ἐξαιρέθη Ahr. εξερ- 𝔓3 ἐξηρ- codd.   20 ἁμὲς 𝔓3 P ἅμμες codd.   23 κἠφλέγετ' 𝔓3 Σ κῆφατ' ἔτ' K κῆφατ' cett.   26 κατεφρύγετο Pohlenz καταφ- 𝔓3 κατετάκετο codd.   27 ποχ' S ποκ' 𝔓3 ποθ' codd.   32 ἔκλαεν 𝔓3 KTrANU ἔκλα' LW   33 ἐπιθυμήνασα 𝔓3 Iunt.   34 ἐγώ 𝔓3 K ἐγών cett.   36 ἀποίχετο KGP ἀπώχ- cett. δ'αποιωχεο (ω del.) 𝔓3   37 αλλος δη 𝔓3: cf. 15. 102   38 τεὰ Ahr. τὰ K τὰ σὰ cett. | ῥεόντω Wil. (-των C. Hart.) -τι 𝔓3.codd.   39 δοῖσα Wakker e Σ δ' οἷα codd.   41 ἔπτετο Hunt]το 𝔓3 ἔδραμε codd.

ΘΕΟΚΡΙΤΟΥ

ἰθὺ δι' ἀμφιθύρω καὶ δικλίδος, ᾇ πόδες ἆγον.
αἰνός θην λέγεταί τις 'ἔβα ποκα ταῦρος ἀν' ὕλαν '.
εἴκατι· ταὶ δ' ὀκτώ, ταὶ δ' ἐννέα, ταὶ δὲ δέκ' ἄλλαι·
45   σάμερον ἑνδεκάτα· ποτίθες δύο, καὶ δύο μῆνες
ἐξ ὦ ἀπ' ἀλλάλων· οὐδ' εἰ Θρᾳκιστὶ κέκαρμαι
οἶδε. Λύκος νῦν πάντα, Λύκῳ καὶ νυκτὸς ἀνῴκται·
ἄμμες δ' οὔτε λόγω τινὸς ἄξιοι οὔτ' ἀριθμητοί,
δύστανοι Μεγαρῆες ἀτιμοτάτᾳ ἐνὶ μοίρᾳ.
50   κεἰ μὲν ἀποστέρξαιμι, τὰ πάντα κεν ἐς δέον ἕρποι.
νῦν δὲ πόθεν; μῦς, φαντί, Θυώνιχε, γεύμεθα πίσσας,
χὤτι τὸ φάρμακόν ἐστιν ἀμηχανέοντος ἔρωτος
οὐκ οἶδα· πλὰν Σῖμος, ὁ τᾶς ἐπιχάλκω ἐρασθείς,
ἐκπλεύσας ὑγιὴς ἐπανῆνθ', ἐμὸς ἁλικιώτας.
55   πλευσεῦμαι κἠγὼν διαπόντιος· οὔτε κάκιστος
οὔτε πρᾶτος ἴσως, ὁμαλὸς δέ τις ὁ στρατιώτας.
ΘΥ. ὤφελε μὲν χωρεῖν κατὰ νῶν τεὸν ὧν ἐπεθύμεις,
Αἰσχίνα. εἰ δ' οὕτως ἄρα τοι δοκεῖ ὥστ' ἀποδαμεῖν,
μισθοδότας Πτολεμαῖος ἐλευθέρῳ οἷος ἄριστος.
60 ΑΙ. τἆλλα δ' ἀνὴρ ποῖός τις;
ΘΥ.   . . . τοῖσιν ἄριστος·
εὐγνώμων, φιλόμουσος, ἐρωτικός, εἰς ἄκρον ἁδύς,
εἰδὼς τὸν φιλέοντα, τὸν οὐ φιλέοντ' ἔτι μᾶλλον,
πολλοῖς πολλὰ διδούς, αἰτεύμενος οὐκ ἀνανεύων,
οἷα χρὴ βασιλῆ'· αἰτεῖν δὲ δεῖ οὐκ ἐπὶ παντί,

42 ἀμφιθύρω Wint. -ρου codd.   43 ποκὰ τ. Mein. καὶ τ. Tr κεν τ. K κε τ. cett. κένταυρος 𝔓3   45 ποτίθες S -θει codd. | καὶ δύο 𝔓3 LW²TrANU καὶ δέκα 𝔓3 u.l. KW   46 οὐδ' εἰ KLW οὐδὲ cett.   47 οἶδε· Λύκος K ἁ (ἡ) δὲ Λύκῳ cett. (𝔓3 in marg. λι⟨πει⟩ ο[ι]δεν)   48 ἀριθμητοί H -ματοί 𝔓3 codd.   49 ἀτιμοτάτᾳ Valck. -τῃ codd.   51 ποθ' ὡς TrANU   53 ἐπιχάλκω 𝔓3 in ras. LWTrANU ὑποχ- 𝔓3 ante ras. K² in ras. Σ u.l.   54 πόλιν ἦνθ' K in ras.]υγιης εμος 𝔓3   57 μὲν Vahlen μὰν codd. | νῶν Ahr. νοῦν 𝔓3 codd.   58 τοι Ahr. σοι codd.   60 οἷός τ[p.Ber. 5017 |].[·] . τοῖσιν ἀρ. 𝔓3 ἐλευθέρῳ οἷος ἄρ. codd. (om. P) ἐνὶ πράτοισιν ἄρ. Hunt

54

XIV. ΑΙΣΧΙΝΑΣ ΚΑΙ ΘΥΩΝΙΧΟΣ

65 Αἰσχίνα. ὥστ' εἴ τοι κατὰ δεξιὸν ὦμον ἀρέσκει
λῶπος ἄκρον περονᾶσθαι, ἐπ' ἀμφοτέροις δὲ βεβακὼς
τολμασεῖς ἐπιόντα μένειν θρασὺν ἀσπιδιώταν,
ᾇ τάχος εἰς Αἴγυπτον. ἀπὸ κροτάφων πελόμεσθα
πάντες γηραλέοι, καὶ ἐπισχερὼ ἐς γένυν ἕρπει
70 λευκαίνων ὁ χρόνος· ποιεῖν τι δεῖ ἇς γόνυ χλωρόν.

XV. ΘΕΟΚΡΙΤΟΥ ΣΥΡΑΚΟΣΙΑΙ Η ΑΔΩΝΙΑΖΟΥΣΑΙ

ΓΟΡΓΩ ΚΑΙ ΠΡΑΞΙΝΟΑ

ΓΟΡΓΩ

Ἔνδοι Πραξινόα;

ΠΡΑΞΙΝΟΑ

Γοργὼ φίλα, ὡς χρόνῳ. ἔνδοι.
θαῦμ' ὅτι καὶ νῦν ἦνθες. ὅρη δρίφον, Εὐνόα, αὐτᾷ·
ἔμβαλε καὶ ποτίκρανον. = προσκρανον

ΓΟ.   ἔχει κάλλιστα.
ΠΡ.   καθίζευ.
ΓΟ. ὦ τᾶς ἀλεμάτω ψυχᾶς· μόλις ὕμμιν ἐσώθην,
5   Πραξινόα, πολλῶ μὲν ὄχλω, πολλῶν δὲ τεθρίππων·
παντᾷ κρηπῖδες, παντᾷ χλαμυδηφόροι ἄνδρες·
ἁ δ' ὁδὸς ἄτρυτος· τὺ δ' ἑκαστέρω αἰὲν ἀποικεῖς.
ΠΡ. ταῦθ' ὁ πάραρος τῆνος· ἐπ' ἔσχατα γᾶς ἔλαβ' ἐνθών

66]ισι βεβ. 𝔓3   70 ἇς 𝔓3 KGPΣ   ὡς K²LWTr   οἷς ANU

CODD. PRIMARII: K LWTr [Laur.] ANU [Vat.]
PAPP.: 𝔓2 (38–47, 51–57, 59–80, 84–100), 𝔓3 fere integra, 𝔓4 (15–25, 48–59)
TITULUS: Συρακό(υ)σιαι ἢ Ἀδωνιάζουσαι 𝔓3 codd. Γοργω κα[ι Πρ]αξινοα Δωριδι add. 𝔓3
1 Γοργοῖ K   2 δριφον 𝔓3 δίφρον codd.   4 ἀλεμάτω Scal.]τω (suprascr. ς) 𝔓3 ἀδεμάτω KLWTrU² ἀδαμά(ν)του ANU   5 πολλῶ ... ὄχλω Wint. -λοῦ, -λου codd.]ω (suprascr. ν), -λων 𝔓3   7 ἀτρύγετος 𝔓3 | ἑκαστέρω 𝔓3 K -τοτέρω cett. | αιεν 𝔓3 ἐμ' codd.   8 εσχατιας (γ supra ια) 𝔓3

ΘΕΟΚΡΙΤΟΥ

ἱλεόν, οὐκ οἴκησιν, ὅπως μὴ γείτονες ὦμες
10   ἀλλάλαις, ποτ' ἔριν, φθονερὸν κακόν, αἰὲν ὁμοῖος.
ΓΟ. μὴ λέγε τὸν τεὸν ἄνδρα, φίλα, Δίνωνα τοιαῦτα
     τῶ μικκῶ παρεόντος· ὄρη, γύναι, ὡς ποθορῇ τυ.
     θάρσει, Ζωπυρίων, γλυκερὸν τέκος· οὐ λέγει ἀπφῦν.
ΠΡ. αἰσθάνεται τὸ βρέφος, ναὶ τὰν πότνιαν.
ΓΟ.
                                              καλὸς ἀπφῦς.
15 ΠΡ. ἀπφῦς μὰν τῆνός γα πρόαν—λέγομες δὲ πρόαν θην
     'πάππα, νίτρον καὶ φῦκος ἀπὸ σκανᾶς ἀγοράσδειν '—
     ἵκτο φέρων ἅλας ἄμμιν, ἀνὴρ τρισκαιδεκάπαχυς.
ΓΟ. χὠμὸς ταυτᾷ ἔχει· φθόρος ἀργυρίῳ Διοκλείδας·
     ἑπταδράχμως κυνάδας, γραιᾶν ἀποτίλματα πηρᾶν,
20   πέντε πόκως ἔλαβ' ἐχθές, ἅπαν ῥύπον, ἔργον ἐπ' ἔργῳ.
     ἀλλ' ἴθι, τὠμπέχονον καὶ τὰν περονατρίδα λάζευ.
     βᾶμες τῶ βασιλῆος ἐς ἀφνειῶ Πτολεμαίω
     θασόμεναι τὸν Ἄδωνιν· ἀκούω χρῆμα καλόν τι
     κοσμεῖν τὰν βασίλισσαν.
ΠΡ.
                              ἐν ὀλβίῳ ὄλβια πάντα.
25 ΓΟ. ὧν ἴδες, ὧν εἴπαις κεν ἰδοῖσα τὺ τῷ μὴ ἰδόντι.
     ἕρπειν ὥρα κ' εἴη.
ΠΡ.
                         ἀεργοῖς αἰὲν ἑορτά.
     Εὐνόα, αἶρε τὸ νῆμα καὶ ἐς μέσον, αἰνόδρυπτε,
     θὲς πάλιν· αἱ γαλέαι μαλακῶς χρῄζοντι καθεύδειν.
     κινεῦ δή· φέρε θᾶσσον ὕδωρ. ὕδατος πρότερον δεῖ,

9 .]ιλεὸν 𝔓3   11 Δίνωνα WTr   Δεινω- 𝔓3   Δίκω-, Δίχω-, Δίω- cett.
13 λέγει 𝔓3 KW¹   -γω cett. (u. Praxinoae tribuentes)   15 γα Maas   γε 𝔓3   τὰ codd.   16 πάππα Wil.   πάντα 𝔓3 codd. | ἀγοράσδειν Ahr.
-δων 𝔓3 codd.   17 ικτο 𝔓3   ἦνθε, ἦλθε codd. | ἁμῖν 𝔓3 | τρισκαιδεκάπαχυς Brunck   -πηχυς 𝔓3 codd.   18 ταυτᾷ Reiske   ταῦτ' Κ
ταυτά γ' 𝔓3 cett.   19 αποτα[𝔓4   20 ῥύπος ANU   23 θασόμεναι KANU   -σόμεθα LWTr   -σωμες 𝔓3   -σοῦμες D   24 βασίλειαν 𝔓3 | ὅ. πολλὰ 𝔓3   25 εἴπαις 𝔓3   -ποις 𝔓3 corr. Tr²   -πες KLWTr
-πας ANU | κεν ἰδ. Brunck   καὶ ἰδ. codd.   αν ιδ. 𝔓3   ]τυ ιδ[𝔓4 / τὺ codd.: cf. 24. 76 | αἰνόδρυπτε 𝔓3 KANU   αἰνόθρυπτε LWTrN²
τε 𝔓3   26 ερπωμες· ωρα 𝔓3   27 νῆμα Kaercher   νᾶμα codd.

XV. ΣΥΡΑΚΟΣΙΑΙ Η ΑΔΩΝΙΑΖΟΥΣΑΙ

30 ἁ δὲ σμᾶμα φέρει. δὸς ὅμως. μὴ δὴ πολύ, λᾳστρί.
ἔγχει ὕδωρ. δύστανε, τί μευ τὸ χιτώνιον ἄρδεις;
παῦέ ποχ'· οἷα θεοῖς ἐδόκει, τοιαῦτα νένιμμαι.
ἁ κλᾳξ τᾶς μεγάλας πεῖ λάρνακος; ὧδε φέρ' αὐτάν.
ΓΟ. Πραξινόα, μάλα τοι τὸ καταπτυχὲς ἐμπερόναμα
35 τοῦτο πρέπει· λέγε μοι, πόσσω κατέβα τοι ἀφ' ἱστῶ;
ΠΡ. μὴ μνάσῃς, Γοργοῖ· πλέον ἀργυρίω καθαρῶ μνᾶν
ἢ δύο· τοῖς δ' ἔργοις καὶ τὰν ψυχὰν ποτέθηκα.
ΓΟ. ἀλλὰ κατὰ γνώμαν ἀπέβα τοι· τοῦτό κεν εἴπαις.
ΠΡ. τὠμπέχονον φέρε μοι καὶ τὰν θολίαν· κατὰ κόσμον
40 ἀμφίθες. οὐκ ἀξῶ τυ, τέκνον. Μορμώ, δάκνει ἵππος.
δάκρυ' ὅσσα θέλεις, χωλὸν δ' οὐ δεῖ τυ γενέσθαι.
ἕρπωμες. Φρυγία, τὸν μικκὸν παῖσδε λαβοῖσα,
τὰν κύν' ἔσω κάλεσον, τὰν αὐλείαν ἀπόκλαξον.

ὦ θεοί, ὅσσος ὄχλος. πῶς καὶ πόκα τοῦτο περᾶσαι
45 χρὴ τὸ κακόν; μύρμακες ἀνάριθμοι καὶ ἄμετροι.
πολλά τοι, ὦ Πτολεμαῖε, πεποίηται καλὰ ἔργα
ἐξ ὧ ἐν ἀθανάτοις ὁ τεκών· οὐδεὶς κακοεργός
δᾳλεῖται τὸν ἰόντα παρέρπων Αἰγυπτιστί,
οἷα πρὶν ἐξ ἀπάτας κεκροτημένοι ἄνδρες ἔπαισδον,
50 ἀλλάλοις ὁμαλοί, κακὰ παίχνια, πάντες ἀραῖοι.
ἁδίστα Γοργώ, τί γενώμεθα; τοὶ πολεμισταί
ἵπποι τῶ βασιλῆος. ἄνερ φίλε, μή με πατήσῃς.
ὀρθὸς ἀνέστα ὁ πυρρός· ἴδ' ὡς ἄγριος. κυνοθαρσής

---

30 δὲ σμᾶμα Herm. (et fort. 𝔓3) δ' ἐς νᾶμα codd. | δὴ 𝔓3 K δὲ cett.|
λᾳστρί E. Schwartz ἄπληστε 𝔓3 codd. 32 παῦέ ποχ' οἷα Ahr. παῦε
ὁκοῖα K παῦσε· ὁκοῖα L παύσεο κ' οἷα W παύσεο χ' οἷα Tr παῦσ'
ὁκοῖα ANU 33 πει 𝔓3 πῇ K πᾷ cett. 36 Γοργοῖ PG -γώ
𝔓3 codd. | καθαρῶ 𝔓3 KTr -ρᾶν cett. 37 ποτέθηκα 𝔓3 προτέθεικα
codd. 38 κεν εἴπαις Mein. και (ι deleto) εἴποις (οι in ras.) 𝔓3
κα εἶπες KLWTr κατ' ειπ[𝔓2 καλὸν (W u.l.) εἶπας ANU 41
δάκρυ' X δάκρυε 𝔓2𝔓3 codd. 43 επικλ[αξο]ν 𝔓3 44, 45 Gorgoni
trib. 𝔓3 50 γ ομα[𝔓3 | παίχνια 𝔓3 παίγνια codd. | ἀραῖοι Warton
αροιοι in αεργοι mut. 𝔓3 ἐριοί codd. 51 Γοργώ Σ -γοῖ codd. |
γενώμεθα 𝔓3 γενοίμεθα codd. | πολεμισταί 𝔓3 K πτολ- cett.

ΘΕΟΚΡΙΤΟΥ

   Εὐνόα, οὐ φευξῇ; διαχρησεῖται τὸν ἄγοντα.
55   ὠνάθην μεγάλως ὅτι μοι τὸ βρέφος μένει ἔνδον.
 ΓΟ. θάρσει, Πραξινόα· καὶ δὴ γεγενήμεθ' ὄπισθεν,
   τοὶ δ' ἔβαν ἐς χώραν.
 ΠΡ.   καὐτὰ συναγείρομαι ἤδη.
   ἵππον καὶ τὸν ψυχρὸν ὄφιν τὰ μάλιστα δεδοίκω
   ἐκ παιδός. σπεύδωμες· ὄχλος πολὺς ἄμμιν ἐπιρρεῖ.
60 *ΓΟ.* ἐξ αὐλᾶς, ὦ μᾶτερ;

      ΓΡΑΥΣ

      ἐγών, τέκνα.
 ΓΟ.   εἶτα παρενθεῖν
   εὐμαρές;
 ΓΡ.   ἐς Τροίαν πειρώμενοι ἦνθον Ἀχαιοί,
   κάλλισται παίδων· πείρᾳ θην πάντα τελεῖται.
 ΓΟ. χρησμὼς ἁ πρεσβῦτις ἀπῴχετο θεσπίξασα.
 ΠΡ. πάντα γυναῖκες ἴσαντι, καὶ ὡς Ζεὺς ἀγάγεθ' Ἥραν.
65 *ΓΟ.* θᾶσαι, Πραξινόα, περὶ τὰς θύρας ὅσσος ὅμιλος.
 ΠΡ. θεσπέσιος. Γοργοῖ, δὸς τὰν χέρα μοι· λάβε καὶ τύ,
   Εὐνόα, Εὐτυχίδος· πότεχ' αὐτᾶς μὴ ἀποπλαγχθῇς.
   πᾶσαι ἅμ' εἰσένθωμες· ἀπρὶξ ἔχευ, Εὐνόα, ἁμῶν.
   οἴμοι δειλαία, δίχα μοι τὸ θερίστριον ἤδη
70   ἔσχισται, Γοργοῖ. ποττῶ Διός, εἴ τι γένοιο
   εὐδαίμων, ἄνθρωπε, φυλάσσεο τὠμπέχονόν μευ.

      ΞΕΝΟΣ

   οὐκ ἐπ' ἐμὶν μέν, ὅμως δὲ φυλάξομαι.

57 αρτι (suprascr. ηδη) 𝔓3 59 ὄχλος πολὺς 𝔓3 (πολὺς add. man. sec.) KGP ὅσ(σ)ος ὄχλος cett. | αμιν 𝔓3 60 ἐγὼν τέκνα εἶτα WTrS ἐγὼν ὦ τ. εἶτα LANU ἐγὼν ὦ τέκνα KGP εγωγ' ω τεκνα 𝔓3 | παρενθεῖν P -ηνθῆν 𝔓3 -ελθεῖν codd. 62 καλ(λ)ισται 𝔓2𝔓3 -τα 𝔓3 corr. codd. 63 ἀνδρί τινι attrib. 𝔓3 66 Γοργοῖ Iunt. -γώ 𝔓3 codd. 67 αυτας μη αποπλαγχθης 𝔓2 𝔓3 (suprascr. που ⟨πλα⟩νη⟨θης⟩) αὐτᾷ μὴ τὺ (τι) πλανηθῇς codd. 68 ἔχευ 𝔓2 LWTrANU ἔχετ' 𝔓3 ἔχε 𝔓3 corr. K 69 μοι 𝔓3 μευ codd. 70 Γοργοι 𝔓2 -γώ 𝔓3 codd. | εἴ τι codd. ειθε uel αιθε 𝔓2𝔓3

XV. ΣΥΡΑΚΟΣΙΑΙ Η ΑΔΩΝΙΑΖΟΥΣΑΙ

ΠΡ. ὄχλος ἀλαθέως·
ὠθεῦνθ' ὥσπερ ὗες.

ΞΕ. θάρσει, γύναι· ἐν καλῷ εἰμές.

ΠΡ. κῆς ὥρας κἤπειτα, φίλ' ἀνδρῶν, ἐν καλῷ εἴης,
75 ἄμμε περιστέλλων. χρηστῶ κοἰκτίρμονος ἀνδρός.
θλίβω= φλίβεται Εὐνόα ἄμμιν· ἄγ', ὦ δειλὰ τύ, βιάζευ.
κάλλιστ'· ' ἔνδοι πᾶσαι ', ὁ τὰν νυὸν εἶπ' ἀποκλάξας.

ΓΟ. Πραξινόα, πόταγ' ὧδε. τὰ ποικίλα πρᾶτον ἄθρησον,
λεπτὰ καὶ ὡς χαρίεντα· θεῶν περονάματα φασεῖς.

80 ΠΡ. πότνι' Ἀθαναία, ποῖαί σφ' ἐπόνασαν ἔριθοι,
ποῖοι ζωογράφοι τἀκριβέα γράμματ' ἔγραψαν.
ὡς ἔτυμ' ἐστάκαντι καὶ ὡς ἔτυμ' ἐνδινεῦντι,
ἔμψυχ', οὐκ ἐνυφαντά. σοφόν τι χρῆμ' ἄνθρωπος.
αὐτὸς δ' ὡς θαητὸς ἐπ' ἀργυρέας κατάκειται
85 κλισμῶ, πρᾶτον ἴουλον ἀπὸ κροτάφων καταβάλλων,
ὁ τριφίλητος Ἄδωνις, ὁ κἠν Ἀχέροντι φιληθείς.

ΕΤΕΡΟΣ ΞΕΝΟΣ

παύσασθ', ὦ δύστανοι, ἀνάνυτα κωτίλλοισαι,
τρυγόνες· ἐκκναισεῦντι πλατειάσδοισαι ἅπαντα.

ΠΡ. μᾶ, πόθεν ὤνθρωπος; τί δὲ τὶν εἰ κωτίλαι εἰμές;
90 πασάμενος ἐπίτασσε· Συρακοσίαις ἐπιτάσσεις.
ὡς εἰδῇς καὶ τοῦτο, Κορίνθιαι εἰμὲς ἄνωθεν,
ὡς καὶ ὁ Βελλεροφῶν. Πελοποννασιστὶ λαλεῦμες,
Δωρίσδειν δ' ἔξεστι, δοκῶ, τοῖς Δωριέεσσι.
Persephone μὴ φύῃ, Μελιτῶδες, ὃς ἁμῶν καρτερὸς εἴη,
95 πλὰν ἑνός. οὐκ ἀλέγω. μή μοι κενεὰν ἀπομάξῃς.

72 οχλος αλαθεως P2P3 ὅ. ἀθέως Κ ὅ. ἀθρόως LANU ἀθρόος ὄχλος WTrS 76 φλίβεται KAU θλίβ- LWTrN | ἁμιν K 80 Ἀθαναία Valck. Ἀθην- codd. 81 ζωογράφοι S²V² Et. M. 412. 52 ζωγ- codd. | ταλαθέα P3 82 αντινευν[τι P3 83 τι P3 KWTrANU τοι L Σ Soph. Ant. 353 | ἄνθρωπος P3 KΣSoph. ὤν- cett. 84 ἀργυρέου A 86 φιληθεὶς P2P3 φιλεῖται codd. Greg. Cor. 141 90 ποτίτασσε P3 Et. M. 681. 55 92 λαλευσαι P2P3 ante corr.

ΘΕΟΚΡΙΤΟΥ

ΓΟ. σίγη, Πραξινόα· μέλλει τὸν Ἄδωνιν ἀείδειν
ἁ τᾶς Ἀργείας θυγάτηρ, πολύιδρις ἀοιδός,
ἅτις καὶ πέρυσιν τὸν ἰάλεμον ἀρίστευσε.
φθεγξεῖταί τι, σάφ' οἶδα, καλόν· διαχρέμπτεται ἤδη.

ΓΥΝΗ ΑΟΙΔΟΣ

100 Δέσποιν', ἃ Γολγώς τε καὶ Ἰδάλιον ἐφίλησας
αἰπεινάν τ' Ἔρυκα, χρυσῷ παίζοισ' Ἀφροδίτα,
οἷόν τοι τὸν Ἄδωνιν ἀπ' ἀενάω Ἀχέροντος
μηνὶ δυωδεκάτῳ μαλακαὶ πόδας ἄγαγον Ὧραι,
βάρδισται μακάρων Ὧραι φίλαι· ἀλλὰ ποθειναί
105 ἔρχονται πάντεσσι βροτοῖς αἰεί τι φέροισαι.
Κύπρι Διωναία, τὺ μὲν ἀθανάταν ἀπὸ θνατᾶς,
ἀνθρώπων ὡς μῦθος, ἐποίησας Βερενίκαν,
ἀμβροσίαν ἐς στῆθος ἀποστάξασα γυναικός·
τὶν δὲ χαριζομένα, πολυώνυμε καὶ πολύναε,
110 ἁ Βερενικεία θυγάτηρ Ἑλένᾳ εἰκυῖα
Ἀρσινόα πάντεσσι καλοῖς ἀτιτάλλει Ἄδωνιν.
πὰρ μέν οἱ ὥρια κεῖται ὅσα δρυὸς ἄκρα φέροντι,
πὰρ δ' ἁπαλοὶ κᾶποι πεφυλαγμένοι ἐν ταλαρίσκοις
ἀργυρέοις, Συρίῳ δὲ μύρῳ χρύσει' ἀλάβαστρα,
115 εἴδατά θ' ὅσσα γυναῖκες ἐπὶ πλαθάνῳ πονέονται
ἄνθεα μίσγοισαι λευκῷ παντοῖα μαλεύρῳ,
ὅσσα τ' ἀπὸ γλυκερῶ μέλιτος τά τ' ἐν ὑγρῷ ἐλαίῳ.
πάντ' αὐτῷ πετεηνὰ καὶ ἑρπετὰ τεῖδε πάρεστι·
χλωραὶ δὲ σκιάδες μαλακῷ βρίθοισαι ἀνήθῳ

98 πέρυσιν 𝔓3]σιν 𝔓2 πέρχην K σπέρχιν cett. 99 διαχρέμπτεται 𝔓3 διαθρύπτ- codd. 100 Γολγώς 𝔓2 𝔓3 K -γώ cett. 102 τοι codd. δη 𝔓3: cf. 14. 37 103 μαλακαὶ πόδας 𝔓3 K μαλακαί-ποδες cett. 105 φεροισαι 𝔓3 φορ- codd. 106 θνατᾶς 𝔓3 KWTr -τῶν cett. 107 ἀνθρώπων 𝔓3 LWTr ὤν- cett. 112 φέροντι PD(?) -ται codd. καλειται 𝔓3 114 ἀλάβαστα 𝔓3 115 θ' 𝔓3 KANU δ' LWTr 116 παντοῖα μαλεύρῳ K²M παντοῖ' ἅμ' ἀλεύρῳ 𝔓3 cett. 118 πετεηνὰ 𝔓3 KANU -εεινὰ LWTr | τεῖδε 𝔓3 K τῇδε cett. | παρερπει 𝔓3 119 βρίθοισαι Brunck -θουσαι 𝔓3 -θοντες codd. | ανήθου 𝔓3

XV. ΣΥΡΑΚΟΣΙΑΙ Η ΑΔΩΝΙΑΖΟΥΣΑΙ

120 δέδμανθ'· οἱ δέ τε κῶροι ὑπερπωτῶνται Ἔρωτες,
οἷοι ἀηδονιδῆες ἀεξομενᾶν ἐπὶ δένδρῳ
πωτῶνται πτερύγων πειρώμενοι ὄζον ἀπ' ὄζω.
ὢ ἔβενος, ὢ χρυσός, ὢ ἐκ λευκῶ ἐλέφαντος
αἰετοὶ οἰνοχόον Κρονίδᾳ Διὶ παῖδα φέροντες,
125 πορφύρεοι δὲ τάπητες ἄνω μαλακώτεροι ὕπνω·
ἁ Μίλατος ἐρεῖ χὠ τὰν Σαμίαν καταβόσκων,
Ϟ ἔστρωται κλίνα τὠδώνιδι τῷ καλῷ ἄμμιν '.
τὸν μὲν Κύπρις ἔχει, τὰν δ' ὁ ῥοδόπαχυς Ἄδωνις.
ὀκτωκαιδεκετὴς ἢ ἐννεακαίδεχ' ὁ γαμβρός·
130 οὐ κεντεῖ τὸ φίλημ'· ἔτι οἱ περὶ χείλεα πυρρά.
νῦν μὲν Κύπρις ἔχοισα τὸν αὑτᾶς χαιρέτω ἄνδρα·
ἀῶθεν δ' ἄμμες νιν ἅμα δρόσῳ ἀθρόαι ἔξω
οἰσεῦμες ποτὶ κύματ' ἐπ' αἰόνι πτύοντα,
λύσασαι δὲ κόμαν καὶ ἐπὶ σφυρὰ κόλπον ἀνεῖσαι
135 στήθεσι φαινομένοις λιγυρᾶς ἀρξεύμεθ' ἀοιδᾶς.
ἕρπεις, ὦ φίλ' Ἄδωνι, καὶ ἐνθάδε κἠς Ἀχέροντα
ἡμιθέων, ὥς φαντί, μονώτατος. οὔτ' Ἀγαμέμνων
τοῦτ' ἔπαθ' οὔτ' Αἴας ὁ μέγας, βαρυμάνιος ἥρως,
οὔθ' Ἕκτωρ, Ἑκάβας ὁ γεραίτατος εἴκατι παίδων,
140 οὐ Πατροκλῆς, οὐ Πύρρος ἀπὸ Τροίας ἐπανενθών,
οὔθ' οἱ ἔτι πρότεροι Λαπίθαι καὶ Δευκαλίωνες,
οὐ Πελοπηιάδαι τε καὶ Ἄργεος ἄκρα Πελασγοί.

---

120 δ' ἔτι LWTr   121 οιαι 𝔓3 | ἀηδονιδῆες Valck. -νιῆες ANU -νῆες KLWTr | ἀεξομενᾶν Ahr. -νων codd. | δένδρῳ Wil. -ρων 𝔓3 codd.   122 ὄζω Wint. -ζου codd.   124 αἰετοὶ 𝔓3 KL²W²Tr² -τὼ cett.   127 ἄμμιν scripsi ἄλλα 𝔓3 codd.   128 τὸν μὲν Rossbach τὰν μὲν 𝔓3 codd.   129 ὀκτωκαιδεκετὴς S -κατὴς codd.   130 παρὰ ANU   131 μὲν 𝔓3 LWTrN   μὰν cett.   132 ἄμμες 𝔓3 LWTr ANU ἀμες K   133 αἰόνα κλυ[(πτ in κλ mut.) 𝔓3   135 ἀρξεύμεθ' Kiess.   ]ξουμεθ' ex -ξωμεθ' 𝔓3 ut uid. -ξώμεθ' codd.   136 κῆς Valck. κεῖς 𝔓3 codd.   137 ηιθεων 𝔓3 ante corr.: cf. 13. 69 | νεώτατος ANU   139 ουχ' 𝔓3 | γεραίτατος S in ras. -τερος cett.: cf. 145   140 ἐπανενθών D -ελθών codd.   141 πρότερον LWTr   142 τε om. 𝔓3 ANU

ΘΕΟΚΡΙΤΟΥ

ἵλαος, ὦ φίλ' Ἄδωνι, καὶ ἐς νέωτ'· εὐθυμεύσαις
καὶ νῦν ἦνθες, Ἄδωνι, καί, ὄκκ' ἀφίκῃ, φίλος ἡξεῖς.

145 ΓΟ. Πραξινόα, τὸ χρῆμα σοφώτατον ἁ θήλεια·
ὀλβία ὅσσα ἴσατι, πανολβία ὡς γλυκὺ φωνεῖ.
ὥρα ὅμως κῂς οἶκον. ἀνάριστος Διοκλείδας·
χὠνὴρ ὄξος ἅπαν, πεινᾶντι δὲ μηδὲ ποτένθῃς.
χαῖρε, Ἄδων ἀγαπατέ, καὶ ἐς χαίροντας ἀφικνεῦ.

XVI. ΘΕΟΚΡΙΤΟΥ ΧΑΡΙΤΕΣ Η ΙΕΡΩΝ

Αἰεὶ τοῦτο Διὸς κούραις μέλει, αἰὲν ἀοιδοῖς,
ὑμνεῖν ἀθανάτους, ὑμνεῖν ἀγαθῶν κλέα ἀνδρῶν.
Μοῖσαι μὲν θεαὶ ἐντί, θεοὺς θεαὶ ἀείδοντι·
ἄμμες δὲ βροτοὶ οἷδε, βροτοὺς βροτοὶ ἀείδωμεν.
5 Τίς γὰρ τῶν ὁπόσοι γλαυκὰν ναίουσιν ὑπ' ἀῶ
ἡμετέρας Χάριτας πετάσας ὑποδέξεται οἴκῳ
ἀσπασίως, οὐδ' αὖθις ἀδωρήτους ἀποπέμψει;
αἱ δὲ σκυζόμεναι γυμνοῖς ποσὶν οἴκαδ' ἴασι,
πολλά με τωθάζοισαι ὅτ' ἀλιθίην ὁδὸν ἦλθον,
10 ὀκνηραὶ δὲ πάλιν κενεᾶς ἐν πυθμένι χηλοῦ
ψυχροῖς ἐν γονάτεσσι κάρη μίμνοντι βαλοῖσαι,
ἔνθ' αἰεί σφισιν ἕδρη ἐπὴν ἄπρακτοι ἵκωνται.

143 ιλαος ω 𝔓3   ἴλαθι νῦν codd. | νέω Σ lemma Iunt.Cal.   νέον Κ
145 σοφώτατον J. A. Hart. et ut uid. 𝔓3   -τερον codd.   148, 149
Praxinoae trib. 𝔓3 | ἅπαν 𝔓3 WTr¹M   ἄγαν cett. | ποθ' ἥκοις ΑΝU
149 ἀφικνεῦ A   -ίκνευ 𝔓3   -ίκευ cett.

CODD. PRIMARII: K   LWTr [Laur.]   ASU [Vat.]
PAP.: 𝔓4 (6-31, 40-64)
TITULUS: Χάριτες ἢ 'Ιέρων codd. Hermog. 1. 85 Rabe   Χάριτες Σ arg.
Δωρίδι add. LTr. Dialectus autem epica Dorismis infecta. In re incerta
K plerumque secutus sum.
3 Μοῖσαι Wil.   Μοῦσαι codd.: cf. 29, 58, 69, 107   4 ἀείδωμεν Cal.
-δωμες Κ -δομες L -δοντες W¹ -δοντι cett.   5 ἠῶ ASU   6 ἁμετέρας
LWTr   9 ἀλιθίην S²   ἀληθίην Κ   -θείην AU   ἀλαθίην S: cf. 10. 40
ἀλλοτρίην LWTr | ἦλθον L   ἤνθον cett.   10 ἐν Κ   ἐπὶ cett.   12 σφιν
KASU | ἕδραι LWTr | ἐπὴν S²   ἐπὰν codd.: cf. 28

XVI. ΧΑΡΙΤΕΣ Η ΙΕΡΩΝ

τίς τῶν νῦν τοιόσδε; τίς εὖ εἰπόντα φιλήσει;
οὐκ οἶδ'· οὐ γὰρ ἔτ' ἄνδρες ἐπ' ἔργμασιν ὡς πάρος ἐσθλοῖς
15 αἰνεῖσθαι σπεύδοντι, νενίκηνται δ' ὑπὸ κερδέων.
πᾶς δ' ὑπὸ κόλπου χεῖρας ἔχων πόθεν οἴσεται ἀθρεῖ
ἄργυρον, οὐδέ κεν ἰὸν ἀποτρίψας τινὶ δοίη,
ἀλλ' εὐθὺς μυθεῖται· ' ἀπωτέρω ἢ γόνυ κνάμα·
αὐτῷ μοί τι γένοιτο.' ' θεοὶ τιμῶσιν ἀοιδούς.'
20 ' τίς δέ κεν ἄλλου ἀκούσαι; ἅλις πάντεσσιν Ὅμηρος.'
' οὗτος ἀοιδῶν λῷστος ὃς ἐξ ἐμεῦ οἴσεται οὐδέν.'
Δαιμόνιοι, τί δὲ κέρδος ὁ μυρίος ἔνδοθι χρυσός
κείμενος; οὐχ ἅδε πλούτου φρονέουσιν ὄνασις,
ἀλλὰ τὸ μὲν ψυχᾷ, τὸ δέ πού τινι δοῦναι ἀοιδῶν·
25 πολλοὺς εὖ ἔρξαι παῶν, πολλοὺς δὲ καὶ ἄλλων
ἀνθρώπων, αἰεὶ δὲ θεοῖς ἐπιβώμια ῥέζειν,
μηδὲ ξεινοδόκον κακὸν ἔμμεναι ἀλλὰ τραπέζῃ
μειλίξαντ' ἀποπέμψαι ἐπὴν ἐθέλωντι νέεσθαι,
Μοισάων δὲ μάλιστα τίειν ἱεροὺς ὑποφήτας,
30 ὄφρα καὶ εἰν Ἀίδαο κεκρυμμένος ἐσθλὸς ἀκούσῃς,
μηδ' ἀκλεὴς μύρηαι ἐπὶ ψυχροῦ Ἀχέροντος
ὡσεί τις μακέλᾳ τετυλωμένος ἔνδοθι χεῖρας
ἀχὴν ἐκ πατέρων πενίην ἀκτήμονα κλαίων.
πολλοὶ ἐν Ἀντιόχοιο δόμοις καὶ ἄνακτος Ἀλεύα
35 ἁρμαλιὴν ἔμμηνον ἐμετρήσαντο πενέσται·
πολλοὶ δὲ Σκοπάδαισιν ἐλαυνόμενοι ποτὶ σακούς
μόσχοι σὺν κεραῇσιν ἐμυκήσαντο βόεσσι·
μυρία δ' ἂμ πεδίον Κραννώνιον ἐνδιάασκον

---

15 σπεύδουσι L | νενίκανται LWTr   16 κόλπου A   -πω cett. |
οἴσεται KLWTr   αὖσ- 𝔓4 ASU   18 κνάμα L   -μαι W   -μας, -μης
cett.   21 οισε]τε μηδεν 𝔓4   23 οὐχ ἅδε K   οὐχὶ δὲ LWTr   οὐχ ὧδε
ASU | ὄνησις LW   24 πού LWTr   καί cett. | αοιδῶι 𝔓4   25 εὖ
Kreussler   δ' εὖ codd. | πηῶν LWTr | ἄλλους 𝔓4   28 ἐπὴν S   ἐπὰν
cett.: cf. 12 | ἐθέλωντι Iunt. -λοντι codd.   29 Μοισάων scripsi Μουσ-
codd.   30 ἐσθλὸν KSUNon. | ἀκούῃ LWTr]φίχ[𝔓4   32 μακέλῃ
ASU | ὑψόθι LW: cf. 95   37 κεραοῖσιν ASU | ἐμυκάσαντο WTr

ΘΕΟΚΡΙΤΟΥ

ποιμένες ἔκκριτα μῆλα φιλοξείνοισι Κρεώνδαις·
40 ἀλλ' οὔ σφιν τῶν ἦδος, ἐπεὶ γλυκὺν ἐξεκένωσαν
θυμὸν ἐς εὐρεῖαν σχεδίαν στυγνοῖο γέροντος,
ἄμναστοι δὲ τὰ πολλὰ καὶ ὄλβια τῆνα λιπόντες
δειλοῖς ἐν νεκύεσσι μακροὺς αἰῶνας ἔκειντο,
εἰ μὴ θεῖος ἀοιδὸς ὁ Κήιος αἰόλα φωνέων
45 βάρβιτον ἐς πολύχορδον ἐν ἀνδράσι θῆκ' ὀνομαστοὺς
ὁπλοτέροις· τιμᾶς δὲ καὶ ὠκέες ἔλλαχον ἵπποι
οἵ σφισιν ἐξ ἱερῶν στεφανηφόροι ἦλθον ἀγώνων.
τίς δ' ἂν ἀριστῆας Λυκίων ποτέ, τίς κομόωντας
Πριαμίδας ἢ θῆλυν ἀπὸ χροιᾶς Κύκνον ἔγνω,
50 εἰ μὴ φυλόπιδας προτέρων ὕμνησαν ἀοιδοί;
οὐδ' Ὀδυσεὺς ἑκατόν τε καὶ εἴκατι μῆνας ἀλαθεὶς
πάντας ἐπ' ἀνθρώπους, Ἀίδαν τ' εἰς ἔσχατον ἐλθών
ζωός, καὶ σπήλυγγα φυγὼν ὀλοοῖο Κύκλωπος,
δηναιὸν κλέος ἔσχεν, ἐσιγάθη δ' ἂν ὑφορβὸς
55 Εὔμαιος καὶ βουσὶ Φιλοίτιος ἀμφ' ἀγελαίαις
ἔργον ἔχων αὐτός τε περίσπλαγχνος Λαέρτης,
εἰ μή σφεας ὤνασαν Ἰάονος ἀνδρὸς ἀοιδαί.

Ἐκ Μοισᾶν ἀγαθὸν κλέος ἔρχεται ἀνθρώποισι,
χρήματα δὲ ζώοντες ἀμαλδύνουσι θανόντων.
60 ἀλλ' ἴσος γὰρ ὁ μόχθος ἐπ' ᾀόνι κύματα μετρεῖν
ὅσσ' ἄνεμος χέρσονδε μετὰ γλαυκᾶς ἁλὸς ὠθεῖ,
ἢ ὕδατι νίζειν θολερὰν διαειδέι πλίνθον,

---

39 Κρεώνδαις KS -δες W   κλεωναῖς LW²TrAU   41 στυγνοῖο γέροντος Hemst.   στυγνοῦ Ἀχέρ- codd.   42 τὰ δὲ ₽4 LW | κεῖνα LW   44 θεῖος Syrian. ad Hermog. 1. 85 R.   ]εῖος ₽4   ὁ θεῖος LWTr   κεῖνος cett.   δεινὸς codd. dett. Hermog. Id. 2. 9   46 τιμῆς L   47 ἦνθον KTrAU   48 κομάοντας SM   δὲ καμόντας LWTr   49 ἢ ₽4 KASU καὶ LWTr | χροιῆς LW   51 εἴκοσι LAU   -κοτι WS   52 ἐνθών ASU   53 σπήλαια LW   54 δ' ἂν ὑφορβὸς KLU   δ' ἂν ὁ φ- A   δ' ὁ συφ- WTrS   57 σφεας Brunck   σφείας LW   σφᾶς cett.   59 ἀμαλδύνοντι LWTr   60 ᾐόνι LWTrS   61 ὅσσ in οἱ mut. ₽4 ut uid. | κατὰ Buech.   62 ἢ ὑδ. ₽4KTrASU   ὑδ. τε LW

64

XVI. ΧΑΡΙΤΕΣ Η ΙΕΡΩΝ

καὶ φιλοκερδείᾳ βεβλαμμένον ἄνδρα παρελθεῖν.
χαιρέτω ὅστις τοῖος, ἀνήριθμος δέ οἱ εἴη
65 ἄργυρος, αἰεὶ δὲ πλεόνων ἔχοι ἵμερος αὐτόν·
αὐτὰρ ἐγὼ τιμήν τε καὶ ἀνθρώπων φιλότητα
πολλῶν ἡμιόνων τε καὶ ἵππων πρόσθεν ἑλοίμαν.
δίζημαι δ' ὅτινι θνατῶν κεχαρισμένος ἔλθω
σὺν Μοίσαις· χαλεπαὶ γὰρ ὁδοὶ τελέθουσιν ἀοιδοῖς
70 κουράων ἀπάνευθε Διὸς μέγα βουλεύοντος.
οὔπω μῆνας ἄγων ἔκαμ' οὐρανὸς οὐδ' ἐνιαυτούς·
πολλοὶ κινήσουσιν ἔτι τροχὸν ἅματος ἵπποι·
ἔσσεται οὗτος ἀνὴρ ὃς ἐμοῦ κεχρήσετ' ἀοιδοῦ,
ῥέξας ἢ Ἀχιλεὺς ὅσσον μέγας ἢ βαρὺς Αἴας
75 ἐν πεδίῳ Σιμόεντος ὅθι Φρυγὸς ἠρίον Ἴλου.
ἤδη νῦν Φοίνικες ὑπ' ἠελίῳ δύνοντι
οἰκεῦντες Λιβύας ἄκρον σφυρὸν ἐρρίγασιν·
ἤδη βαστάζουσι Συρακόσιοι μέσα δοῦρα,
ἀχθόμενοι σακέεσσι βραχίονας ἰτεΐνοισιν·
80 ἐν δ' αὐτοῖς Ἱέρων προτέροις ἶσος ἡρώεσσι
ζώννυται, ἵππειαι δὲ κόρυν σκιάουσιν ἔθειραι.
αἲ γάρ, Ζεῦ κύδιστε πάτερ καὶ πότνι' Ἀθάνα
κούρη θ' ἣ σὺν ματρὶ πολυκλήρων Ἐφυραίων
εἴληχας μέγα ἄστυ παρ' ὕδασι Λυσιμελείας,
85 ἐχθροὺς ἐκ νάσοιο κακαὶ πέμψειαν ἀνάγκαι
Σαρδόνιον κατὰ κῦμα φίλων μόρον ἀγγέλλοντας

63 φιλοκερδείῃ WTr -δῇ ASU 64 ὅστις τοιοῦτος KAU ὃς τοιοῦτος S | ἀνάριθμος LWTr | οἱ TrS²M μοι KL τοι WASU 66 τιμάν LWTr 68 ὅτινι Iunt. ὦτινι KLWASU ὦ κεν S² ὦ γε Tr | ἔλθω L ἔνθω cett. 69 τελέθοντι LWTr | ἀοιδοῖς LWTr -δαῖς K -δᾶν ASU 70 κουράων LW Μουσάων cett. | μέγα D² Iunt. Cal. Eust. 75. 38 μεγάλου codd. | ἀπεόντος WTrS 72 κινησεῦντι LWTr | ἅματος Wil. ἅρμ- codd. 73 ἐμεῦ LWTrS | ἀοιδῇ ASU 76 ἀελίῳ LWTr 77 οἰκοῦντες LWTr | Λιβύης LWTrS Λιλύβας Kuiper | ἐρρίγαντι uel ἠρρ- WTrSM 81 σκιάουσιν WTr -άζουσι L σκεπάουσι cett. σκεπάσασαι Eust. 421. 44 83 κούρα θ' ἃ LWTr | μητρὶ S | πολυκλάρων LWTr 85 κακὰ πέμπει ἐν ἀνάγκᾳ K

ΘΕΟΚΡΙΤΟΥ

τέκνοις ἠδ' ἀλόχοισιν, ἀριθμητοὺς ἀπὸ πολλῶν.
ἄστεα δὲ προτέροισι πάλιν ναίοιτο πολίταις,
δυσμενέων ὅσα χεῖρες ἐλωβήσαντο κατ' ἄκρας·
90 ἀγροὺς δ' ἐργάζοιντο τεθαλότας· αἱ δ' ἀνάριθμοι
μήλων χιλιάδες βοτάνᾳ διαπιανθεῖσαι
ἂμ πεδίον βληχῷντο, βόες δ' ἀγεληδὸν ἐς αὖλιν
ἐρχόμεναι σκνιφαῖον ἐπισπεύδοιεν ὁδίταν·
νειοὶ δ' ἐκπονέοιντο ποτὶ σπόρον, ἁνίκα τέττιξ
95 ποιμένας ἐνδίους πεφυλαγμένος ὑψόθι δένδρων
ἀχεῖ ἐν ἀκρεμόνεσσιν· ἀράχνια δ' εἰς ὅπλ' ἀράχναι
λεπτὰ διαστήσαιντο, βοᾶς δ' ἔτι μηδ' ὄνομ' εἴη.
ὑψηλὸν δ' Ἱέρωνι κλέος φορέοιεν ἀοιδοί
καὶ πόντου Σκυθικοῖο πέραν καὶ ὅθι πλατὺ τεῖχος
100 ἀσφάλτῳ δήσασα Σεμίραμις ἐμβασίλευεν.
εἷς μὲν ἐγώ, πολλοὺς δὲ Διὸς φιλέοντι καὶ ἄλλους
θυγατέρες, τοῖς πᾶσι μέλοι Σικελὴν Ἀρέθοισαν
ὑμνεῖν σὺν λαοῖσι καὶ αἰχμητὴν Ἱέρωνα.
ὦ Ἐτεόκλειοι Χάριτες θεαί, ὦ Μινύειον
105 Ὀρχομενὸν φιλέοισαι ἀπεχθόμενόν ποτε Θήβαις,
ἄκλητος μὲν ἔγωγε μένοιμί κεν, ἐς δὲ καλεύντων
θαρσήσας Μοίσαισι σὺν ἁμετέραισιν ἰοίμ' ἄν.
καλλείψω δ' οὐδ' ὔμμε· τί γὰρ Χαρίτων ἀγαπατόν
ἀνθρώποις ἀπάνευθεν; ἀεὶ Χαρίτεσσιν ἅμ' εἴην.

87 ἀριθμητοὺς K -ματοὺς cett.   88 δὲ LW τε cett. | ναίοιτο W -οιτε L -οιντο cett.   90 αἴ τ' WTrASU βληχῷντο S² -χοῖντο KASU βλαχοῖντο LWTr | ἀγελαδὸν LWTrS   93 σκνιφαῖον KWTr σκνιπ- W² cett.   94 ἐκπνέοιντο W -πλέ- L -τελέ- W²Tr -πολέοιντο Edm. | κατὰ LW²Tr   95 ἐνδίους Non. -δείους KS -δείουσα W¹ -δεία cett. | ἐνδόθι KASU: cf. 32   99 κ. ὅπῃ ASU   100 ἐμβασίλευσεν LWTr   102 πᾶσι μέλοι KLS² -λει W²Tr πᾶσιν ἴκοι WASU | Ἀρέθουσαν LW   103 αἰχματὰν LWTr   104 Ἐτεόκλειοι KASU -κλῆος WTr -κληο L | Χάριτες WTr θυγατέρες cett.   105 ποκα LWTr   106 ἔγωγε μένοιμι codd. dett.   ἔγωγε γένοιμι K ἐγὼ(ν) μένοιμι uel μίμνοιμι cett.   108 ἀγαπητόν LSM

XVII. ΘΕΟΚΡΙΤΟΥ ΕΓΚΩΜΙΟΝ ΕΙΣ ΠΤΟΛΕΜΑΙΟΝ

Ἐκ Διὸς ἀρχώμεσθα καὶ ἐς Δία λήγετε Μοῖσαι,
ἀθανάτων τὸν ἄριστον, ἐπὴν †ἀείδωμεν ἀοιδαῖς·
ἀνδρῶν δ' αὖ Πτολεμαῖος ἐνὶ πρώτοισι λεγέσθω
καὶ πύματος καὶ μέσσος· ὃ γὰρ προφερέστατος ἀνδρῶν.
5 ἥρωες, τοὶ πρόσθεν ἀφ' ἡμιθέων ἐγένοντο,
ῥέξαντες καλὰ ἔργα σοφῶν ἐκύρησαν ἀοιδῶν·
αὐτὰρ ἐγὼ Πτολεμαῖον ἐπιστάμενος καλὰ εἰπεῖν
ὑμνήσαιμ'· ὕμνοι δὲ καὶ ἀθανάτων γέρας αὐτῶν.
Ἴδαν ἐς πολύδενδρον ἀνὴρ ὑλατόμος ἐλθών
10 παπταίνει, παρεόντος ἅδην, πόθεν ἄρξεται ἔργου.
τί πρῶτον καταλέξω; ἐπεὶ πάρα μυρία εἰπεῖν
οἷσι θεοὶ τὸν ἄριστον ἐτίμησαν βασιλήων.

Ἐκ πατέρων οἷος μὲν ἔην τελέσαι μέγα ἔργον
Λαγείδας Πτολεμαῖος, ὅτε φρεσὶν ἐγκατάθοιτο
15 βουλὰν ἃν οὐκ ἄλλος ἀνὴρ οἷός τε νοῆσαι.
τῆνον καὶ μακάρεσσι πατὴρ ὁμότιμον ἔθηκεν
ἀθανάτοις καί οἱ χρύσεος θρόνος ἐν Διὸς οἴκῳ
δέδμηται· παρὰ δ' αὐτὸν Ἀλέξανδρος φίλα εἰδώς
ἑδριάει, Πέρσαισι βαρὺς θεὸς αἰολομίτρας.
20 ἀντία δ' Ἡρακλῆος ἕδρα κενταυροφόνοιο
ἵδρυται στερεοῖο τετυγμένα ἐξ ἀδάμαντος·
ἔνθα σὺν ἄλλοισιν θαλίας ἔχει Οὐρανίδῃσι,

CODD. PRIMARII: K   LWTr [Laur.]   ASU [Vat.]
PAPP.: 𝔓3 (1–31, 42–75, 83–88, 101–3, 111–13), ined.ᵝ (94–107)
TITULUS: Ἐγκώμιον εἰς Πτολεμαῖον LWTrASU   ]ει[ς] Πτολεμαιο[ν] 𝔓3
Ἔπαινος Πτολεμαίου K   Δωρίδι add. Tr   Dialectus autem ut in XVI
incerta. K plerumque secutus sum.
1 Μ]ουσαι 𝔓3   2 ἀ(ε)ίδωμεν ἀοιδαῖς codd.   ]εν αοιδης 𝔓3 fort. μνησθῶμεν
(Latte) ἀοιδᾶς 𝔓3   4 προφερέστατος 𝔓3 KASU -τερος LWTr   5 α[μι-
θεων 𝔓3 ut uid.   9 ἐνθών K   11 πρᾶτον LWTr   14 Λαγείδας Geier
-γίδας codd. | ὅτε Zieg.   ὅκα codd.: cf. 59   17 θρόνος Bgk   δόμος
codd.   19 -μι]τρης 𝔓3 -τραις Non.   20 θ' LWTr | κενταυροφόνοιο
Tr   κετ- KLWU   τετ- A   τοῦ ταυρ- S

ΘΕΟΚΡΙΤΟΥ

χαίρων υἱωνῶν περιώσιον υἱωνοῖσιν,
ὅττι σφεων Κρονίδης μελέων ἐξείλετο γῆρας
25 ἀθάνατοι δὲ καλεῦνται ἑοὶ νέποδες γεγαῶτες.
ἄμφω γὰρ πρόγονός σφιν ὁ καρτερὸς Ἡρακλείδας
ἀμφότεροι δ' ἀριθμεῦνται ἐς ἔσχατον Ἡρακλῆα.
τῷ καὶ ἐπεὶ δαίτηθεν ἴοι κεκορημένος ἤδη
νέκταρος εὐόδμοιο φίλας ἐς δῶμ' ἀλόχοιο,
30 τῷ μὲν τόξον ἔδωκεν ὑπωλένιόν τε φαρέτραν,
τῷ δὲ σιδάρειον σκύταλον κεχαραγμένον ὄζοις·
οἳ δ' εἰς ἀμβρόσιον θάλαμον λευκοσφύρου Ἥβας
ὅπλα καὶ αὐτὸν ἄγουσι γενειήταν Διὸς υἱόν.

Οἵα δ' ἐν·πινυταῖσι περικλειτὰ Βερενίκα
35 ἔπρεπε θηλυτέρῃς, ὄφελος μέγα γειναμένοισι.
τᾷ μὲν Κύπρον ἔχοισα Διώνας πότνια κούρα
κόλπον ἐς εὐώδη ῥαδινὰς ἐσεμάξατο χεῖρας·
τῷ οὔπω τινὰ φαντὶ ἀδεῖν τόσον ἀνδρὶ γυναικῶν
ὅσσον περ Πτολεμαῖος ἑὴν ἐφίλησεν ἄκοιτιν.
40 ἦ μὰν ἀντεφιλεῖτο πολὺ πλέον. ὧδέ κε παισί
θαρσήσας σφετέροισιν ἐπιτρέποι οἶκον ἅπαντα
ὁππότε κεν φιλέων βαίνῃ λέχος ἐς φιλεούσης·
ἀστόργου δὲ γυναικὸς ἐπ' ἀλλοτρίῳ νόος αἰεί,
ῥηίδιοι δὲ γοναί, τέκνα δ' οὐ ποτεοικότα πατρί.
45 κάλλει ἀριστεύουσα θεάων πότν' Ἀφροδίτα,
σοὶ τήνα μεμέλητο· σέθεν δ' ἕνεκεν Βερενίκα
εὐειδὴς Ἀχέροντα πολύστονον οὐκ ἐπέρασεν,
ἀλλά μιν ἁρπάξασα, πάροιθ' ἐπὶ νῆα κατελθεῖν
κυανέαν καὶ στυγνὸν ἀεὶ πορθμῆα καμόντων,
50 ἐς ναὸν κατέθηκας, ἑᾶς δ' ἀπεδάσσαο τιμᾶς.

24 Κρονίδας TrASU   25 ἑοὶ Heins.   θεοὶ codd.   26 aut 27 om.
₱3   28 ἴῃ Cal.   30 φαρέτρην LWAU   34 περικλυτὰ LWTrA¹SU
35 θηλυτέραις S   36 τῇ ASU | κούρη LWTr   41 ἐπιτρέποι L
-πει cett.   42 βαίνῃ Iunt. -νοι S -νει cett.   43 ἀλλοτρίων K |
αἰεί K   αἰέν cett.   44 ῥηίδιαι ASU   48 νῆα K   νᾶα LWTrS   νᾶμα
A   νᾶσα U | κατενθεῖν K   50 νηὸν ₱3 S: cf. 123

XVII. ΕΓΚΩΜΙΟΝ ΕΙΣ ΠΤΟΛΕΜΑΙΟΝ

πᾶσιν δ' ἤπιος ἥδε βροτοῖς μαλακοὺς μὲν ἔρωτας
προσπνείει, κούφας δὲ διδοῖ ποθέοντι μερίμνας.
Ἀργεία κυάνοφρυ, σὺ λαοφόνον Διομήδεα
μισγομένα Τυδῆι τέκες, Καλυδωνίῳ ἀνδρί,
55 ἀλλὰ Θέτις βαθύκολπος ἀκοντιστὰν Ἀχιλῆα
Αἰακίδᾳ Πηλῆι· σὲ δ', αἰχμητὰ Πτολεμαῖε,
αἰχμητᾷ Πτολεμαίῳ ἀρίζηλος Βερενίκα.
καί σε Κόως ἀτίταλλε βρέφος νεογιλλὸν ἐόντα,
δεξαμένα παρὰ ματρὸς ὅτε πρώταν ἴδες ἀῶ.
60 ἔνθα γὰρ Εἰλείθυιαν ἐβώσατο λυσίζωνον
Ἀντιγόνας θυγάτηρ βεβαρημένα ὠδίνεσσιν·
ἣ δέ οἱ εὐμενέοισα παρίστατο, κὰδ δ' ἄρα πάντων
νωδυνίαν κατέχευε μελῶν· ὃ δὲ πατρὶ ἐοικώς
παῖς ἀγαπητὸς ἔγεντο. Κόως δ' ὀλόλυξεν ἰδοῖσα,
65 φᾶ δὲ καθαπτομένα βρέφεος χείρεσσι φίλῃσιν·
'ὄλβιε κοῦρε γένοιο, τίοις δέ με τόσσον ὅσον περ
Δῆλον ἐτίμησεν κυανάμπυκα Φοῖβος Ἀπόλλων·
ἐν δὲ μιᾷ τιμῇ Τρίοπον καταθεῖο κολώναν,
ἶσον Δωριέεσσι νέμων γέρας ἐγγὺς ἐοῦσιν·
70 ἶσον καὶ 'Ρήναιαν ἄναξ ἐφίλησεν Ἀπόλλων.'
ὣς ἄρα νᾶσος ἔειπεν· ὃ δ' ὑψόθεν ἔκλαγε φωνᾷ
ἐς τρὶς ἀπὸ νεφέων μέγας αἰετός, αἴσιος ὄρνις.
Ζηνός που τόδε σᾶμα· Διὶ Κρονίωνι μέλοντι
αἰδοῖοι βασιλῆες, ὃ δ' ἔξοχος ὅν κε φιλήσῃ
75 γεινόμενον τὰ πρῶτα· πολὺς δέ οἱ ὄλβος ὀπαδεῖ,

53 Διομήδην LWTr   54 μ[ι]σ[γομ]ενη 𝔓3 | Καλυδωνίῳ ἀνδρί Hiller -ιον ἄνδρα codd.   57 ἀρίζαλος ASU   58 νεογιλὸν LTrASU   59 πράταν LWTr   62 α δε 𝔓3 | εὐμενέουσα LWTrAU   64 ἀγαπατὸς Tr | ἰδοῦσα LW   65 φη 𝔓3 | χείλεσσι φίλοισιν LWTr   66 κοῦρε 𝔓3 KLW   κῶρε cett.   67 Δῆλον 𝔓3 ASU   Δᾶλον cett. | ἐτίμησεν 𝔓3 KLW   -ασεν cett.   68 μιη 𝔓3 | Τρίοπον KTr   τρίοπτον cett. Σ u.l.   Τρίοπος Steph. | κολωνόν LWTr   70 'Ρήνειαν Lobeck   71 νησος 𝔓3   72 ἀπὸ K   ἀπαὶ LWTr   ὑπαὶ AU   ὑπ' ἐκ S | αἰετὸς αἴσιος Iunt.   αἰ. ὅσιος K   αἴσιος αἰ. cett.   74 αἰδοῖοι 𝔓3   -οῖο, -οίου codd. | βασιλῆες K¹   -ῆος cett.   75 ὀπαδεῖ K   -ηδεῖ cett.

ΘΕΟΚΡΙΤΟΥ

πολλᾶς δὲ κρατέει γαίας, πολλᾶς δὲ θαλάσσας.
Μυρίαι ἄπειροί τε καὶ ἔθνεα μυρία φωτῶν
λήιον ἀλδήσκουσιν ὀφελλόμεναι Διὸς ὄμβρῳ,
ἀλλ' οὔτις τόσα φύει ὅσα χθαμαλὰ Αἴγυπτος,
80 Νεῖλος ἀναβλύζων διερὰν ὅτε βώλακα θρύπτει,
οὐδέ τις ἄστεα τόσσα βροτῶν ἔχει ἔργα δαέντων.
τρεῖς μέν οἱ πολίων ἑκατοντάδες ἐνδέδμηνται,
τρεῖς δ' ἄρα χιλιάδες τρισσαῖς ἐπὶ μυριάδεσσι,
δοιαὶ δὲ τριάδες, μετὰ δέ σφισιν ἐννεάδες τρεῖς·
85 τῶν πάντων Πτολεμαῖος ἀγήνωρ ἐμβασιλεύει.
καὶ μὴν Φοινίκας ἀποτέμνεται Ἀρραβίας τε
καὶ Συρίας Λιβύας τε κελαινῶν τ' Αἰθιοπήων·
Παμφύλοισί τε πᾶσι καὶ αἰχμηταῖς Κιλίκεσσι
σαμαίνει, Λυκίοις τε φιλοπτολέμοισί τε Καρσί
90 καὶ νάσοις Κυκλάδεσσιν, ἐπεί οἱ νᾶες ἄρισται
πόντον ἐπιπλώοντι, θάλασσα δὲ πᾶσα καὶ αἶα
καὶ ποταμοὶ κελάδοντες ἀνάσσονται Πτολεμαίῳ,
πολλοὶ δ' ἱππῆες, πολλοὶ δέ μιν ἀσπιδιῶται
χαλκῷ μαρμαίροντι σεσαγμένοι ἀμφαγέρονται.
95 Ὄλβῳ μὲν πάντας κε καταβρίθοι βασιλῆας·
τόσσον ἐπ' ἆμαρ ἕκαστον ἐς ἀφενεὸν ἔρχεται οἶκον
πάντοθε. λαοὶ δ' ἔργα περιστέλλουσιν ἕκηλοι·
οὐ γάρ τις δηίων πολυκήτεα Νεῖλον ὑπερβὰς
πεζὸς ἐν ἀλλοτρίαισι βοὰν ἐστάσατο κώμαις,
100 οὐδέ τις αἰγιαλόνδε θοᾶς ἐξήλατο ναός
θωρηχθεὶς ἐπὶ βουσὶν ἀνάρσιος Αἰγυπτίῃσιν·
τοῖος ἀνὴρ πλατέεσσιν ἐνίδρυται πεδίοισι

76 γαίης LWTrAU | θαλάσσης LWTrS   78 ὀφελλόμεν K -μενον D   84 ἐνδεκάδες TrASU   85 ἀγάνωρ TrASU   87 Συρίης 𝔓3 TrASU | Λιβύης 𝔓3 ASU   88 Παμφύλοισι Schrader   -λίοισι codd.   Παμφοιλ[𝔓3   89 σημαίνει ASU | φιλοπτολέμοισί τε Καρσί K   -οις τε Κάρεσσι cett.   90 ἄρισται Steph. -τοι codd.   97 περιστέλλονται K | εκα[λ]οι p. ined.ᵝ   100 ἐξάλλατο KASU | νηός K   101 Αἰγυπτίαισιν 𝔓3 S

70

XVII. ΕΓΚΩΜΙΟΝ ΕΙΣ ΠΤΟΛΕΜΑΙΟΝ

ξανθοκόμας Πτολεμαῖος, ἐπιστάμενος δόρυ πάλλειν,
ᾧ ἐπίπαγχυ μέλει πατρώια πάντα φυλάσσειν
105 οἷ' ἀγαθῷ βασιλῆι, τὰ δὲ κτεατίζεται αὐτός.
οὐ μὰν ἀχρεῖός γε δόμῳ ἐνὶ πίονι χρυσός
μυρμάκων ἅτε πλοῦτος ἀεὶ κέχυται μογεόντων·
ἀλλὰ πολὺν μὲν ἔχοντι θεῶν ἐρικυδέες οἶκοι
αἰὲν ἀπαρχομένοιο σὺν ἄλλοισιν γεράεσσι,
110 πολλὸν δ' ἰφθίμοισι δεδώρηται βασιλεῦσι,
πολλὸν δὲ πτολίεσσι, πολὺν δ' ἀγαθοῖσιν ἑταίροις.
οὐδὲ Διωνύσου τις ἀνὴρ ἱεροὺς κατ' ἀγῶνας
ἵκετ' ἐπιστάμενος λιγυρὰν ἀναμέλψαι ἀοιδάν,
ᾧ οὐ δωτίναν ἀντάξιον ὤπασε τέχνας.
115 Μουσάων δ' ὑποφῆται ἀείδοντι Πτολεμαῖον
ἀντ' εὐεργεσίης. τί δὲ κάλλιον ἀνδρί κεν εἴη
ὀλβίῳ ἢ κλέος ἐσθλὸν ἐν ἀνθρώποισιν ἀρέσθαι;
τοῦτο καὶ Ἀτρεΐδαισι μένει· τὰ δὲ μυρία τῆνα
ὅσσα μέγαν Πριάμοιο δόμον κτεάτισσαν ἑλόντες
120 ἀέρι πᾳ κέκρυπται ὅθεν πάλιν οὐκέτι νόστος.

Μοῦνος ὅδε προτέρων τε καὶ ὧν ἔτι θερμὰ κονία
στειβομένα καθύπερθε ποδῶν ἐκμάσσεται ἴχνη
ματρὶ φίλᾳ καὶ πατρὶ θυώδεας εἴσατο ναούς·
ἐν δ' αὐτοὺς χρυσῷ περικαλλέας ἠδ' ἐλέφαντι
125 ἵδρυται πάντεσσιν ἐπιχθονίοισιν ἀρωγούς.
πολλὰ δὲ πιανθέντα βοῶν ὅγε μηρία καίει
μησὶ περιπλομένοισιν ἐρευθομένων ἐπὶ βωμῶν,
αὐτός τ' ἰφθίμα τ' ἄλοχος, τᾶς οὔτις ἀρείων
νυμφίον ἐν μεγάροισι γυνὰ περιβάλλετ' ἀγοστῷ,

103 ξανθοκόμας K -μος cett. | παλαι p. ined.ᵝ   109 αἰὲν S αἰεὶ cett.   110 praeter KS (et ut uid. 𝔓3) u. 90 post 110 repetunt codd. 111 καὶ νάσοις Κυκλάδεσσι πολὺν δ' ἀ. ἑ. K   112 ἱερεὺς KAU -ρὲς L   113 αοι]δην 𝔓3   117 ἢ Tr om. cett.   121 τε καὶ ὧν Briggs τεκέων K τοκ- cett. | κονία K -ίη cett.   123 νηούς S -ώς AU: cf. 50   126 ὅγε Tr² ὅδε SM ὅτε cett.   127 μησὶ Ahr. μασὶ codd. 128 ἀρείω LWASU

ΘΕΟΚΡΙΤΟΥ

130 ἐκ θυμοῦ στέργοισα κασίγνητόν τε πόσιν τε.
ὧδε καὶ ἀθανάτων ἱερὸς γάμος ἐξετελέσθη
οὓς τέκετο κρείουσα ῾Ρέα βασιλῆας ᾿Ολύμπου·
ἐν δὲ λέχος στόρνυσιν ἰαύειν Ζηνὶ καὶ ῞Ηρῃ
χεῖρας φοιβήσασα μύροις ἔτι παρθένος ῏Ιρις.
135 Χαῖρε, ἄναξ Πτολεμαῖε· σέθεν δ᾿ ἐγὼ ἶσα καὶ ἄλλων
μνάσομαι ἡμιθέων, δοκέω δ᾿ ἔπος οὐκ ἀπόβλητον
φθέγξομαι ἐσσομένοις· ἀρετήν γε μὲν ἐκ Διὸς αἰτεῦ.

XVIII. ΘΕΟΚΡΙΤΟΥ ΕΛΕΝΗΣ ΕΠΙΘΑΛΑΜΙΟΣ

῎Εν ποκ᾿ ἄρα Σπάρτᾳ ξανθότριχι πὰρ Μενελάῳ
παρθενικαὶ θάλλοντα κόμαις ὑάκινθον ἔχοισαι
πρόσθε νεογράπτῳ θαλάμῳ χορὸν ἐστάσαντο,
δώδεκα ταὶ πρᾶται πόλιος, μέγα χρῆμα Λακαινᾶν,
5 ἁνίκα Τυνδαρίδα κατεκλάξατο τὰν ἀγαπατὰν
μναστεύσας ῾Ελέναν ὁ νεώτερος ᾿Ατρέος υἱῶν.
ἄειδον δ᾿ ἅμα πᾶσαι ἐς ἓν μέλος ἐγκροτέοισαι
ποσσὶ περιπλέκτοις, ὑπὸ δ᾿ ἴαχε δῶμ᾿ ὑμεναίῳ·

Οὕτω δὴ πρωιζὰ κατέδραθες, ὦ φίλε γαμβρέ;
10 ἦ ῥά τις ἐσσὶ λίαν βαρυγούνατος; ἦ ῥα φίλυπνος;
ἦ ῥα πολύν τιν᾿ ἔπινες, ὅκ᾿ εἰς εὐνὰν κατεβάλλευ;

131 ἀθ. αὐτῶν ἱ. γ. K   132 τέκε κρείοισα ASU | ᾿Ολύμπῳ LWTr
137 αἰτεῦ KLWTr   ἕξοις ASU

CODD. PRIMARII: X (51-58) Tr [Laur.] ASU [Vat.] S²
PAPP.: 𝔓3 fere integra, ined.ᵅ (12-43)
TITULUS: ῾Ελένης ἐπιθαλάμιος Σ arg. ῾Ελένης ἐπιθαλάμιοι 𝔓3 ᾿Επιθαλάμιος
῾Ελένης καὶ Μενελάου S ᾿Εγκώμιον ῾Ελένης Tr Δωρίδι add. 𝔓3 Tr
2 κόμαις 𝔓3 S²   κόσμον cett. | ὑάκινθον 𝔓3 S² ὑακίνθινον cett.   5
Τυνδαρίδα 𝔓3 AU -δη S -δαν Tr | κατεκλάξατο Iunt. -εκλάζετο Cal.
-εκλάγ- AU -εγλάγ- Tr -εκλίν- S   6 υἱῶν Tr υἱός ASU   7 ἁμα 𝔓3
ἄρα codd.   8 περιπλέκτοις ASU   -πλίκτοις Tr -βλέπτοις 𝔓3 | ὑπὸ
𝔓3 Tr περὶ ASU   9 πρωιζὰ 𝔓3 ASU -ζὲ Tr   10 λίαν 𝔓3 Tr
φίλε AU   φίλος S   11 ὅκ᾿ Wil. ὅτ᾿ 𝔓3 (?) codd. | κατέβαινες 𝔓3

XVIII. *ΕΛΕΝΗΣ ΕΠΙΘΑΛΑΜΙΟΣ*

εὕδειν μὰν σπεύδοντα καθ' ὥραν αὐτὸν ἐχρῆν τυ,
παῖδα δ' ἐᾶν σὺν παισὶ φιλοστόργῳ παρὰ ματρί
παίσδειν ἐς βαθὺν ὄρθρον, ἐπεὶ καὶ ἕνας καὶ ἐς ἀῶ
15 κῆς ἔτος ἐξ ἔτεος, Μενέλαε, τεὰ νυὸς ἅδε.
ὄλβιε γάμβρ', ἀγαθός τις ἐπέπταρεν ἐρχομένῳ τοι
ἐς Σπάρταν ἅπερ ὦλλοι ἀριστέες, ὡς ἀνύσαιο·
μῶνος ἐν ἡμιθέοις Κρονίδαν Δία πενθερὸν ἑξεῖς.
Ζανός τοι θυγάτηρ ὑπὸ τὰν μίαν ἵκετο χλαῖναν,
20 οἷα Ἀχαιιάδων γαῖαν πατεῖ οὐδεμί' ἄλλα·
ἦ μέγα κά τι τέκοιτ' εἰ ματέρι τίκτοι ὁμοῖον.
ἄμμες δ' αἱ πᾶσαι συνομάλικες, αἷς δρόμος ωὑτός
χρισαμέναις ἀνδριστὶ παρ' Εὐρώταο λοετροῖς,
τετράκις ἑξήκοντα κόραι, θῆλυς νεολαία,
25 τᾶν οὐδ' ἅτις ἄμωμος ἐπεί χ' Ἑλένᾳ παρισωθῇ.
Ἀὼς ἀντέλλοισα καλὸν διέφανε πρόσωπον,
πότνια Νύξ, τό τε λευκὸν ἔαρ χειμῶνος ἀνέντος·
ὧδε καὶ ἁ χρυσέα Ἑλένα διεφαίνετ' ἐν ἁμῖν.
πιείρᾳ μεγάλα ἅτ' ἀνέδραμε κόσμος ἀρούρᾳ
30 καὶ κάπῳ κυπάρισσος, ἢ ἅρματι Θεσσαλὸς ἵππος,
ὧδε καὶ ἁ ῥοδόχρως Ἑλένα Λακεδαίμονι κόσμος·
οὐδέ τις ἐκ ταλάρω πανίσδεται ἔργα τοιαῦτα,
οὐδ' ἐνὶ δαιδαλέῳ πυκινώτερον ἄτριον ἱστῷ
κερκίδι συμπλέξαισα μακρῶν ἔταμ' ἐκ κελεόντων.

12 μὰν p. ined.ᵅ Tr   μὲν 𝔓3 ASU | σπεύδοντα 𝔓3 p.ined.ᵅ Tr   χρήζοντα ASU | αὐτὸν ἐχρῆν 𝔓3 Tr   ἐχ. αὐτ. ASU   16 τις 𝔓3 ASU τοι Tr   18 μῶνος Wil.   μοῦνος 𝔓3 codd.: cf. 2. 64 | ἡμιθέοις Zieg.   ἁμ- 𝔓3 codd.   20 Ἀχαιιάδων 𝔓3 TrS²   -δα ASU   21 κά τι Ahr. καί τι 𝔓3 Tr   καί τοι AU   κέν τι S | τίκτοι Cal.   -τει 𝔓3 TrS   -τεν AU   22 αμες 𝔓3: cf. 39   ε]ιμες p.ined.ᵅ | δ' αἱ Tr   δε 𝔓3   γὰρ p.ined.ᵅ ASU   23 παρ' codd.   κατ' 𝔓3 | λοετρῷ Tr   -ρὰ 𝔓3.   25 τᾶν δ 𝔓3 | οὐδ' ἅτις Ahr.   ουτ' ἅτις 𝔓3   οὐδ' ἄν τις codd.   26 διέφανε Ahr.   -φαινε 𝔓3 codd.   27 τό τε Kaibel   ἅτε 𝔓3 p.ined.ᵅ codd.   28 διεφαίνετ' 𝔓3 AU   διαφ- p.ined.ᵅ TrS   29 μεγαλαι[p.ined.ᵅ   μέγα λᾶον ἂν. Eichstaedt   30 καὶ scripsi   ἢ 𝔓3 p.ined.ᵅ codd.   32 ουδε 𝔓3   οὔτε p.ined.ᵅ codd. | ἐκ 𝔓3 Tr   ἐν ASU   33 ουδ' 𝔓3   οὔτ' codd. | ἐνὶ codd.   ἐπὶ 𝔓3 p.ined.ᵅ   34 συμπλεξαισα 𝔓3 (ι del.) p.ined.ᵅ (λ del.)   -ασα codd.: cf. 44

ΘΕΟΚΡΙΤΟΥ

35 οὐ μὰν οὐδὲ λύραν τις ἐπίσταται ὧδε κροτῆσαι
Ἄρτεμιν ἀείδοισα καὶ εὐρύστερνον Ἀθάναν
ὡς Ἑλένα, τᾶς πάντες ἐπ' ὄμμασιν ἵμεροι ἐντί.
ὦ καλά, ὦ χαρίεσσα κόρα, τὺ μὲν οἰκέτις ἤδη.
ἄμμες δ' ἐς Δρόμον ἦρι καὶ ἐς λειμώνια φύλλα
40 ἑρψεῦμες στεφάνως δρεψεύμεναι ἁδὺ πνέοντας,
πολλὰ τεοῦς, Ἑλένα, μεμναμέναι ὡς γαλαθηναί
ἄρνες γεινάμενας ὄιος μαστὸν ποθέοισαι.
πρᾶταί τοι στέφανον λωτῶ χαμαὶ αὐξομένοιο
πλέξαισαι σκιαρὰν καταθήσομεν ἐς πλατάνιστον·
45 πρᾶται δ' ἀργυρέας ἐξ ὄλπιδος ὑγρὸν ἄλειφαρ
λαζύμεναι σταξεῦμες ὑπὸ σκιαρὰν πλατάνιστον·
γράμματα δ' ἐν φλοιῷ γεγράψεται, ὡς παριών τις
ἀννείμῃ Δωριστί· 'σέβευ μ'· Ἑλένας φυτόν εἰμι.'
Χαίροις, ὦ νύμφα· χαίροις, εὐπένθερε γαμβρέ.
50 Λατὼ μὲν δοίη, Λατὼ κουροτρόφος, ὕμμιν
εὐτεκνίαν, Κύπρις δέ, θεὰ Κύπρις, ἶσον ἔρασθαι
ἀλλάλων, Ζεὺς δέ, Κρονίδας Ζεύς, ἄφθιτον ὄλβον,
ὡς ἐξ εὐπατριδᾶν εἰς εὐπατρίδας πάλιν ἔνθῃ.
εὕδετ' ἐς ἀλλάλων στέρνον φιλότατα πνέοντες
55 καὶ πόθον· ἐγρέσθαι δὲ πρὸς ἀῶ μὴ 'πιλάθησθε.
νεύμεθα κἄμμες ἐς ὄρθρον, ἐπεί κα πρᾶτος ἀοιδός
ἐξ εὐνᾶς κελαδήσῃ ἀνασχὼν εὔτριχα δειράν.
Ὑμὴν ὦ Ὑμέναιε, γάμῳ ἐπὶ τῷδε χαρείης.

35 οὐδὲ λύραν 𝔓3 p.ined.ᵅ Tr   οὐ κιθάραν ASU   39 αμες 𝔓3: cf. 22
40 ἑρψεῦμες Wil.   -ψοῦμες 𝔓3 codd. | δρεψεύμεναι codd. recc. -ψούμεναι
𝔓3 codd.   41 τεοῦς 𝔓3 p.ined.ᵅ U Iunt. τεοῦ TrS τεά A   43
πρατον 𝔓3 (ex -ται)   44 πλεξαισαι 𝔓3 (ι del.) -ασαι codd.: cf. 34 |
σκιαρὰν scripsi: cf. 7.138 σκιερὰν codd. -ον 𝔓3: cf. 46   45 καλπιδος
𝔓3 ante corr.   46 λαζύμεναι S² -ζόμεναι TrAU | επι 𝔓3 | σκιαρὰν
scripsi σκιερὰν 𝔓3 (ex -ον) codd.: cf. 44   48 σέβευ 𝔓3 ante corr. σέβου
𝔓3 corr. codd.   49 ευπενθερε in ευπαρθενε mut. 𝔓3   50 ὕμμιν 𝔓3
TrS² ἄμμιν ASU   52 δέ om. ASU   53 ελθη in -θοις mut. 𝔓3
54 φιλότατα Brunck -τητο 𝔓3 codd. | πνεοντε 𝔓3   56 και 𝔓3
58 Ὑμὴν S² ὑμ ἶν AU ἡμῖν S ἦ μὰν XTr | δ' επι 𝔓3 corr.

XIX. [ΘΕΟΚΡΙΤΟΥ] ΚΗΡΙΟΚΛΕΠΤΗΣ

Τὸν κλέπταν ποτ' Ἔρωτα κακὰ κέντασε μέλισσα
κηρίον ἐκ σίμβλων συλεύμενον, ἄκρα δὲ χειρῶν
δάκτυλα πάνθ' ὑπένυξεν. ὃ δ' ἄλγεε καὶ χέρ' ἐφύση
καὶ τὰν γᾶν ἐπάταξε καὶ ἅλατο, τᾷ δ' Ἀφροδίτᾳ
5 δεῖξεν τὰν ὀδύναν, καὶ μέμφετο ὅττι γε τυτθόν
θηρίον ἐντὶ μέλισσα καὶ ἁλίκα τραύματα ποιεῖ.
χἀ μάτηρ γελάσασα· 'τὺ δ' οὐκ ἴσος ἐσσὶ μελίσσαις,
ὃς τυτθὸς μὲν ἔεις τὰ δὲ τραύματα ἁλίκα ποιεῖς;'

XX. [ΘΕΟΚΡΙΤΟΥ] ΒΟΥΚΟΛΙΣΚΟΣ

Εὐνίκα μ' ἐγέλαξε θέλοντά μιν ἁδὺ φιλᾶσαι
καί μ' ἐπικερτομέοισα τάδ' ἔννεπεν· 'ἔρρ' ἀπ' ἐμεῖο.
βουκόλος ὢν ἐθέλεις με κύσαι, τάλαν; οὐ μεμάθηκα
ἀγροίκως φιλέειν ἀλλ' ἀστικὰ χείλεα θλίβειν.
5 μὴ τύγε μευ κύσσῃς τὸ καλὸν στόμα μηδ' ἐν ὀνείροις.
οἷα βλέπεις, ὁπποῖα λαλεῖς, ὡς ἄγρια παίσδεις.
[ὡς τρυφερὸν καλέεις, ὡς κωτίλα ῥήματα φράσδεις·
ὡς μαλακὸν τὸ γένειον ἔχεις, ὡς ἁδέα χαίταν.]
χείλεά τοι νοσέοντι, χέρες δέ τοι ἐντὶ μέλαιναι,

Cod.: V
Titulus: Κηριοκλέπτης V
3 χέρ' Iunt.Cal.   χεῖρ' V | ἐφύση Kiess.   -σει V   6 ἐστὶ Iunt.   7 γελάσασα Ald.²   -άξασα V | τὺ Steph.   τί V   8 ὃς Valck.   χὼ V | ἔεις Wil.   ἐῃς V | ταλίκα Porson

---

Codd.: XTr Anth. (Anth. Pal. ix. 136, quae uu. 1-4 sine auctoris nomine conseruat)
Titulus: Βουκολίσκος XTr   Θεοκρίτου add. X   Δωρίδι Tr
1 Εὐνίκα X Anth.   -νείκα Tr: cf. 42, 13.45 | ἐγέλαξε X   -αξε Tr(?) Anth.
2 τόδ' Anth.   3 βουκόλος Anth.   βωκ- XTr: cf. 32, 37, 38, 40, 42
4 ἀγροίκους Anth.   6 ὁπποῖα Iunt.   ὁποῖα X   σύγ' ὁποῖα Tr | λαλεῖς Steph.   λαλέεις XTr   7, 8 secl. J. Lucas   9 νοτέοντι Sauppe | δέ τοι Steph.   δέ τι XTr | ἐντὶ Iunt.   εἰσὶ XTr

[ΘΕΟΚΡΙΤΟΥ]

10 καὶ κακὸν ἐξόσδεις. ἀπ' ἐμεῦ φύγε μή με μολύνῃς.'
τοιάδε μυθίζοισα τρὶς εἰς ἑὸν ἔπτυσε κόλπον,
καί μ' ἀπὸ τᾶς κεφαλᾶς ποτὶ τὼ πόδε συνεχὲς εἶδεν
χείλεσι μυχθίζοισα καὶ ὄμμασι λοξὰ βλέποισα,
καὶ πολὺ τᾷ μορφᾷ θηλύνετο, καί τι σεσαρός
15 καὶ σοβαρόν μ' ἐγέλαξεν. ἐμοὶ δ' ἄφαρ ἔζεσεν αἷμα,
καὶ χρόα φοινίχθην ὑπὸ τὤλγεος ὡς ῥόδον ἔρσᾳ.
χἂ μὲν ἔβα με λιποῖσα, φέρω δ' ὑποκάρδιον ὀργάν,
ὅττι με τὸν χαρίεντα κακὰ μωμήσαθ' ἑταίρα.
ποιμένες, εἴπατέ μοι τὸ κρήγυον· οὐ καλὸς ἐμμί;
20 ἆρά τις ἐξαπίνας με θεὸς βροτὸν ἄλλον ἔτευξε;
καὶ γὰρ ἐμοὶ τὸ πάροιθεν ἐπάνθεεν ἁδύ τι κάλλος
. . . .
ὡς κισσὸς ποτὶ πρέμνον, ἐμὰν δ' ἐπύκαζεν ὑπήναν,
χαῖται δ' οἷα σέλινα περὶ κροτάφοισι κέχυντο,
καὶ λευκὸν τὸ μέτωπον ἐπ' ὀφρύσι λάμπε μελαίναις·
25 ὄμματά μοι γλαυκᾶς χαροπώτερα πολλὸν Ἀθάνας,
τὸ στόμα δ' αὖ πακτᾶς ἀπαλώτερον, ἐκ στομάτων δέ
ἔρρεέ μοι φωνὰ γλυκερωτέρα ἢ μέλι κηρῶ.
ἁδὺ δέ μοι τὸ μέλισμα, καὶ ἢν σύριγγι μελίσδω,
κἢν αὐλῷ λαλέω, κἢν δώνακι, κἢν πλαγιαύλῳ.
30 καὶ πᾶσαι καλόν με κατ' ὤρεα φαντὶ γυναῖκες,
καὶ πᾶσαί με φιλεῦντι· τὰ δ' ἀστικά μ' οὐκ ἐφίλασεν,
ἀλλ' ὅτι βουκόλος ἐμμὶ παρέδραμε κοὔποτ' ἀκούει
[χὼ καλὸς Διόνυσος ἐν ἄγκεσι πόρτιν ἐλαύνει].
οὐκ ἔγνω δ' ὅτι Κύπρις ἐπ' ἀνέρι μήνατο βούτᾳ

---

11 ἑὸν Iunt.Cal.   τεὸν XTr   13 μυχθίζοισα Vat. 1379   μυθ- XTr
15 μ' ἐγέλαξεν Iunt.Cal.   μέγ' ἔλεξεν XTr   21 lacunam post u. stat.
Herm. | ἁδὺς ἴουλος Graefe   26 τὸ Iunt.Cal.   καὶ XTr | στ. ἢ καὶ ὑπ'
ἀκτᾶς X | ἀπαλώτερον Valck.   γλυκερώτερον XTr   27 ἔρρεε ed. Morel.
ἔρρε X · ἔρρει Tr   28 μέλισμα C Vat. 1379   -ιδμα XTr   29 δονέω
Tr² | κἢν tertium Tr(?) Ald.   ἢν XTr² | πλαγιαύλῳ Steph.   πλασι- X   παγι-
Tr   33 secl. Mein. | χὼ X   ὁ Tr   ὡς Iunt. | Διὸς υἱὸς Briggs

76

XX. ΒΟΥΚΟΛΙΣΚΟΣ

35 καὶ Φρυγίοις ἐνόμευσεν ἐν ὤρεσι, καὶ τὸν Ἄδωνιν
ἐν δρυμοῖσι φίλασε καὶ ἐν δρυμοῖσιν ἔκλαυσεν.
Ἐνδυμίων δὲ τίς ἦν; οὐ βουκόλος; ὅν γε Σελάνα
βουκολέοντα φίλασεν, ἀπ' Οὐλύμπω δὲ μολοῖσα
Λάτμιον ἂν νάπος ἦλθε καὶ εἰς ὁμὰ παιδὶ κάθευδε.
40 καὶ τύ, Ῥέα, κλαίεις τὸν βουκόλον. οὐχὶ δὲ καὶ τύ,
ὦ Κρονίδα, διὰ παῖδα βοηνόμον ὄρνις ἐπλάγχθης;
Εὐνίκα δὲ μόνα τὸν βουκόλον οὐκ ἐφίλασεν,
ἁ Κυβέλας κρέσσων καὶ Κύπριδος ἠδὲ Σελάνας.
μηκέτι μηδ' ἇ, Κύπρι, τὸν ἁδέα μήτε κατ' ἄστυ
45 μήτ' ἐν ὄρει φιλέοι, μώνα δ' ἀνὰ νύκτα καθεύδοι.

XXI. [ΘΕΟΚΡΙΤΟΥ] ΑΛΙΕΙΣ

Ἁ πενία, Διόφαντε, μόνα τὰς τέχνας ἐγείρει·
αὕτα τῶ μόχθοιο διδάσκαλος, οὐδὲ γὰρ εὕδειν
ἀνδράσιν ἐργατίναισι κακαὶ παρέχοντι μέριμναι·
κἂν ὀλίγον νυκτός τις ἐπιβρίσσῃσι, τὸν ὕπνον
5 αἰφνίδιον θορυβεῦντι ἐφιστάμεναι μελεδῶναι.
Ἰχθύος ἀγρευτῆρες ὁμῶς δύο κεῖντο γέροντες
στρωσάμενοι βρύον αὖον ὑπὸ πλεκταῖς καλύβαισι,
κεκλιμένοι τοίχῳ τῷ φυλλίνῳ· ἐγγύθι δ' αὐτοῖν
κεῖτο τὰ ταῖν χειροῖν ἀθλήματα, τοὶ καλαθίσκοι,

35 καὶ τὸν Wassenberg   αὐτὸν XTr   37 γε Tr   τε X   38 Οὐλύμπω Iunt.   'Ολ- XTr   39 Λάτμιον Iunt.Cal.   λάθριον XTr | καὶ εἰς ὁμὰ Vossius   κεὶς ἐμὰ X   καὶ εἰς ἑὰ Tr   40 βουκόλον Ahr.   βωκ- XTr   42 Εὐνείκα Tr¹: cf. 1 | μόνα Cal.   μόνον XTr | βουκόλον Ahr.   βωκ- XTr   43 ἠδὲ Tr²   ἁδὲ XTr   44, 45 μήτε (bis) Iunt.Cal.   μηδὲ XTr | φιλέοι Ahr.   -έοις XTr | μώνα Brunck   -νη XTr | καθεύδοι Ahr.   -δοις XTr

Codd.: XTr
Titulus: Ἁλιεῖς Tr   Ἁλιεύς X   Θεοκρίτου add. X   Δωρίδι Tr
3 ἐργατίναισ(σ)ι Iunt.Cal.   -νεσι Tr   -νεσσιν X   4 ἐπιβρίσσῃσι Reiske   -βησέησι Tr   -έεισι X   5 θορυβεῦντι Brunck   -εῦσι XTr   8 κοίτῳ Graefe | τ. πότι φ. Kaibel   9 ταῖν χειροῖν Cal.   τ. χεροῖν X   ταῖς χείρεσσιν Tr

[ΘΕΟΚΡΙΤΟΥ]

10 τοὶ κάλαμοι, τἄγκιστρα, τὰ φυκιόεντα δέλητα,
ὁρμιαὶ κύρτοι τε καὶ ἐκ σχοίνων λαβύρινθοι,
μήρινθοι κῶπαί τε γέρων τ' ἐπ' ἐρείσμασι λέμβος·
νέρθεν τᾶς κεφαλᾶς φορμὸς βραχύς, εἵματα, πῖλοι.
οὗτος τοῖς ἁλιεῦσιν ὁ πᾶς πόρος, οὗτος ὁ πλοῦτος·
15 οὐ κλεῖδ', οὐχὶ θύραν ἔχον, οὐ κύνα· πάντα περισσά
ταῦτ' ἐδόκει τήνοις· ἁ γὰρ πενία σφας ἐτήρει.
οὐδεὶς δ' ἐν μέσσῳ γείτων πέλεν, ἁ δὲ παρ' αὐτᾷ
θλιβομέναν καλύβᾳ τραφερὰν προσέναχε θάλασσα.
κοὔπω τὸν μέσατον δρόμον ἄνυεν ἅρμα Σελάνας,
20 τοὺς δ' ἁλιεῖς ἤγειρε φίλος πόνος, ἐκ βλεφάρων δέ
ὕπνον ἀπωσάμενοι σφετέραις φρεσὶν ἤρεθον αὐδάν.

ΑΣΦΑΛΙΩΝ

ψεύδοντ', ὦ φίλε, πάντες ὅσοι τὰς νύκτας ἔφασκον
τῶ θέρεος μινύθειν ὅκα τἄματα μακρὰ φέροντι.
ἤδη μυρί' ἐσεῖδον ὀνείρατα, κοὐδέπω ἀώς.
25 †μὴ λαθόμην τί τὸ χρῆμα χρόνον δ' αἱ νύκτες ἔχοντι.†

ΕΤΑΙΡΟΣ

Ἀσφαλίων, μέμφῃ τὸ καλὸν θέρος; οὐ γὰρ ὁ καιρός

10 τἄγκιστρα Wint. τώγ- XTr | δέλητα Briggs τε λῆδα Iunt.Cal. τε
λῆγα XTr 11 ὁρμιαὶ Mein. ὁρμειαὶ Iunt. Cal. οἴμ- XTr | τε
Iunt. om. XTr. 12 κῶπαί Stroth κῶά XTr | τ' ἐπ' Brunck
δ' ἐπ' XTr 13 πῖλοι Iunt.Cal. πύσοι XTr 14 πόρος Koehler
πόνος XTr 15 οὐ κλεῖδ' Buech. οὐδεὶς δ' XTr | οὐχὶ θύραν Briggs
οὐ χύθραν X οὐ κύ- Tr | ἔχον Kaibel εἶχ' XTr | κύνα Iunt. κίνα XTr²
λίνα Tr 16 ταῦτ' Mein. πάντ' XTr | ἁ γὰρ Reiske ἄγρα XTr |
σφας Cal. σφιν Iunt. ἠ σφᾶς XTr | ἐτήρει Ahr. ἐτέρη XTr 17 πέλεν
ἁ Reiske πενία XTr | αὐτᾷ Campbell -τήν XTr 18 καλύβᾳ Campbell -βαν XTr | τραφερὰν Ahr. τρυφερὸν XTr 19 οὔπω τὰ X | μέσα
τᾶν δρόμων X¹ 21 αὐδάν Vossius ᾠδάν XTr σφετέρας φρένας ἤ.
αὐδᾷ Graefe 22 ψεύδοντ' ὦ Briggs -οντο X -ται Tr 23 ὅκα
Brunck ὅτε XTr | φέροντι scripsi φέρουσι Tr φέρει X φέρει Ζεύς X²
Iunt.Cal.

XXI. ΑΛΙΕΙΣ

αὐτομάτως παρέβα τὸν ἑὸν δρόμον, ἀλλὰ τὸν ὕπνον
ἁ φροντὶς κόπτοισα μακρὰν τὰν νύκτα ποιεῖ τοι.

ΑΣΦΑΛΙΩΝ

ἆρ' ἔμαθες κρίνειν ποκ' ἐνύπνια; χρηστὰ γὰρ εἶδον.
30 οὔ σε θέλω τὠμῷ φαντάσματος ἦμεν ἄμοιρον.

ΕΤΑΙΡΟΣ

ὡς καὶ τὰν ἄγραν, τὠνείρατα πάντα μερίζευ.
εἰ γὰρ κεικάξω κατὰ τὸν νόον, οὗτος ἄριστος
ἐστὶν ὀνειροκρίτας, ὁ διδάσκαλός ἐστι παρ' ᾧ νοῦς.
ἄλλως καὶ σχολά ἐστι· τί γὰρ ποιεῖν ἂν ἔχοι τις
35 κείμενος ἐν φύλλοις ποτὶ κύματι μηδὲ καθεύδων;
ἀλλ' ὄνος ἐν ῥάμνῳ τό τε λύχνιον ἐν πρυτανείῳ·
φαντὶ γὰρ ἀγρυπνίαν τάδ' ἔχειν. †λέγεο ποτε νυκτός
ὄψιν τά τις ἔσσεο δὲ λέγει μάννει ἑταίρῳ.†

ΑΣΦΑΛΙΩΝ

δειλινὸν ὡς κατέδαρθον ἐπ' εἰναλίοισι πόνοισιν
40 (οὐκ ἦν μὰν πολύσιτος, ἐπεὶ δειπνεῦντες ἐν ὥρᾳ,
εἰ μέμνῃ, τᾶς γαστρὸς ἐφειδόμεθ') εἶδον ἐμαυτόν
ἐν πέτρᾳ βεβαῶτα, καθεζόμενος δ' ἐδόκευον
ἰχθύας, ἐκ καλάμω δὲ πλάνον κατέσειον ἐδωδάν.
καί τις τῶν τραφερῶν ὠρέξατο· καὶ γὰρ ἐν ὕπνοις
45 πᾶσα κύων †ἄρτον† μαντεύεται, ἰχθύα κἠγών.
χὠ μὲν τὠγκίστρῳ ποτεφύετο, καὶ ῥέεν αἷμα·
τὸν κάλαμον δ' ὑπὸ τῶ κινήματος ἀγκύλον εἶχον.

27 ἑὸν Iunt.Cal.   νέον XTr   28 ποιεῖ τοι Herm.   ποιεῦντι XTr
31 μερίζου X   32 εἰ γὰρ κεικάξω Wil.   οὐ γὰρ νικάξῃ XTr   34
ἄλλως Iunt.Cal.   -λος XTr | σχολά ἐστι Ahr.   σχολή ἐστι Iunt.   χολή
ἐστι Cal.   σχόλλοντι XTr   36 ἀδόνες ἐν Μἑin. | ῥάμνῳ Cal.   ῥάμῳ
XTr | τε Haupt   δὲ XTr   37 ἀγρυπνίαν Reiske   ἄγραν XTr | τάδ' Ahr.
τόδ' XTr | λέγεο Tr   λέγω X   39 ἐπ' Wakef.   ἐν XTr   42 βεβαῶτα
Steph.   μεμα- XTr   43 καλάμω Valck.   -ων XTr   45 ἄρτον Tr²
-τω XTr   -τως Iunt.Cal.   fort. ἄγραν   47 τῶ Brunck   τοῦ XTr

[ΘΕΟΚΡΙΤΟΥ]

τὼ χέρε τεινόμενος, περικλώμενος, εὗρον ἀγῶνα
πῶς ἀνέλω μέγαν ἰχθὺν ἀφαυροτέροισι σιδάροις·
50 εἶθ' ὑπομιμνάσκων τῶ τρώματος ἠρέμ' ἔνυξα,
καὶ νύξας ἐχάλαξα, καὶ οὐ φεύγοντος ἔτεινα.
ἤνυσα δ' ὦν τὸν ἄεθλον, ἀνείλκυσα χρύσεον ἰχθύν,
παντᾶ τοι χρυσῷ πεπυκασμένον· εἷλέ με δεῖμα
μήτι Ποσειδάωνι πέλοι πεφιλημένος ἰχθύς,
55 ἢ τάχα τᾶς γλαυκᾶς κειμήλιον Ἀμφιτρίτας.
ἠρέμα δ' αὐτὸν ἐγὼν ἐκ τὠγκίστρω ἀπέλυσα,
μή ποκα τῶ στόματος τἀγκίστρια χρυσὸν ἔχοιεν.
†καὶ τὸν μὲν πιστεύσασα καλά γε τὸν ἠπήρατον,†
ὤμοσα δ' οὐκέτι λοιπὸν ὑπὲρ πελάγους πόδα θεῖναι,
60 ἀλλὰ μενεῖν ἐπὶ γᾶς καὶ τῷ χρυσῷ βασιλεύσειν.
ταῦτά με κἠξήγειρε· τὺ δ', ὦ ξένε, λοιπὸν ἔρειδε
τὰν γνώμαν, ὅρκον γὰρ ἐγὼ τὸν ἐπώμοσα ταρβῶ.

ΕΤΑΙΡΟΣ

μὴ σύγε, μὴ τρέσσῃς· οὐκ ὤμοσας· οὐδὲ γὰρ ἰχθύν
χρύσεον ὡς ἴδες εἷλες, ἴσα δ' ἦν ψεύδεσιν ὄψις.
65 εἰ δ' ὕπαρ, οὐ κνώσσων, τὰ πελώρια ταῦτα ματεύσεις,

48 τεινόμενος Cal.   -ον XTr | περικλώμενος Herm. -ον XTr περὶ κνώδαλον Iunt.Cal. | εὗρον Iunt.Cal. uix recte   εὐρὺν XTr   49 ἀνέλω scripsi (ἀνελῶ Wil.)   μὲν ἕλω XTr   50 ὑπομιμνάσκω Tr | ἠρέμα Eldik ἆρ' ἐμὲ XTr | ἔνυξα Briggs   νύξας XTr   51 νύξας ἐχάλαξα Herm. νύξαι χαλέξας XTr | φεύγοντος Iunt.Cal.   -τες XTr   52 ἤνυσα δ' ὦν Scal. ἠνυσιδὼν XTr   53 πάντα τε Tr | τοι X   τῷ Tr | εἷλε Legr.   εἶχε XTr | με Cal.   δὲ Tr Iunt.   δέ σε X | δεῖμα Iunt.Cal.   σῆμα XTr   55 Ἀμφιτρίτας Brunck   -της XTr   56 ἐγών Iunt.   ἐγὼ XTr   57 ποκα Brunck   ποτε XTr | τἀγκίστρια Brunck   τὼγ- XTr | ἔχοιεν Iunt.Cal. -οισα X   -οντι Tr   (χρυσῷ) ἕλοι τι Campbell   59 θήσειν Madvig   60 τῶ Cal.   τοι XTr | βασιλεύσει X   61 με Tr   μὲν X | κἠξήγειρε scripsi   κἀξ- XTr   62 ταρβῶ Iunt.Cal.   θαρρῶ XTr   63 μὴ Haupt καὶ XTr | σύγε μὴ Iunt.Cal.   σύγε XTr | τρέσσῃς X² τρέσ(σ)εις XTr   64 εἷλες Mein.   εὗρες XTr | ἦν Ahr.   ἐν XTr | ὄψις Ahr.   ὄψεις XTr   65 δ' ὕπαρ οὐ Cal.   γ' ὕπαρ ὡς Iunt.   με γὰρ XTr | τὰ πελώρια Headlam   τὺ τὰ χωρία Iunt.Cal.   τοῦτο χωρία XTr | ματεύσεις Iunt.Cal.   ματεύεις Tr   μαντ- X

80

XXI. ΑΛΙΕΙΣ

ἐλπὶς τῶν ὕπνων· ζάτει τὸν σάρκινον ἰχθύν,
μὴ σὺ θάνῃς λιμῷ καὶ τοῖς χρυσοῖσιν ὀνείροις.

XXII. ΘΕΟΚΡΙΤΟΥ ΔΙΟΣΚΟΥΡΟΙ

Ὑμνέομεν Λήδας τε καὶ αἰγιόχου Διὸς υἱώ,
Κάστορα καὶ φοβερὸν Πολυδεύκεα πὺξ ἐρεθίζειν
χεῖρας ἐπιζεύξαντα μέσας βοέοισιν ἱμᾶσιν.
ὑμνέομεν καὶ δὶς καὶ τὸ τρίτον ἄρσενα τέκνα
5 κούρης Θεστιάδος, Λακεδαιμονίους δύ' ἀδελφούς,
ἀνθρώπων σωτῆρας ἐπὶ ξυροῦ ἤδη ἐόντων,
ἵππων θ' αἱματόεντα ταρασσομένων καθ' ὅμιλον,
νηῶν θ' αἳ δύνοντα καὶ οὐρανὸν εἰσανιόντα
ἄστρα βιαζόμεναι χαλεποῖς ἐνέκυρσαν ἀήταις.
10 οἱ δέ σφεων κατὰ πρύμναν ἀείραντες μέγα κῦμα
ἠὲ καὶ ἐκ πρῴρηθεν ἢ ὅππῃ θυμὸς ἑκάστου
εἰς κοίλην ἔρριψαν, ἀνέρρηξαν δ' ἄρα τοίχους
ἀμφοτέρους· κρέμαται δὲ σὺν ἱστίῳ ἄρμενα πάντα
εἰκῆ ἀποκλασθέντα· πολὺς δ' ἐξ οὐρανοῦ ὄμβρος
15 νυκτὸς ἐφερπούσης· παταγεῖ δ' εὐρεῖα θάλασσα
κοπτομένη πνοιαῖς τε καὶ ἀρρήκτοισι χαλάζαις.
ἀλλ' ἔμπης ὑμεῖς γε καὶ ἐκ βυθοῦ ἕλκετε νῆας
αὐτοῖσιν ναύτῃσιν οἰομένοις θανέεσθαι·

66 σάρκιον Χ   67 τοῖς Scal.   τοι XTr

Codd.: X (1–44) V (92–185) Tr [Laur.] M D (69–223). Dorismos nisi ab omnibus traditos praetermisi.
Papp.: 𝔓3 (1–18, 44–59, 89–105), 𝔓4 (33–35, 65–68), Ox. 1806 (8, 38–84)
Titulus: Διόσκουροι codd.   Θεοκρίτου add. TrMP   κοινῇ Ἰάδι XTrM
*Ὕμνος εἰς Διοσκούρους Σ Ar. Plut. 210
1 ὑμνέομεν ... αἰγιόχου codd. dett. -μες ... -χω codd. | υἷω suprascr. ας
𝔓3   3 μέσας Reiske   μέσοις codd.   4 ὑμνέομεν Mein. -μες codd.
8 νηῶν Anon.   ναῶν codd.: cf. 79 | οὐρανὸν εἰσανιόντα Mein.]σανιοντα
𝔓3 -νου ἐξαν- codd.   9 ε]πεκυρ[σαν 𝔓3   11 ἢ ὅππῃ codd.   οπη
προ[τε 𝔓3   12 κοίλην Ahr. -λαν codd.   15 ἐφερπούσης Ahr. -πύσας
codd.   ]ερχομ[𝔓3   17 γε Reiske   τε codd. | νῆας Paris. 2512   νᾶας codd.

ΘΕΟΚΡΙΤΟΥ

αἶψα δ' ἀπολήγουσ᾽ ἄνεμοι, λιπαρὴ δὲ γαλήνη
20 ἂμ πέλαγος· νεφέλαι δὲ διέδραμον ἄλλυδις ἄλλαι·
ἐκ δ' Ἄρκτοι τ' ἐφάνησαν Ὄνων τ' ἀνὰ μέσσον ἀμαυρὴ
Φάτνη, σημαίνουσα τὰ πρὸς πλόον εὔδια πάντα.
ὦ ἄμφω θνητοῖσι βοηθόοι, ὦ φίλοι ἄμφω,
ἱππῆες κιθαρισταὶ ἀεθλητῆρες ἀοιδοί,
25 Κάστορος ἢ πρώτου Πολυδεύκεος ἄρξομ' ἀείδειν;
ἀμφοτέρους ὑμνέων Πολυδεύκεα πρῶτον ἀείσω.

Ἡ μὲν ἄρα προφυγοῦσα πέτρας εἰς ἓν ξυνιούσας
Ἀργὼ καὶ νιφόεντος ἀταρτηρὸν στόμα Πόντου,
Βέβρυκας εἰσαφίκανε θεῶν φίλα τέκνα φέρουσα.
30 ἔνθα μιᾶς πολλοὶ κατὰ κλίμακος ἀμφοτέρων ἒξ
τοίχων ἄνδρες ἔβαινον Ἰησονίης ἀπὸ νηός·
ἐκβάντες δ' ἐπὶ θῖνα βαθὺν καὶ ὑπήνεμον ἀκτὴν
εὐνάς τ' ἐστόρνυντο πυρεῖά τε χερσὶν ἐνώμων.
Κάστωρ δ' αἰολόπωλος ὅ τ' οἰνωπὸς Πολυδεύκης
35 ἄμφω ἐρημάζεσκον ἀποπλαγχθέντες ἑταίρων,
παντοίην ἐν ὄρει θηεύμενοι ἄγριον ὕλην.
εὗρον δ' ἀέναον κρήνην ὑπὸ λισσάδι πέτρῃ
ὕδατι πεπληθυῖαν ἀκηράτῳ· αἱ δ' ὑπένερθε
λάλλαι κρυστάλλῳ ἠδ' ἀργύρῳ ἰνδάλλοντο
40 ἐκ βυθοῦ· ὑψηλαὶ δὲ πεφύκεσαν ἀγχόθι πεῦκαι
λεῦκαί τε πλάτανοί τε καὶ ἀκρόκομοι κυπάρισσοι
ἄνθεά τ' εὐώδη, λασίαις φίλα ἔργα μελίσσαις,
ὅσσ' ἔαρος λήγοντος ἐπιβρύει ἂν λειμῶνας.
ἔνθα δ' ἀνὴρ ὑπέροπλος ἐνήμενος ἐνδιάασκε,
45 δεινὸς ἰδεῖν, σκληρῇσι τεθλασμένος οὔατα πυγμαῖς·

19 ἀπολήγουσ' Mein. -γοντ' codd. | λιπαρὴ ... γαλήνη Ahr. -ρὰ ...
-λάνα codd.   22 σημαίνουσα Ahr. -νοισα codd.   23 θνητοῖσι Ahr.
θνατ- codd.   26 ἀείδω M   29 φέρουσα Ahr. -οισα codd.   36
δ' ἐν Tr   37 δ' ἀέναον κρήνην Eust. ad Dion. Per. 1055   ἀέννάον
κράναν codd.   39 λάλλαι Ruhnken   ἀλλαὶ codd.   40 πεφύκεσαν
p.Ox.1806   -κασιν codd.   43 λειμωνα p.Ox.1806   45 σκληρῇσι
Ahr. -ραῖσι 𝔓3 codd. | τε]θραυμενος p.Ox.1806

82

XXII. ΔΙΟΣΚΟΥΡΟΙ

στήθεα δ' ἐσφαίρωτο πελώρια καὶ πλατὺ νῶτον
σαρκὶ σιδηρείῃ, σφυρήλατος οἷα κολοσσός·
ἐν δὲ μύες στερεοῖσι βραχίοσιν ἄκρον ὑπ' ὦμον
ἕστασαν ἠύτε πέτροι ὀλοίτροχοι οὕστε κυλίνδων
50   χειμάρρους ποταμὸς μεγάλαις περιέξεσε δίναις·
αὐτὰρ ὑπὲρ νώτοιο καὶ αὐχένος ἠωρεῖτο
ἄκρων δέρμα λέοντος ἀφημμένον ἐκ ποδεώνων.
τὸν πρότερος προσέειπεν ἀεθλοφόρος Πολυδεύκης.

ΠΟΛΥΔΕΥΚΗΣ

χαῖρε, ξεῖν', ὅτις ἐσσί. τίνες βροτοὶ ὧν ὅδε χῶρος;

ΑΜΥΚΟΣ

55   χαίρω πῶς, ὅτε τ' ἄνδρας ὁρῶ τοὺς μὴ πρὶν ὄπωπα;
ΠΟ. θάρσει· μήτ' ἀδίκους μήτ' ἐξ ἀδίκων φάθι λεύσσειν.
ΑΜ. θαρσέω, κοὐκ ἐκ σεῦ με διδάσκεσθαι τόδ' ἔοικεν.
ΠΟ. ἄγριος εἶ, πρὸς πάντα παλίγκοτος ἠδ' ὑπερόπτης;
ΑΜ. τοιόσδ' οἷον ὁρᾶς· τῆς σῆς γε μὲν οὐκ ἐπιβαίνω.
60 ΠΟ. ἔλθοις, καὶ ξενίων κε τυχὼν πάλιν οἴκαδ' ἱκάνοις.
ΑΜ. μήτε σύ με ξείνιζε, τά τ' ἐξ ἐμεῦ οὐκ ἐν ἑτοίμῳ.
ΠΟ. δαιμόνι', οὐδ' ἂν τοῦδε πιεῖν ὕδατος σύγε δοίης;
ΑΜ. γνώσεαι εἴ σευ δίψος ἀνειμένα χείλεα τέρσει.
ΠΟ. ἄργυρος ἢ τίς ὁ μισθός—ἐρεῖς;—ᾧ κέν σε πίθοιμεν;
65 ΑΜ. εἷς ἑνὶ χεῖρας ἄειρον ἐναντίος ἀνδρὶ καταστάς.
ΠΟ. πυγμάχος ἢ καὶ ποσσὶ θένων σκέλος, †ὄμματα δ' ὀρθά;
ΑΜ. πὺξ διατεινάμενος σφετέρης μὴ φείδεο τέχνης.
ΠΟ. τίς γάρ, ὅτῳ χεῖρας καὶ ἐμοὺς συνερείσω ἱμάντας;

47 σιδηρείῃ Ahr.   -δαρε(ί)η TrM   ]αρειαι 𝔓3   49 ὀλοίτροχοι Valck.
ὀλοοί- TrM | κυλινδε[p.Ox.1806   54 ὅτις 𝔓3   ὅστις TrM   58
ἠδ' Hemst.   ἢ TrM   59 τοιόσδ' M²   τοιοῖδ' TrM | οἷοι Tr   60 κε
Ahr.   γε TrM | ἱκάνοις TrM   ἀπέλθοις p.Ox.1806   62 τοῦδε
Iunt.   τοῦτε M   τοῦγε Tr   63 σευ Ahr.   σου TrM: cf. 57 |
τερσέι in -σοι mut. p.Ox.1806   64 ᾧ M   ὡς Tr   66 ὀρθά Tr
-θός M   -θοι p.Ox.1806   ὄμμα τ' ὀρύσσων Platt

ΘΕΟΚΡΙΤΟΥ

ΑΜ. ἐγγὺς ὁρᾶς· οὐ γύννις ἐὼν κεκλήσεθ' ὁ πύκτης.
70 ΠΟ. ἦ καὶ ἄεθλον ἕτοιμον ἐφ' ᾧ δηρισόμεθ' ἄμφω;
ΑΜ. σὸς μὲν ἐγώ, σὺ δ' ἐμὸς κεκλήσεαι, αἴ κε κρατήσω.
ΠΟ. ὀρνίθων φοινικολόφων τοιοίδε κυδοιμοί.
ΑΜ. εἴτ' οὖν ὀρνίθεσσιν ἐοικότες εἴτε λέουσι
γινόμεθ', οὐκ ἄλλῳ κε μαχεσσαίμεσθ' ἐπ' ἀέθλῳ.
75   Ἦ ῥ' Ἄμυκος καὶ κόχλον ἑλὼν μυκήσατο κοῖλον.
οἱ δὲ θοῶς συνάγερθεν ὑπὸ σκιερὰς πλατανίστους
κόχλου φυσηθέντος ἀεὶ Βέβρυκες κομόωντες.
ὣς δ' αὔτως ἥρωας ἰὼν ἐκαλέσσατο πάντας
Μαγνήσσης ἀπὸ νηὸς ὑπείροχος ἐν δαῒ Κάστωρ.
80 οἳ δ' ἐπεὶ οὖν σπείρῃσιν ἐκαρτύναντο βοείαις
χεῖρας καὶ περὶ γυῖα μακροὺς εἴλιξαν ἱμάντας,
ἐς μέσσον σύναγον φόνον ἀλλήλοισι πνέοντες.
ἔνθα πολύς σφισι μόχθος ἐπειγομένοισιν ἐτύχθη
ὁππότερος κατὰ νῶτα λάβοι φάος ἠελίοιο.
85 ἰδρείῃ μέγαν ἄνδρα παρήλυθες, ὦ Πολύδευκες,
βάλλετο δ' ἀκτίνεσσιν ἅπαν Ἀμύκοιο πρόσωπον.
αὐτὰρ ὅγ' ἐν θυμῷ κεχολωμένος ἵετο πρόσσω,
χερσὶ τιτυσκόμενος. τοῦ δ' ἄκρον τύψε γένειον
Τυνδαρίδης ἐπιόντος· ὀρίνθη δὲ πλέον ἢ πρίν,
90 σὺν δὲ μάχην ἐτάραξε, πολὺς δ' ἐπέκειτο νενευκὼς
ἐς γαῖαν. Βέβρυκες δ' ἐπαύτεον, οἱ δ' ἑτέρωθεν
ἥρωες κρατερὸν Πολυδεύκεα θαρσύνεσκον,
δειδιότες μή πώς μιν ἐπιβρίσας δαμάσειε
χώρῳ ἐνὶ στεινῷ Τιτυῷ ἐναλίγκιος ἀνήρ.
95 ἤτοι ὅγ' ἔνθα καὶ ἔνθα παριστάμενος Διὸς υἱὸς

69 οὐ γύννις ἐὼν D   οὐ σὺ οὐ γύνις ἐὼν M   οὐ σύ με; ἁμὸς Tr   70
ἦ MD   ὦ Tr   71 εἶκε Tr   74 κε Herm.   γε TrD   om. M |
μαχησαίμεσθ' TrM   75 ἑλὼν TrM   ἔχων D | κοῖλον M   -λην Tr²D
κοίταν Tr   76 πλατανίστας Tr   77 κονχου p.Ox.1806   80 σπείρῃσιν
Ahr.   -ραισιν p.Ox.1806 TrD(?)   -ρεσιν M   84 λάβῃ TrM   87
ἵκετο Tr   ἤγετο M   88 ἔτυψε μέτωπον D   90 ἐτίναξε TrM   91
οἱ ᾧ3 D   ἐκ TrM   95 περιστάμενος D

84

XXII. ΔΙΟΣΚΟΥΡΟΙ

ἀμφοτέρῃσιν ἄμυσσεν ἀμοιβαδίς, ἔσχεθε δ' ὁρμῆς
παῖδα Ποσειδάωνος ὑπερφίαλόν περ ἐόντα.
ἔστη δὲ πληγαῖς μεθύων, ἐκ δ' ἔπτυσεν αἷμα
φοίνιον· οἱ δ' ἅμα πάντες ἀριστῆες κελάδησαν,
100 ὡς ἴδον ἕλκεα λυγρὰ περὶ στόμα τε γναθμούς τε·
ὄμματα δ' οἰδήσαντος ἀπεστείνωτο προσώπου.
τὸν μὲν ἄναξ ἐτάρασσεν ἐτώσια χερσὶ προδεικνὺς
πάντοθεν· ἀλλ' ὅτε δή μιν ἀμηχανέοντ' ἐνόησε,
μέσσης ῥινὸς ὕπερθε κατ' ὀφρύος ἤλασε πυγμῇ,
105 πᾶν δ' ἀπέσυρε μέτωπον ἐς ὀστέον. αὐτὰρ ὁ πληγεὶς
ὕπτιος ἐν φύλλοισι τεθηλόσιν ἐξετανύσθη.
ἔνθα μάχη δριμεῖα πάλιν γένετ' ὀρθωθέντος,
ἀλλήλους δ' ὄλεκον στερεοῖς θείνοντες ἱμᾶσιν.
ἀλλ' ὁ μὲν ἐς στῆθός τε καὶ ἔξω χεῖρας ἐνώμα
110 αὐχένος ἀρχηγὸς Βεβρύκων· ὁ δ' ἀεικέσι πληγαῖς
πᾶν συνέφυρε πρόσωπον ἀνίκητος Πολυδεύκης.
σάρκες δ' ᾧ μὲν ἱδρῶτι συνίζανον, ἐκ μεγάλου δέ
αἶψ' ὀλίγος γένετ' ἀνδρός· ὃ δ' αἰεὶ πάσσονα γυῖα
αὐξομένου φορέεσκε πόνου καὶ χροιῇ ἀμείνω.
115 Πῶς γὰρ δὴ Διὸς υἱὸς ἀδηφάγον ἄνδρα καθεῖλεν;
εἰπέ, θεά, σὺ γὰρ οἶσθα· ἐγὼ δ' ἑτέρων ὑποφήτης
φθέγξομαι ὅσσ' ἐθέλεις σὺ καὶ ὅππως τοι φίλον αὐτῇ.

Ἤτοι ὅγε ῥέξαι τι λιλαιόμενος μέγα ἔργον
σκαιῇ μὲν σκαιὴν Πολυδεύκεος ἔλλαβε χεῖρα,
120 δοχμὸς ἀπὸ προβολῆς κλινθείς, ἑτέρῳ δ' ἐπιβαίνων
δεξιτερῆς ἤνεγκεν ἀπὸ λαγόνος πλατὺ γυῖον.
καί κε τυχὼν ἔβλαψεν Ἀμυκλαίων βασιλῆα,

96 ἄμυσσεν VTrM   ἔτυψε D   98 κατα δ' 𝔓3   101 ἀπεστείνωτο
𝔓3 VTrM   -είχοντο D   102 ἐτάραξεν M   104 πυγμῇ D   -μᾶι
𝔓3 -μήν cett.   111 συνέφυρε M -φερε VTr -φυρσε D | μέτωπον
VTrM   112 ᾧ Reiske οἱ D αἱ cett.   114 αὐξομένου Mein. ἀπτο-
codd. | καὶ χρ. δέ τ' VTrM | ἀμείνω Toup -νων codd.   117 ὅσσ'
M ὡς cett. | φ. ἐστίν D   119 ἔλλαχε VTr   120 δοχμὸς Tr²M
δογμὸς cett. | ἑτέρῳ Toup -ρῃ, -ρᾳ cett.   121 ἀπαὶ D   122 om. VTrM

ΘΕΟΚΡΙΤΟΥ

ἀλλ' ὅγ' ὑπεξανέδυ κεφαλῇ στιβαρῇ δ' ἅμα χειρί
πλῆξεν ὑπὸ σκαιὸν κρόταφον καὶ ἐπέμπεσεν ὤμῳ·
125 ἐκ δ' ἐχύθη μέλαν αἷμα θοῶς κροτάφοιο χανόντος·
λαιῇ δὲ στόμα κόψε, πυκνοὶ δ' ἀράβησαν ὀδόντες·
αἰεὶ δ' ὀξυτέρῳ πιτύλῳ δηλεῖτο πρόσωπον
μέχρι συνηλοίησε παρήια. πᾶς δ' ἐπὶ γαίῃ
κεῖτ' ἀλλοφρονέων καὶ ἀνέσχεθε νεῖκος ἀπαυδῶν
130 ἀμφοτέρας ἅμα χεῖρας, ἐπεὶ θανάτου σχεδὸν ἦεν.
τὸν μὲν ἄρα κρατέων περ ἀτάσθαλον οὐδὲν ἔρεξας,
ὦ πύκτη Πολύδευκες· ὄμοσσε δέ τοι μέγαν ὅρκον,
ὃν πατέρ' ἐκ πόντοιο Ποσειδάωνα κικλήσκων,
μήποτ' ἔτι ξείνοισιν ἑκὼν ἀνιηρὸς ἔσεσθαι.

135 Καὶ σὺ μὲν ὕμνησαί μοι, ἄναξ· σὲ δέ, Κάστορ, ἀείσω,
Τυνδαρίδη ταχύπωλε, δορυσσόε, χαλκεοθώρηξ.

Τὼ μὲν ἀναρπάξαντε δύω φερέτην Διὸς υἱώ
δοιὰς Λευκίπποιο κόρας· δισσὼ δ' ἄρα τώγε
ἐσσυμένως ἐδίωκον ἀδελφεὼ υἱ' Ἀφαρῆος,
140 γαμβρὼ μελλογάμω, Λυγκεὺς καὶ ὁ καρτερὸς Ἴδας.
ἀλλ' ὅτε τύμβον ἵκανον ἀποφθιμένου Ἀφαρῆος,
ἐκ δίφρων ἅμα πάντες ἐπ' ἀλλήλοισιν ὄρουσαν
ἔγχεσι καὶ κοίλοισι βαρυνόμενοι σακέεσσι.
Λυγκεὺς δ' ἄρ μετέειπεν, ὑπὲκ κόρυθος μέγ' ἀύσας,
145 'δαιμόνιοι, τί μάχης ἱμείρετε; πῶς δ' ἐπὶ νύμφαις
ἀλλοτρίαις χαλεποί, γυμναὶ δ' ἐν χερσὶ μάχαιραι;
ἡμῖν τοι Λεύκιππος ἑὰς ἔδνωσε θύγατρας

123 κεφαλήν VTrM | ἅμα D ἄρα cett.: cf. 142   126 λαιῇ D ἄλλῃ M ἄλλο V ἀλλ' ὅ γε Tr | τύψε VTrM   128 ἐπὶ γαίῃ Ahr. ἐπὶ γαῖαν VTrM ἐνὶ γαίῃ D   132 πύκτη Ahr. -τα codd. | σοι D   134 ἔτι Steph. ἐπὶ D τοι Tr om. VM   138 δοιὰς VTrM δοιὼ D | δισσὼ D δοιὼ VTrM   139 δίωκον VTrM   140 ὁ om. D   142 ἅμα D ἄρα M δ' ἄρα VTr: cf. 123   144 δ' ἄρ M δ' αὖ VTr αὖ D   145 δ' om. D

XXII. ΔΙΟΣΚΟΥΡΟΙ

τάσδε πολὺ προτέροις· ἡμῖν γάμος οὗτος ἐν ὅρκῳ.
ὑμεῖς δ' οὐ κατὰ κόσμον ἐπ' ἀλλοτρίοισι λέχεσσι
150 βουσὶ καὶ ἡμιόνοισι καὶ ἄλλοισι κτεάτεσσιν
ἄνδρα παρετρέψασθε, γάμον δ' ἐκλέψατε δώροις.
ἦ μὴν πολλάκις ὔμμιν ἐνώπιον ἀμφοτέροισιν
αὐτὸς ἐγὼ τάδ' ἔειπα καὶ οὐ πολύμυθος ἐών περ·
" οὐχ οὕτω, φίλοι ἄνδρες, ἀριστήεσσιν ἔοικε
155 μνηστεύειν ἀλόχους αἷς νυμφίοι ἤδη ἑτοῖμοι.
πολλή τοι Σπάρτη, πολλὴ δ' ἱππήλατος Ἦλις
Ἀρκαδίη τ' εὔμηλος Ἀχαιῶν τε πτολίεθρα
Μεσσήνη τε καὶ Ἄργος ἅπασά τε Σισυφὶς ἀκτή·
ἔνθα κόραι τοκέεσσιν ὑπὸ σφετέροισι τρέφονται
160 μυρίαι οὔτε φυῆς ἐπιδευέες οὔτε νόοιο,
τάων εὐμαρὲς ὔμμιν ὀπυιέμεν ἅς κ' ἐθέλητε·
ὡς ἀγαθοῖς πολέες βούλοιντό κε πενθεροὶ εἶναι,
ὑμεῖς δ' ἐν πάντεσσι διάκριτοι ἡρώεσσι,
καὶ πατέρες καὶ ἄνωθεν ἅπαν πατρώιον αἷμα.
165 ἀλλά, φίλοι, τοῦτον μὲν ἐάσατε πρὸς τέλος ἐλθεῖν
ἄμμι γάμον· σφῷν δ' ἄλλον ἐπιφραζώμεθα πάντες."
ἴσκον τοιάδε πολλά, τὰ δ' εἰς ὑγρὸν ᾤχετο κῦμα
πνοιῇ ἔχουσ' ἀνέμοιο, χάρις δ' οὐχ ἕσπετο μύθοις·
σφὼ γὰρ ἀκηλήτω καὶ ἀπηνέες. ἀλλ' ἔτι καὶ νῦν
170 πείθεσθ'· ἄμφω δ' ἄμμιν ἀνεψιὼ ἐκ πατρός ἐστον.'

. . . .

(ΚΑ.) ' εἰ δ' ὑμῖν κραδίη πόλεμον ποθεῖ, αἵματι δὲ χρή
νεῖκος ἀναρρήξαντας ὁμοίιον ἔγχεα λοῦσαι,
Ἴδας μὲν καὶ ὅμαιμος ἐμός, κρατερὸς Πολυδεύκης,

148 ταῖς δὲ VTrM   149 ἀλλοτρίοις λεχέεσσι VTrM   150 ἀλλοτρίοις
VTrM   151 ἐκλέπτετε D   152 ἐνώπιος VTrM   153 τάδ' D
στὰς cett. | πολύθυμος VTr¹   161 ὀπυιέμεν Words. ὀπυ(ί)ειν codd. |
ἐθέλητε Iunt.Cal. -ληται VTr -λοιτε MD   162 κε D   γε cett.
163 ὔμμες VTrM   164 ἅπαν D   ἅμα cett. | πατρώιον VTr   μητρώιον D
διάκριτον M   166 ἅμμι D   νῶι(ν) cett. | σφῶν Iunt. σφῶι(ν) codd.
170 lacunam stat. Wil.   171 ὔμμιν D   172 ἔχθεα λῦσαι D

ΘΕΟΚΡΙΤΟΥ

χεῖρας ἐρωήσουσιν ἀποσχομένω ὑσμίνης·
175 νῶι δ', ἐγὼ Λυγκεύς τε, διακρινώμεθ' Ἄρηι,
ὁπλοτέρω γεγαῶτε. γονεῦσι δὲ μὴ πολὺ πένθος
ἡμετέροισι λίπωμεν. ἅλις νέκυς ἐξ ἑνὸς οἴκου
εἷς· ἀτὰρ ὦλλοι πάντας εὐφρανέουσιν ἑταίρους,
νυμφίοι ἀντὶ νεκρῶν, ὑμεναιώσουσι δὲ κούρας
180 τάσδ'. ὀλίγῳ τοι ἔοικε κακῷ μέγα νεῖκος ἀναιρεῖν.'
εἶπε, τὰ δ' οὐκ ἄρ' ἔμελλε θεὸς μεταμώνια θήσειν.
τὼ μὲν γὰρ ποτὶ γαῖαν ἀπ' ὤμων τεύχε' ἔθεντο,
ὢ γενεῇ προφέρεσκον· ὁ δ' εἰς μέσον ἤλυθε Λυγκεύς
σείων καρτερὸν ἔγχος ὑπ' ἀσπίδος ἄντυγα πρώτην·
185 ὣς δ' αὔτως ἄκρας ἐτινάξατο δούρατος ἀκμάς
Κάστωρ· ἀμφοτέροις δὲ λόφων ἐπένευον ἔθειραι.
ἔγχεσι μὲν πρώτιστα τιτυσκόμενοι πόνον εἶχον
ἀλλήλων, εἴ πού τι χροὸς γυμνωθὲν ἴδοιεν·
ἀλλ' ἤτοι τὰ μὲν ἄκρα πάρος τινὰ δηλήσασθαι
190 δοῦρ' ἐάγη σακέεσσιν ἐνὶ δεινοῖσι παγέντα.
τὼ δ' ἄορ ἐκ κολεοῖο ἐρυσσαμένω φόνον αὖτις
τεῦχον ἐπ' ἀλλήλοισι, μάχης δ' οὐ γίνετ' ἐρωή.
πολλὰ μὲν εἰς σάκος εὐρὺ καὶ ἱππόκομον τρυφάλειαν
Κάστωρ, πολλὰ δ' ἔνυξεν ἀκριβὴς ὄμμασι Λυγκεύς
195 τοῖο σάκος, φοίνικα δ' ὅσον λόφον ἵκετ' ἀκωκή.
τοῦ μὲν ἄκρην ἐκόλουσεν ἐπὶ σκαιὸν γόνυ χεῖρα
φάσγανον ὀξὺ φέροντος ὑπεξαναβὰς ποδὶ Κάστωρ
σκαιῷ· ὁ δὲ πληγεὶς ξίφος ἔκβαλεν, αἶψα δὲ φεύγειν
ὡρμήθη ποτὶ σῆμα πατρός, τόθι καρτερὸς Ἴδας
200 κεκλιμένος θηεῖτο μάχην ἐμφύλιον ἀνδρῶν.

174 ἀποσχομένω M -νοι Tr³ ἀπεσχομένοις Tr² -νης Tr ἀπεχομένης V
ἀπεχθομένης D   175, 176 Λυγκεύς VTrM Κάστωρ D | διακρ. - γεγαῶτε
om. VTr | δὲ VTrM   τε D   178–80 ἀτὰρ – τάσδ' secl. C. Hart. | ἄλλοι
VTrM | πάντας Ald.²   πάντες codd. | νεκρῶν MD   χρόνων VTr   182 τὼ
MD   τοὶ Tr   τὰ V   183 ὢ Ahr.   οἳ D   τοὶ cett.   184, 185 om.
M   185 ἄκρας D   Κάστωρ VTr   186 Κάστωρ D   καρτερός TrM
187 πόθον TrM   191 κολεοῖιν D

XXII. ΔΙΟΣΚΟΥΡΟΙ

ἀλλὰ μεταΐξας πλατὺ φάσγανον ὦσε διαπρό
Τυνδαρίδης λαγόνος τε καὶ ὀμφαλοῦ· ἔγκατα δ' εἴσω
χαλκὸς ἄφαρ διέχευεν, ὁ δ' ἐς στόμα κεῖτο νενευκὼς
Λυγκεύς, κὰδ δ' ἄρα οἱ βλεφάρων βαρὺς ἔδραμεν ὕπνος.
205 οὐ μὰν οὐδὲ τὸν ἄλλον ἐφ' ἑστίῃ εἶδε πατρῴῃ
παίδων Λαοκόωσα φίλον γάμον ἐκτελέσαντα.
ἦ γὰρ ὅγε στήλην Ἀφαρηίου ἐξανέχουσαν
τύμβου ἀναρρήξας ταχέως Μεσσήνιος Ἴδας
μέλλε κασιγνήτοιο βαλεῖν σφετέροιο φονῆα·
210 ἀλλὰ Ζεὺς ἐπάμυνε, χερῶν δέ οἱ ἔκβαλε τυκτὴν
μάρμαρον, αὐτὸν δὲ φλογέῳ συνέφλεξε κεραυνῷ.

Οὕτω Τυνδαρίδαις πολεμιζέμεν οὐκ ἐν ἐλαφρῷ·
αὐτοί τε κρατέουσι καὶ ἐκ κρατέοντος ἔφυσαν.
χαίρετε, Λήδας τέκνα, καὶ ἡμετέροις κλέος ὕμνοις
215 ἐσθλὸν ἀεὶ πέμποιτε. φίλοι δέ τε πάντες ἀοιδοί
Τυνδαρίδαις Ἑλένῃ τε καὶ ἄλλοις ἡρώεσσιν
Ἴλιον οἳ διέπερσαν ἀρήγοντες Μενελάῳ.
ὑμῖν κῦδος, ἄνακτες, ἐμήσατο Χῖος ἀοιδός,
ὑμνήσας Πριάμοιο πόλιν καὶ νῆας Ἀχαιῶν
220 Ἰλιάδας τε μάχας Ἀχιλῆά τε πύργον ἀυτῆς·
ὑμῖν αὖ καὶ ἐγὼ λιγεῶν μειλίγματα Μουσέων,
οἷ' αὐταὶ παρέχουσι καὶ ὡς ἐμὸς οἶκος ὑπάρχει,
τοῖα φέρω. γεράων δὲ θεοῖς κάλλιστον ἀοιδαί.

202 εἴσω TrM ἔξω D³ ἄξω D 203 ἐς χθόνα TrM 206 Λαοκόοσσα
TrM 207 ὅγ' ἐς τὰν ἂν TrM 208 ἀναρπάξας Edm. | θρασέως D
210 οἱ om. TrM 212 ἐπ' Tr 213 κρατέουσι D -έοντες TrM |
κρατέοντος Ald.² -έοντες TrM -εύοντος D 218 ὕμμιν D 221
δ' αὖ M 223 ἀοιδή TrM

XXIII. [ΘΕΟΚΡΙΤΟΥ] ΕΡΑΣΤΗΣ

Ἀνήρ τις πολύφιλτρος ἀπηνέος ἤρατ' ἐφάβω,
τὰν μορφὰν ἀγαθῶ τὸν δὲ τρόπον οὐκέθ' ὁμοίω·
μίσει τὸν φιλέοντα καὶ οὐδὲ ἓν ἄμερον εἶχε,
κοὐκ ᾔδει τὸν Ἔρωτα τίς ἦν θεός, ἁλίκα τόξα
5 χερσὶ κρατεῖ, χὼς πικρὰ βέλη ποτικάρδια βάλλει·
πάντα δὲ κἂν μύθοισι καὶ ἐν προσόδοισιν ἀτειρής.
οὐδέ τι τῶν πυρσῶν παραμύθιον, οὐκ ἀμάρυγμα
χείλεος, οὐκ ὄσσων λιπαρὸν σέλας, οὐ ῥόδα μάλων,
οὐ λόγος, οὐχὶ φίλαμα, τὸ κουφίζει τὸν ἔρωτα.
10 οἷα δὲ θὴρ ὑλαῖος ὑποπτεύῃσι κυναγώς,
οὕτως †πάντ' ἐποίει ποτὶ τὸν βροτόν†· ἄγρια δ' αὐτῷ
χείλεα καὶ κῶραι δεινὸν †βλέπον εἶχεν ἀνάγκαν†·
τᾷ δὲ χολᾷ τὸ πρόσωπον ἀμείβετο, φεῦγε δ' ἀπὸ χρώς
ὕβριν †τᾶς ὀργᾶς† περικείμενον. ἀλλὰ καὶ οὕτως
15 ἦν καλός· ἐξ ὀργᾶς δ' ἐρεθίζετο μᾶλλον ἐραστάς.
λοίσθιον οὐκ ἤνεικε τόσαν φλόγα τᾶς Κυθερείας,
ἀλλ' ἐνθὼν ἔκλαιε ποτὶ στυγνοῖσι μελάθροις,
καὶ κύσε τὰν φλιάν, οὕτω δ' ἀντέλλετο φωνά·
'ἄγριε παῖ καὶ στυγνέ, κακᾶς ἀνάθρεμμα λεαίνας,
20 λάϊνε παῖ καὶ ἔρωτος ἀνάξιε, δῶρά τοι ἦνθον

Codd.: V (1–55) X (56–63) Tr [Laur.] Bodl. Barocc. 50 [saec. x] (28–32)
Titulus: Ἐραστής XTr om. V Δωρίδι add. Tr Θεοκρίτου C
1 ἐφάβω Wint. -βου codd.   2 οὐδὲν Jacobs   4 ἁλίκα Paris.2512
ἠλ- codd.   5 χὼς Warton   πῶς codd. | ποτικάρδια Steph.   ποτὶ παιδία codd.   6 post 2 pos. Briggs   7 τι om. V   8 ῥόδα μάλων Ahr.
ῥοδομάλλον VTr   -μάλλιον V²Tr²   9 κουφίζει Tr   -ζειν V   -ζον Tr²
10 δὲ om. Tr. | θὴρ ὑλαῖος Ald.²   θηβυλέος codd.   11 οὕτω Tr. |
ἀντώπει Mein. | τ. φίλον Paley | ἄγρια ed. Brubach.   ἄρια codd.   12
βλέπος εἶ. ἀνάγκας Mein.   14 περικείμενον Wakef. -ος codd.   15 ἦν
Heins.   ἡ codd. | ἐξ ὀργᾶς δ' Steph.   δ' ἐξόρπασ' codd.   16 ἤνεικε
Steph.   ἔνι καὶ codd. | τόσαν φλόγα τᾶς Eldick   τὸ σαμφαότατος codd.
17 ἐνθὼν Wint.   ἐλ- codd.   18 ἀντέλλετο Edm.   -τέλοντο codd.|
φωνά Legr.   -ναί codd.   20 ἦνθον Wint.   ἠλ- codd.

XXIII. ΕΡΑΣΤΗΣ

λοίσθια ταῦτα φέρων, τὸν ἐμὸν βρόχον· οὐκέτι γάρ σε,
κῶρε, θέλω λυπεῖν ποχ' ὁρώμενος, ἀλλὰ βαδίζω
ἔνθα τύ μευ κατέκρινας, ὅπῃ λόγος ἦμεν ἀτερπέων
ξυνὸν τοῖσιν ἐρῶσι τὸ φάρμακον, ἔνθα τὸ λᾶθος.
25 ἀλλὰ καὶ ἢν ὅλον αὐτὸ λαβὼν ποτὶ χεῖλος ἀμέλξω,
οὐδ' οὕτως σβέσσω τὸν ἐμὸν πόθον. ἄρτι δὲ χαίρειν
τοῖσι τεοῖς προθύροις ἐπιβάλλομαι. οἶδα τὸ μέλλον.
καὶ τὸ ῥόδον καλόν ἐστι, καὶ ὁ χρόνος αὐτὸ μαραίνει·
καὶ τὸ ἴον καλόν ἐστιν ἐν εἴαρι, καὶ ταχὺ γηρᾷ·
30 [λευκὸν τὸ κρίνον ἐστί, μαραίνεται ἀνίκα πίπτει·
ἁ δὲ χιὼν λευκά, καὶ τάκεται ἀνίκα †παχθῇ·]
καὶ κάλλος καλόν ἐστι τὸ παιδικόν, ἀλλ' ὀλίγον ζῇ.
ἥξει καιρὸς ἐκεῖνος ὁπανίκα καὶ τὺ φιλάσεις,
ἀνίκα τὰν κραδίαν ὀπτεύμενος ἁλμυρὰ κλαύσεις.
35 ἀλλὰ τύ, παῖ, καὶ τοῦτο πανύστατον ἁδύ τι ῥέξον·
ὁππόταν ἐξενθὼν ἀρταμένον ἐν προθύροισι
τοῖσι τεοῖσιν ἴδῃς τὸν τλάμονα, μή με παρένθῃς,
στᾶθι δὲ καὶ βραχὺ κλαῦσον, ἐπισπείσας δὲ τὸ δάκρυ
λῦσον τᾶς σχοίνω με καὶ ἀμφίθες ἐκ ῥεθέων σῶν
40 εἵματα καὶ κρύψον με, τὸ δ' αὖ πύματόν με φίλασον·
κἂν νεκρῷ χάρισαι τεὰ χείλεα. μή με φοβαθῇς·
οὐ δύναμαι †εἴν† σε· ἀπαλλάξεις με φιλάσας.
χῶμα δέ μοι κοίλανον ὅ μευ κρύψει τὸν ἔρωτα,

21 γάρ Iunt. πὰρ codd.   22 λυπεῖν Fritz. (-πῆν Iunt.) -πῃς codd.|
ποχολωμένος V¹Tr¹   23 ἔνθα τύ μευ Ald. ἔνθα τ' ἐτύμε V ἐνθ' ἐτῦμε
Tr | ἀτερπέων Mein. ἀταρπών codd.   26 οὐδ' οὕτως Briggs οὐδὲ τῶς
codd. | πόθον Iunt.Cal. χόλον codd. | χαίρων Mein.   30, 31 secl. Haupt
30 μαραίνεται Tr μ. δ' V καὶ μ. Barocc. | πίπτῃ Barocc.   31 ἁ. πίπτῃ
(e 30) Bgk (si recte, fort. 30 ἀπανθῇ)   32 καὶ τὠνθὸς Legr.   36
ἀρταμένον Platt ἠρτημ- codd.: cf. 54   37 τεοῖσιν ἴδῃς Ald. τεοῖς εἴδης
codd.   38 ἐπισπείρας Tr   39 τᾶς Ald. τᾷ codd.   41 τεὰ
Gall. τὰ V τὰ σὰ Tr   42 δάκνειν Platt | ἀπαλλάξεις Mein. διαλλ-
codd.   43 μοι κοίλανον ὁ Iunt. Cal. μευ κοῖλόν τι τὸ codd. (τι
om. Tr)

[ΘΕΟΚΡΙΤΟΥ]

κἢν ἀπίῃς, τόδε μοι τρὶς ἐπαύσον· " ὦ φίλε, κεῖσαι·"
45 ἢν δὲ θέλῃς, καὶ τοῦτο· " καλὸς δέ μοι ὤλεθ' ἑταῖρος."
γράψον καὶ τόδε γράμμα τὸ σοῖς τοίχοισι χαράσσω·
" τοῦτον ἔρως ἔκτεινεν· ὁδοιπόρε, μὴ παροδεύσῃς,
ἀλλὰ στὰς τόδε λέξον· "ἀπηνέα εἶχεν ἑταῖρον." '
ˇΩδ' εἰπὼν λίθον εἷλεν †ἐρεισάμενος δ' ἐπὶ τοίχῳ
50 ἄχρι μέσων ὀδόντ†, φοβερὸν λίθον, ἅπτετ' ἀπ' αὐτῶ
τὰν λεπτὰν σχοινίδα, βρόχον δ' ἐπέβαλλε τραχήλῳ,
τὰν ἕδραν δ' ἐκύλισεν ὑπὲκ ποδὸς ἠδ' ἐκρεμάσθη
νεκρός. ὃ δ' αὖτ' ὦιξε θύρας καὶ τὸν νεκρὸν εἶδεν
αὐλείας ἰδίας ἀρταμένον, οὐδ' ἐλυγίχθη
55 τὰν ψυχάν, οὐ κλαῦσε νέον φόνον, ἀλλ' ἐπὶ νεκρῷ
εἵματα πάντ' ἐμίανεν ἐφαβικά, βαῖνε δ' ἐς ἄθλως
γυμνασίων καὶ ἔκηλα φίλων ἐπεμαίετο λουτρῶν,
καὶ ποτὶ τὸν θεὸν ἦνθε τὸν ὕβρισε· λαϊνέας δέ
ἵπτατ' ἀπὸ κρηπῖδος ἐς ὕδατα· τῷ δ' ἐφύπερθεν
60 ἅλατο καὶ τὤγαλμα κακὸν δ' ἔκτεινεν ἔφαβον·
νᾶμα δ' ἐφοινίχθη, παιδὸς δ' ἐπενάχετο φωνά·
' χαίρετε τοὶ φιλέοντες, ὁ γὰρ μισῶν ἐφονεύθη·
στέργετε δ' οἱ μισεῦντες, ὁ γὰρ θεὸς οἶδε δικάζειν.'

44 κἢν Brunck   κᾶν codd.   fort. καὶ πρὶν ἴῃς | ἐπαύσον Ald.   ὅπ- codd.
ἐπαίασον Ahr. | εὖ φ. Legr. | κεῖσο Edm.   45 damn. Hiller | θέλῃς
Ahr.   λῇς codd.   46 τόιχοισι Schaefer   (σ)τίχοισι codd. | χαράσσω
Wil.   -άξω codd.   48 εἶχεν Ald.   -χον codd.   49 εἷλκεν Mein.
50 μέσω προθύρῳ Wil. | ἅπτετ' Ahr.   ἤπτετ' Cal.   ἦπτεν Iunt.   ὀπ(π)ότ'
codd. | αὐτῶ Ald.   -τοῦ codd.   51 ἐπέβαλλε Briggs   ἔβαλλε codd.
52 ἐκύλισεν X² ἐκοίλ- codd. | ὑπὲκ Cal.   αἶται codd.   53 αὖτ' ὦιξε
Steph.   αὐτόιξε codd.   54 αὐλείας scripsi   αὐλᾶς ἐξ codd. | ἀρτα-
μένον Wil.   ἠρτημ- codd.: cf. 36 | ἐλυγίχθη Laur. 32. 43 marg.   ἐτυ-
λίχθη codd.   55 -σεν ἐὸν Mein.   56 ἄθλως Reiske -λω codd.   57
γυμνασίων Words. -αστῶν codd. | ἔκηλα Wil.   λε codd.   59, 60 ἵπτατ'
Higt ἵστατ' codd.   ἵπτ. et ἅλατο trsp. Haupt | κρηπῖδος C -δας codd. |
ὕδατα τῷ Reiske ὕδάτω codd.   61 νᾶμα Sanctamandus   ἅμα codd.
63 οἱ μισεῦντες Ahr. οἴμεῖς (ὑμεῖς Tr) εὔητες codd. | δικάζειν Cal.
-άσ(σ)ειν codd.

XXIV. ΘΕΟΚΡΙΤΟΥ ΗΡΑΚΛΙΣΚΟΣ

Ἡρακλέα δεκάμηνον ἐόντα ποχ' ἁ Μιδεᾶτις
Ἀλκμήνα καὶ νυκτὶ νεώτερον Ἰφικλῆα,
ἀμφοτέρους λούσασα καὶ ἐμπλήσασα γάλακτος,
χαλκείαν κατέθηκεν ἐς ἀσπίδα τὰν Πτερελάου
5 Ἀμφιτρύων καλὸν ὅπλον ἀπεσκύλευσε πεσόντος.
ἁπτομένα δὲ γυνὰ κεφαλᾶς μυθήσατο παίδων·
' εὕδετ', ἐμὰ βρέφεα, γλυκερὸν καὶ ἐγέρσιμον ὕπνον·
εὕδετ', ἐμὰ ψυχά, δύ' ἀδελφεοί, εὕσοα τέκνα·
ὄλβιοι εὐνάζοισθε καὶ ὄλβιοι ἀῶ ἵκοισθε.'
10 ὣς φαμένα δίνησε σάκος μέγα· τοὺς δ' ἕλεν ὕπνος.
ἆμος δὲ στρέφεται μεσονύκτιον ἐς δύσιν Ἄρκτος
Ὠρίωνα κατ' αὐτόν, ὃ δ' ἀμφαίνει μέγαν ὦμον,
τᾶμος ἄρ' αἰνὰ πέλωρα δύω πολυμήχανος Ἥρα,
κυανέαις φρίσσοντας ὑπὸ σπείραισι δράκοντας,
15 ὦρσεν ἐπὶ πλατὺν οὐδόν ὅθι σταθμὰ κοῖλα θυράων
οἴκου, ἀπειλήσασα φαγεῖν βρέφος Ἡρακλῆα.
τὼ δ' ἐξειλυσθέντες ἐπὶ χθονὶ γαστέρας ἄμφω
αἱμοβόρους ἐκύλιον· ἀπ' ὀφθαλμῶν δὲ κακὸν πῦρ
ἐρχομένοις λάμπεσκε, βαρὺν δ' ἐξέπτυον ἰόν.
20 ἀλλ' ὅτε δὴ παίδων λιχμώμενοι ἐγγύθεν ἦνθον,
καὶ τότ' ἄρ' ἐξέγροντο, Διὸς νοέοντος ἅπαντα,
Ἀλκμήνας φίλα τέκνα, φάος δ' ἀνὰ οἶκον ἐτύχθη.

CODD.: D (1–140) X (1–87, erroribus scatentes)
PAP.: 𝔓3 (1–21, 29–72, 79–140: post 140 uu. 15 et, post lacunam circ. 12 uu. complectentem, alios 5)
TITULUS: Ἡρακλίσκος 𝔓3 D   Ἡρακλῆς cod. Athous unde I. Lascaris titulum et duo prima uerba descripsit   om. X   Δωρίδι add. 𝔓3 Athous Dialectus autem incerta.   Papyri Dorismos adsciscere dubitaui.
3 α]μφοτερως 𝔓3   4 Π]τερελαω 𝔓3   6 γυνὰ 𝔓3 D -νὴ X | παίδων 𝔓3 D   πάντων X   8 ἀδελφεώ D² | εὕσοα 𝔓3 D ἆσσον X   9 ἴδοιτε X
10 δίνησε Wil. -νασε codd. | ἕλεν 𝔓3 ἔλαβ' codd.   12 ἐμφαίνει X
13 Ἥρα 𝔓3 X Ἥρη D   18 αἱμοβόρους Zieg. -ρως codd.   20 ηλθον 𝔓3 corr.

ΘΕΟΚΡΙΤΟΥ

ἤτοι ὅγ' εὐθὺς ἄυσεν, ὅπως κακὰ θηρί' ἀνέγνω
κοίλου ὑπὲρ σάκεος καὶ ἀναιδέας εἶδεν ὀδόντας,
25 Ἰφικλέης, οὖλαν δὲ ποσὶν διελάκτισε χλαῖναν
φευγέμεν ὁρμαίνων· ὁ δ' ἐναντίος ἵετο χερσίν
Ἡρακλέης, ἄμφω δὲ βαρεῖ ἐνεδήσατο δεσμῷ,
δραξάμενος φάρυγος τόθι φάρμακα λυγρὰ τέτυκται
οὐλομένοις ὀφίεσσι, τὰ καὶ θεοὶ ἐχθαίροντι.
30 τὼ δ' αὖτε σπείραισιν ἑλισσέσθην περὶ παῖδα
ὀψίγονον, γαλαθηνὸν ὑπὸ τροφῷ, αἰὲν ἄδακρυν·
ἂψ δὲ πάλιν διέλυον, ἐπεὶ μογέοιεν, ἀκάνθας
δεσμοῦ ἀναγκαίου πειρώμενοι ἔκλυσιν εὑρεῖν.
Ἀλκμήνα δ' ἄκουσε βοᾶς καὶ ἐπέγρετο πράτα·
35 ' ἄνσταθ', Ἀμφιτρύων· ἐμὲ γὰρ δέος ἴσχει ὀκνηρόν·
ἄνστα, μηδὲ πόδεσσι τεοῖς ὑπὸ σάνδαλα θείης.
οὐκ ἀίεις, παίδων ὁ νεώτερος ὅσσον ἀυτεῖ;
ἢ οὐ νοέεις ὅτι νυκτὸς ἀωρί που, οἱ δέ τε τοῖχοι
πάντες ἀριφραδέες καθαρᾶς ἅπερ ἠριγενείας;
40 ἔστι τί μοι κατὰ δῶμα νεώτερον, ἔστι, φίλ' ἀνδρῶν.'
ὣς φάθ'· ὁ δ' ἐξ εὐνᾶς ἀλόχῳ κατέβαινε πιθήσας·
δαιδάλεον δ' ὥρμασε μετὰ ξίφος ὅ οἱ ὕπερθεν
κλιντῆρος κεδρίνου περὶ πασσάλῳ αἰὲν ἄωρτο.
ἤτοι ὅγ' ὠριγνᾶτο νεοκλώστου τελαμῶνος,
45 κουφίζων ἑτέρᾳ κολεόν, μέγα λώτινον ἔργον.
ἀμφιλαφὴς δ' ἄρα παστὰς ἐνεπλήσθη πάλιν ὄρφνας.
δμῶας δὴ τότ' ἄυσεν ὕπνον βαρὺν ἐκφυσῶντας·
' οἴσετε πῦρ ὅτι θᾶσσον ἀπ' ἐσχαρεῶνος ἑλόντες,

26 ἵετο Mein. εἴχετο DX εἴλετο D² 28 φάρυγος D² -υγγος D δὲ
φάρυγγος X | κέκρυπται X 29 ὀφίεσσι τὰ ₽3 -σιν â codd. 30
αυτ]ου ₽3 | σπείραισιν Wint. -ρησιν ₽3 codd. 31 ἄδακρυν Xylander
-ρυ codd. 33 δεσμω αναγκαιω ₽3 34 ἄκουσε ₽3 ἐσάκουσε codd. |
ἐπέδραμε πρῶτα X 35 ἴσχει D² ἔχει DX 36 ante 35 habet ₽3 |
α]νσταθ[₽3 | πόδεσσι τεοῖς ₽3 D -σιν ἑοῖς X 39 ἅπερ Briggs
ἄτερ codd. δ' α[₽3 42 ὥρμησε ₽3 43 κεδρίνου Zieg. -νω D²
et tanquam datiuum ₽3 δεδρίνω D δενδ- X 46 ὄρφνας D²X οἶκος D

XXIV. ΗΡΑΚΛΙΣΚΟΣ

δμῶες ἐμοί, στιβαροὺς δὲ θυρᾶν ἀνακόψατ' ὀχῆας.'
50 ' ἄνστατε, δμῶες ταλασίφρονες· αὐτὸς ἀυτεῖ ',
ἦ ῥα γυνὰ Φοίνισσα μύλαις ἔπι κοῖτον ἔχουσα·
οἱ δ' αἶψα προγένοντο λύχνοις ἅμα δαιομένοισι
δμῶες· ἐνεπλήσθη δὲ δόμος σπεύδοντος ἑκάστου.
ἤτοι ἄρ' ὡς εἴδονθ' ὑποτίτθιον Ἡρακλῆα
55 θῆρε δύω χείρεσσιν ἀπρὶξ ἁπαλαῖσιν ἔχοντα,
ἐκπλήγδην ἰάχησαν· ὁ δ' ἐς πατέρ' Ἀμφιτρύωνα
ἑρπετὰ δεικανάασκεν, ἐπάλλετο δ' ὑψόθι χαίρων
κουροσύνᾳ, γελάσας δὲ πάρος κατέθηκε ποδοῖιν
πατρὸς ἑοῦ θανάτῳ κεκαρωμένα δεινὰ πέλωρα.
60 Ἀλκμήνα μὲν ἔπειτα ποτὶ σφέτερον βάλε κόλπον
ξηρὸν ὑπαὶ δείους ἀκράχολον Ἰφικλῆα·
Ἀμφιτρύων δὲ τὸν ἄλλον ὑπ' ἀμνείαν θέτο χλαῖναν
παῖδα, πάλιν δ' ἐς λέκτρον ἰὼν ἐμνάσατο κοίτου.

Ὄρνιθες τρίτον ἄρτι τὸν ἔσχατον ὄρθρον ἄειδον,
65 Τειρεσίαν τόκα μάντιν ἀλαθέα πάντα λέγοντα
Ἀλκμήνα καλέσασα χρέος κατέλεξε νεοχμόν,
καί μιν ὑποκρίνεσθαι ὅπως τελέεσθαι ἔμελλεν
ἠνώγει· 'μηδ' εἴ τι θεοὶ νοέοντι πονηρόν,
αἰδόμενός με κρύπτε· καὶ ὡς οὐκ ἔστιν ἀλύξαι
70 ἀνθρώποις ὅ τι Μοῖρα κατὰ κλωστῆρος ἐπείγει.
μάντι Εὐηρεΐδα, μάλα τοι φρονέοντα διδάσκω.'
τόσσ' ἔλεγεν βασίλεια· ὁ δ' ἀνταμείβετο τοίοις·
' θάρσει, ἀριστοτόκεια γύναι, Περσήιον αἷμα,

49 στιβαροὺς 𝔓3corr. D   -ρως 𝔓3   -ρᾶν X   51 ante 50 habuit D¹ | γυνὰ D   -νὴ 𝔓3 X: cf. 6 | ἔχουσα D   -οισιν X   52 τοι δ' 𝔓3 ante corr. | καιομένοισι X   54 ειδονθ' υποτι[τ]θιον 𝔓3 -οντ' ἐπιτ- codd.
56 ἐκπλήγδην 𝔓3   συμπ- codd.   58 κουροσύνᾳ Mein. κωρ- codd.
γηθο- 𝔓3   63 δ' ἐς codd.   εἰς 𝔓3   64 ορνιχες 𝔓3 | ἄεισαν X
65 ποκα 𝔓3   ὄκα Schaefer   66 om. D¹ | χρέος D²   τέρας 𝔓3 X
67 καί – ὅπως om. X | μ[ι]ν 𝔓3   νιν D   68 νοέοιντο X   69 αἰδόμενος – ὣς om. X | με 𝔓3   ἐμὲ D   71 ἀλλ' Εὐ. Ahr. | Ευηρεῖτα 𝔓3 | τοι 𝔓3 σε D   τι X   72 τόσσ' X   τὼς D | τοίοις Briggs   τοίως D²   τοῖος DX | ταν δ Ευηρ[...]ας τοιωδ' απαμ[ειβετο μυθω 𝔓3

ΘΕΟΚΡΙΤΟΥ

θάρσει· μελλόντων δὲ τὸ λώιον ἐν φρεσὶ θέσθαι.
75 ναὶ γὰρ ἐμῶν γλυκὺ φέγγος ἀποιχόμενον πάλαι ὄσσων,
πολλαὶ Ἀχαιιάδων μαλακὸν περὶ γούνατι νῆμα
χειρὶ κατατρίψουσιν ἀκρέσπερον ἀείδοισαι
Ἀλκμήναν ὀνομαστί, σέβας δ' ἔσῃ Ἀργείαισι.
τοῖος ἀνὴρ ὅδε μέλλει ἐς οὐρανὸν ἄστρα φέροντα
80 ἀμβαίνειν τεὸς υἱός, ἀπὸ στέρνων πλατὺς ἥρως,
οὗ καὶ θηρία πάντα καὶ ἀνέρες ἥσσονες ἄλλοι.
δώδεκά οἱ τελέσαντι πεπρωμένον ἐν Διὸς οἰκεῖν
μόχθους, θνητὰ δὲ πάντα πυρὰ Τραχίνιος ἕξει·
γαμβρὸς δ' ἀθανάτων κεκλήσεται οἳ τάδ' ἐπῶρσαν
85 κνώδαλα φωλεύοντα βρέφος διαδηλήσασθαι.
[ἔσται δὴ τοῦτ' ἆμαρ ὁπηνίκα νεβρὸν ἐν εὐνᾷ
καρχαρόδων σίνεσθαι ἰδὼν λύκος οὐκ ἐθελήσει.]
ἀλλά, γύναι, πῦρ μέν τοι ὑπὸ σποδῷ εὔτυκον ἔστω,
κάγκανα δ' ἀσπαλάθου ξύλ' ἑτοιμάσατ' ἢ παλιούρου
90 ἢ βάτου ἢ ἀνέμῳ δεδονημένον αὖον ἄχερδον·
καῖε δὲ τώδ' ἀγρίαισιν ἐπὶ σχίζαισι δράκοντε
νυκτὶ μέσᾳ, ὅκα παῖδα κανεῖν τεὸν ἤθελον αὐτοί.
ἦρι δὲ συλλέξασα κόνιν πυρὸς ἀμφιπόλων τις
ῥιψάτω, εὖ μάλα πᾶσαν ὑπὲρ ποταμοῖο φέρουσα
95 ῥωγάδας ἐς πέτρας, ὑπερούριον, ἂψ δὲ νεέσθω
ἄστρεπτος. καθαρῷ δὲ πυρώσατε δῶμα θεείῳ
πρᾶτον, ἔπειτα δ' ἅλεσσι μεμιγμένον, ὡς νενόμισται,
θαλλῷ ἐπιρραίνειν ἐστεμμένῳ ἀβλαβὲς ὕδωρ·

---

74 θέσθαι D² om. DX   75 ἐμῶν Edm. ἐμὸν codd.   76 νῆμα
Camerarius νᾶμα codd.: cf. 15. 27   77 κατατρίψουσιν Wil. -ψοντι codd.
82 οἰκεῖν Cal. -κῆν ℙ3 Iunt. -κῆς codd.   86, 87 secl. Dahl habet
etiam ℙ3 | νεβρὸν ℙ3 X   νεκρὸν D   νευρὸν D²   88 σποδῶ ℙ3 D²
-δὸν D | εὔτυκον ℙ3 D² -τεκνον D   89 ἀσπαλάθου Ameis -θω D |
παλιούρου Ameis -ρω ℙ3 D   90 βάτου Ameis -τω D   91 σχίζαισι
Wint. -ζῃσι ℙ3 D | δράκοντε ℙ3 D² -τες D   92 κανεῖν Zieg. -νῆν
ℙ3 D   94 φέρεσθαι ℙ3   95 ῥωγάδας D² ῥαγ- D | νεέσθω ℙ3 -θαι D
96 ἄστρεπτος D² ἄτρ- D | δωματα θειω ℙ3   98 ἐστεμμένῳ Schaefer
-νον D

XXIV. ΗΡΑΚΛΙΣΚΟΣ

Ζηνὶ δ' ἐπιρρέξαι καθυπερτέρῳ ἄρσενα χοῖρον,
100 δυσμενέων αἰεὶ καθυπέρτεροι ὣς τελέθοιτε.'
 φῆ, καὶ ἐρωήσας ἐλεφάντινον ᾤχετο δίφρον
Τειρεσίας πολλοῖσι βαρύς περ ἐὼν ἐνιαυτοῖς.
 Ἡρακλέης δ' ὑπὸ ματρὶ νέον φυτὸν ὣς ἐν ἀλωᾷ
ἐτρέφετ', Ἀργείου κεκλημένος Ἀμφιτρύωνος.
105 γράμματα μὲν τὸν παῖδα γέρων Λίνος ἐξεδίδαξεν,
υἱὸς Ἀπόλλωνος μελεδωνεὺς ἄγρυπνος ἥρως·
τόξον δ' ἐντανύσαι καὶ ἐπὶ σκοπὸν εἶναι ὀιστόν
Εὔρυτος ἐκ πατέρων μεγάλαις ἀφνειὸς ἀρούραις.
αὐτὰρ ἀοιδὸν ἔθηκε καὶ ἄμφω χεῖρας ἔπλασσεν
110 πυξίνᾳ ἐν φόρμιγγι Φιλαμμονίδας Εὔμολπος.
ὅσσα δ' ἀπὸ σκελέων ἑδροστρόφοι Ἀργόθεν ἄνδρες
ἀλλάλους σφάλλοντι παλαίσμασιν, ὅσσα τε πύκται
δεινοὶ ἐν ἱμάντεσσιν ἅ τ' ἐς γαῖαν προπεσόντες
πάμμαχοι ἐξεύροντο σοφίσματα σύμφορα τέχνᾳ,
115 πάντ' ἔμαθ' Ἑρμείαο διδασκόμενος παρὰ παιδί
Ἁρπαλύκῳ Πανοπῆι, τὸν οὐδ' ἂν τηλόθε λεύσσων
θαρσαλέως τις ἔμεινεν ἀεθλεύοντ' ἐν ἀγῶνι,
τοῖον ἐπισκύνιον βλοσυρῷ ἐπέκειτο προσώπῳ.
ἵππους δ' ἐξελάσασθαι ὑφ' ἅρματι καὶ περὶ νύσσαν
120 ἀσφαλέως κάμπτοντα τροχοῦ σύριγγα φυλάξαι
Ἀμφιτρύων ὃν παῖδα φίλα φρονέων ἐδίδαξεν
αὐτός, ἐπεὶ μάλα πολλὰ θοῶν ἐξήρατ' ἀγώνων
Ἄργει ἐν ἱπποβότῳ κειμήλια, καί οἱ ἀαγεῖς
δίφροι ἐφ' ὧν ἐπέβαινε χρόνῳ διέλυσαν ἱμάντας.
125 δούρατι δὲ προβολαίῳ ὑπ' ἀσπίδι ὦμον ἔχοντα
ἀνδρὸς ὀρέξασθαι ξιφέων τ' ἀνέχεσθαι ἀμυχμόν,

104 κεκλημένος D² βεβλ- D   107 εἶναι 𝔓3· D   εισαι 𝔓3corr. | ὀιστόν 𝔓3corr. -τῶν 𝔓3 D   114 πάμμαχοι D² et ut uid. 𝔓3   πάγμ- D | σοφίσματα Ahr. παλαίσματα D | τεχνα in -νη mut. 𝔓3   116 Αὐτολύκῳ Heyne | Πανοπηι 𝔓3   Φανοπῆι D   -οτῆι D³ | τηλόθε Ahr. et ut uid. 𝔓3 -θι D   120 τροχοῦ Wil. -χῶ D   121 ἐδίδασκεν D³   125 δὲ D   τε 𝔓3 | ὦμον Cholmeley   νῶτον 𝔓3 D

ΘΕΟΚΡΙΤΟΥ

κοσμῆσαί τε φάλαγγα λόχον τ' ἀναμετρήσασθαι
δυσμενέων ἐπιόντα, καὶ ἱππήεσσι κελεῦσαι,
Κάστωρ Ἱππαλίδας δέδαεν, φυγὰς Ἄργεος ἐνθών,
130 οὗ ποκα κλᾶρον ἄπαντα καὶ οἰνόπεδον μέγα Τυδεύς
ναῖε παρ' Ἀδρήστοιο λαβὼν ἱππήλατον Ἄργος·
Κάστορι δ' οὔτις ὁμοῖος ἐν ἡμιθέοις πολεμιστής
ἄλλος ἔην πρὶν γῆρας ἀποτρῖψαι νεότητα.
  Ὧδε μὲν Ἡρακλῆα φίλα παιδεύσατο μάτηρ.
135 εὐνὰ δ' ἧς τῷ παιδὶ τετυγμένα ἀγχόθι πατρός
δέρμα λεόντειον μάλα οἱ κεχαρισμένον αὐτῷ,
δεῖπνον δὲ κρέα τ' ὀπτὰ καὶ ἐν κανέῳ μέγας ἄρτος
Δωρικός· ἀσφαλέως κε φυτοσκάφον ἄνδρα κορέσσαι·
αὐτὰρ ἐπ' ἄματι τυννὸν ἄνευ πυρὸς αἴνυτο δόρπον.
140 εἵματα δ' οὐκ ἀσκητὰ μέσας ὑπὲρ ἕννυτο κνάμας.
. . . . . .] ⟦ . . νμ . . . γε . [. . . . .] . ελω⟧ [
. . . . . .] . ṭ·   ποϛον τι ρ ϋ[
. . . . . .] ⟦ . γαμον εχ⟧ [
. . . . . .]ς· εν χροϊ κα[
145 . . . .]ψας· το δε κα[
. . . .]εν ξεινο̣υ̣[
. . . .]δε̣ω . [
. . . .] . ε . [
. . . .] . ρ . [
150 . . . .]σα . [
. . . . ']ντα̣ . [

129 Ἱππαλίδας D² ιπ[𝔓3 Ἰσπ- D | Αργοθεν 𝔓3   130 οὗ
Wil. ὢ 𝔓3 (in ras., suprascr. ι) D   131 λαβὼν D et ut uid. 𝔓3
λαχών D²   132 ἡμιθέοις Ahr.   ἀμ- D   137 δὲ Steph.   τε
𝔓3 D   140 add. D³ omissum a D, qui reliqua pagina, tribus sub-
sequentibus, et in quarta spatio fere uu. sex uacuis relictis, Id. 22. 69–fin.
subiungit. Iunt. post 140 ἀτελές addit: tum spatio relicto Moschi Id. 2.
Cal. λείπει τὸ τέλος τοῦ παρόντος εἰδυλλίου, καὶ ἡ ἀρχὴ τοῦ ἑπομένου· ὅπερ
ἐξανύει ἐπιγράφεσθαι, ἡρακλῆς λεοντοφόνος addit: tum post paginas duas
uacuas Id. 25.   141, 143 uersus ut uid. deleti   142 legi posset ιε et
ποσιν uel ποων   148–55 quot desint litterae in initio uu. incertum

XXIV. ΗΡΑΚΛΙΣΚΟΣ

```
............]λε θυρα̣[
............]ι̣ρον δε[
............ .]λη̣α δι̣.[
155 ............]ον ϊ̣.[
```
Desunt uu. circiter xii.

```
168 ..........].α̣...ων  μ.[............]υμπον
..........].δ' ερι̣ωπιδα  [.............]s
170 ..........]ταν ομ̣ρπατ[............]λα̂ι.
........]κα.οχθε θε[ .............]θνητος
........].[.] ἀοιδον αρ̣ο[...........]τυν[[ε]]ικὼς
```

XXV. [ΘΕΟΚΡΙΤΟΥ ΗΡΑΚΛΗΣ ΛΕΟΝΤΟΦΟΝΟΣ]

ΗΡΑΚΛΗΣ ΠΡΟΣ ΑΓΡΟΙΚΟΝ

Τὸν δ' ὁ γέρων προσέειπε βοῶν ἐπίουρος ἀροτρεύς,
παυσάμενος ἔργοιο τό οἱ μετὰ χερσὶν ἔκειτο·
' ἔκ τοι, ξεῖνε, πρόφρων μυθήσομαι ὅσσ' ἐρεείνεις,
Ἑρμέω ἁζόμενος δεινὴν ὄπιν εἰνοδίοιο·
5 τὸν γάρ φασι μέγιστον ἐπουρανίων κεχολῶσθαι
εἴ κεν ὁδοῦ ζαχρεῖον ἀνήνηταί τις ὁδίτην.

168 *Ολ]υμπον Hunt   171 χαῖρε Pohlenz δυωδεκάμοχθε H. Fraenkel
172 legi posset γυν[[α]]ικὼς
Superest etiam fragmentum uu. 14, incerta sede inter 141 et 168 locandum, in quo leguntur 3 αλλ[4 μεν[5 άκ.[12 α̣[, et scholiorum laciniae.
In marg. ad u. 171 εγω ο φθαρτος ποιητ(ης) | κελευω τω Ηρακλει .. | θ.ως
εναλλασσομενος | κ(αι) εκ διαδοχ(ης) νικησας | δικαιως ποιησ( ) κ(αι) τον
ποιητ(ην) | παντ(ας) νικησ(αι).

CODD.: WTr [Laur.] M D
TITULUS: 'Ηρακλῆς Λεοντοφόνος a Callierge fictus (uid. adn. crit. ad 24. 140). Primae parti Ἡρακλῆς πρὸς ἀγροῖκον praefigunt VTr Θεοκρίτου et Δωρίδι add. Tr Dialectus autem epica.
1 βοῶν TrD φυτῶν WM | ἐπιβουκόλος ἀνήρ D   3 ὅσσ' D² ὅσ' D ὥς cett.

[ΘΕΟΚΡΙΤΟΥ]

ποῖμναι μὲν βασιλῆος εὔτριχες Αὐγείαο
οὐ πᾶσαι βόσκονται ἴαν βόσιν οὐδ' ἕνα χῶρον·
ἀλλ' αἳ μέν ῥα νέμονται ἐπ' ὄχθαις ἀμφ' Ἐλισοῦντος,
10 αἳ δ' ἱερὸν θείοιο παρὰ ῥόον Ἀλφειοῖο,
αἳ δ' ἐπὶ Βουπρασίου πολυβότρυος, αἳ δὲ καὶ ὧδε·
χωρὶς δὲ σηκοί σφι τετυγμένοι εἰσὶν ἑκάσταις.
αὐτὰρ βουκολίοισι περιπληθούσί περ ἔμπης
πάντεσσιν νομοὶ ὧδε τεθηλότες αἰὲν ἔασι
15 Μηνίου ἂμ μέγα τῖφος, ἐπεὶ μελιηδέα ποίην
λειμῶνες θαλέθουσιν ὑπόδροσοι εἰαμεναί τε
εἰς ἅλις, ἥ ῥα βόεσσι μένος κεραῇσιν ἀέξει.
αὖλις δέ σφισιν ἥδε τεῇς ἐπὶ δεξιὰ χειρός·
φαίνεται εὖ μάλα πᾶσι πέρην ποταμοῖο ῥέοντος
20 κείνῃ, ὅθι πλατάνιστοι ἐπηεταναὶ πεφύασι
χλωρή τ' ἀγριέλαιος, Ἀπόλλωνος νομίοιο
ἱερὸν ἁγνόν, ξεῖνε, τελειοτάτοιο θεοῖο.
εὐθὺς δὲ σταθμοὶ περιμήκεες ἀγροιώταις
δέδμηνθ', οἳ βασιλῆι πολὺν καὶ ἀθέσφατον ὄλβον
25 ῥυόμεθ' ἐνδυκέως, τριπόλοις σπόρον ἐν νειοῖσιν
ἔσθ' ὅτε βάλλοντες καὶ τετραπόλοισιν ὁμοίως.
οὔρους μὴν ἴσασι φυτοσκάφοι οἱ πολύεργοι,
ἐς ληνοὺς δ' ἱκνεῦνται ἐπὴν θέρος ὥριον ἔλθῃ.
πᾶν γὰρ δὴ πεδίον τόδ' ἐπίφρονος Αὐγείαο,
30 πυροφόροι τε γύαι καὶ ἀλωαὶ δενδρήεσσαι,
μέχρις ἐπ' ἐσχατιὰς πολυπίδακος Ἀκρωρείης,
ἃς ἡμεῖς ἔργοισιν ἐποιχόμεθα πρόπαν ἦμαρ,
ἣ δίκη οἰκήων οἷσιν βίος ἔπλετ' ἐπ' ἀγροῦ.
ἀλλὰ σύ πέρ μοι ἔνισπε, τό τοι καὶ κέρδιον αὐτῷ

7 εὔφρονος WTrM   9 ῥα νάοντος D | Ἐλινοῦντος D² ὄχθ. Εἰλίσσοντος Herm.   12 δὲ M   δὴ cett.   15 Πηνειοῦ WTrM   16 τε φέρουσιν D | ὑπὸ δρόσον WTr -σῳ M   18 σφιν D   19 πᾶσι Mein. πᾶσα TrD -σαν W om. M   21 δ' WTrM   27 νίσσουσι WTr   29 εὔφρονος D   30 γύαι Iunt. γυῖαι codd.   31 μέχρι δ' ἐπ' M μέχρι πρὸς D   33 ἀπ' WTr | ἀγροῖς D   34 τό μοι καὶ WTrM

XXV. [ΗΡΑΚΛΗΣ ΛΕΟΝΤΟΦΟΝΟΣ]

35 ἔσσεται, οὕτινος ὧδε κεχρημένος εἰλήλουθας.
ἠέ τι Αὐγείην ἢ καὶ δμώων τινὰ κείνου
δίζεαι οἳ οἱ ἔασιν; ἐγὼ δέ κέ τοι σάφα εἰδὼς
πάντα μάλ' ἐξείποιμ', ἐπεὶ οὐ σέ γέ φημι κακῶν ἒξ
ἔμμεναι οὐδὲ κακοῖσιν ἐοικότα φύμεναι αὐτόν,
40 οἷόν τοι μέγα εἶδος ἐπιπρέπει. ἦ ῥά νυ παῖδες
ἀθανάτων τοιοίδε μετὰ θνητοῖσιν ἔασι.'

Τὸν δ' ἀπαμειβόμενος προσέφη Διὸς ἄλκιμος υἱός·
'ναί, γέρον, Αὐγείην ἐθέλοιμί κεν ἀρχὸν Ἐπειῶν
εἰσιδέειν· τοῦ γάρ με καὶ ἤγαγεν ἐνθάδε χρειώ.
45 εἰ δ' ὃ μὲν ἂρ κατὰ ἄστυ μένει παρὰ οἷσι πολίταις
δήμου κηδόμενος, διὰ δὲ κρίνουσι θέμιστας,
δμώων δή τινα, πρέσβυ, σύ μοι φράσον ἡγεμονεύσας,
ὅστις ἐπ' ἀγρῶν τῶνδε γεραίτατος αἰσυμνήτης,
ᾧ κε τὸ μὲν εἴποιμι, τὸ δ' ἐκ φαμένοιο πυθοίμην.
50 ἄλλου δ' ἄλλον ἔθηκε θεὸς ἐπιδευέα φωτῶν.'

Τὸν δ' ὁ γέρων ἐξαῦτις ἀμείβετο δῖος ἀροτρεύς·
'ἀθανάτων, ὦ ξεῖνε, φραδῇ τινὸς ἐνθάδ' ἱκάνεις,
ὥς τοι πᾶν ὃ θέλεις αἶψα χρέος ἐκτετέλεσται.
ὧδε γὰρ Αὐγείης, υἱὸς φίλος Ἠελίοιο,
55 σφωιτέρῳ σὺν παιδί, βίῃ Φυλῆος ἀγαυοῦ,
χθιζός γ' εἰλήλουθεν ἀπ' ἄστεος ἤμασι πολλοῖς
κτῆσιν ἐποψόμενος ᾗ οἱ νήριθμος ἐπ' ἀγρῶν.
ὥς που καὶ βασιλεῦσιν ἐείδεται ἐν φρεσὶν ᾗσιν
αὐτοῖς κηδομένοισι σαώτερος ἔμμεναι οἶκος.
60 ἀλλ' ἴομεν μάλα πρός μιν· ἐγὼ δέ τοι ἡγεμονεύσω
αὖλιν ἐφ' ἡμετέρην, ἵνα κεν τέτμοιμεν ἄνακτα.'

36 τι Ahr. τοι codd. | ἢ καὶ D καὶ M ἠὲ WTr   38 ἀτρεκέως
εἴποιμ' WTrM | ἐπεὶ σέ γε οὐ φίλον κακόν δὲ WTr (δὲ om. Tr)   40
ἐπιτρέπει WTr   46 κρινόμενος WTrM | διά τε κρ. D   48 τῶνδε γεραί
τατος Zieg. -τερος D τῶν γεραρώτατος WTr -τάτων M   50 δ' D
κ' cett. | θνητῶν D   51 προσαῦτις WTrM | ἀροτρεύς WTrM ἀγρώστης
D   56 γ' D ὅδ' cett.   58 βασιλεύειν TrM -εις W   59 αὐτὸς
WTrM   61 ἐφ' WTrM ἐς D

[ΘΕΟΚΡΙΤΟΥ]

Ὣς εἰπὼν ἡγεῖτο, νόῳ δ' ὅγε πόλλ' ἐμενοίνα,
δέρμα τε θηρὸς ὁρῶν χειροπληθῆ τε κορύνην,
ὁππόθεν ὁ ξεῖνος· μεμόνει δέ μιν αἰὲν ἔρεσθαι,
65 ἂψ δ' ὄκνῳ ποτὶ χεῖλος ἐλάμβανε μῦθον ἰόντα
μή τί οἱ οὐ κατὰ καιρὸν ἔπος προτιμυθήσαιτο
σπερχομένου· χαλεπὸν δ' ἑτέρου νόον ἴδμεναι ἀνδρός.
τοὺς δὲ κύνες προσιόντας ἀπόπροθεν αἶψ' ἐνόησαν,
ἀμφότερον ὀδμῇ τε χροὸς δούπῳ τε ποδοῖιν·
70 θεσπέσιον δ' ὑλάοντες ἐπέδραμον ἄλλοθεν ἄλλος
Ἀμφιτρυωνιάδῃ Ἡρακλέι· τὸν δὲ γέροντα
ἀχρεῖον κλάζον τε περίσσαινόν θ' ἑτέρωθεν.
τοὺς μὲν ὅγε λάεσσιν ἀπὸ χθονὸς ὅσσον ἀείρων
φευγέμεν ἂψ ὀπίσω δειδίσσετο, τρηχὺ δὲ φωνῇ
75 ἠπείλει μάλα πᾶσιν, ἐρητύσασκε δ' ὑλαγμοῦ,
χαίρων ἐν φρεσὶν ᾗσιν ὁθούνεκεν αὖλιν ἔρυντο
αὐτοῦ γ' οὐ παρεόντος· ἔπος δ' ὅγε τοῖον ἔειπεν·
' ὦ πόποι, οἷον τοῦτο θεοὶ ποίησαν ἄνακτες
θηρίον ἀνθρώποισι μετέμμεναι, ὡς ἐπιμηθές.
80 εἴ οἱ καὶ φρένες ὧδε νοήμονες ἔνδοθεν ἦσαν,
ᾔδει δ' ᾧ τε χρὴ χαλεπαινέμεν ᾧ τε καὶ οὐκί,
οὐκ ἄν οἱ θηρῶν τις ἐδήρισεν περὶ τιμῆς·
νῦν δὲ λίην ζάκοτόν τε καὶ ἀρρηνὲς γένετ' αὔτως.'
ἦ ῥα, καὶ ἐσσυμένως ποτὶ ταὔλιον ἷξον ἰόντες.

---

62 δ' ὅγε D   δέ τοι cett. | πόλλ' ἐμ. WTrM   πάντα μ. D   63 δὲ χειρὸς ἑλών WTrM (δὲ om. M)   64 μεμόνει Buttmann   μέμονε M   μέμοινε WTr   μέμαεν D | αἰὲν ἔρεσθαι Brunck   α(ἰ)εὶ ἔρ- WTrM   ἐξερέεσθαι D   65 ὄκνος WTr | μῦθον ἰόντα D   μυθήσασθαι WTrM   66 om. WTrM   67 νόον om. WM   68 αἶψα νόησαν D   69 ἀμφότερον D -ρον δ' W -ρόν γ' Tr   -ρα M | ὀδμῃ Iunt. Cal.   ὀσμῇ codd.: cf. 136   72 ἄγριον ἀλαζόν τε WTrM | θ' WTrM   γ' D   73 ἆσσον WTrM   74 τρηχὺ D   πολλὰ cett.   75 πᾶσαν WTrM   76 αὐλιν D   αἰὲν cett.   77 γ' οὐ D   δ' οὐ M   που WTr   79 ἀνθρώποισιν ἔτ' ἔμ- WTrM | ἐπιμηθές D³ -θεύς cett.   80 ἔνδοθ' ἔασιν WTrM   82 οὐδ' WTrM | οἱ WM   γ' οἱ Tr   τοι D   83 τε D   τι cett.   84 ἷξον D¹   ἷζον cett. | ἰόντε WTr

XXV. [ΗΡΑΚΛΗΣ ΛΕΟΝΤΟΦΟΝΟΣ]

ΕΠΙΠΩΛΗΣΙΣ

85 Ἥλιος μὲν ἔπειτα ποτὶ ζόφον ἔτραπεν ἵππους
δείελον ἦμαρ ἄγων· τὰ δ' ἐπήλυθε πίονα μῆλα
ἐκ βοτάνης ἀνιόντα μετ' αὔλιά τε σηκούς τε.
αὐτὰρ ἔπειτα βόες μάλα μυρίαι ἄλλαι ἐπ' ἄλλαις
ἐρχόμεναι φαίνονθ' ὡσεὶ νέφη ὑδατόεντα,
90 ἅσσα τ' ἐν οὐρανῷ εἶσιν ἐλαυνόμενα προτέρωσε
ἠὲ Νότοιο βίῃ ἠὲ Θρηκὸς Βορέαο·
τῶν μέν τ' οὔτις ἀριθμὸς ἐν ἠέρι γίνετ' ἰόντων,
οὐδ' ἄνυσις· τόσα γάρ τε μετὰ προτέροισι κυλίνδει
ἲς ἀνέμου, τὰ δέ τ' ἄλλα κορύσσεται αὖτις ἐπ' ἄλλοις·
95 τόσσ' αἰεὶ μετόπισθε βοῶν ἐπὶ βουκόλι' ᾔει.
πᾶν δ' ἄρ' ἐνεπλήσθη πεδίον πᾶσαι δὲ κέλευθοι
ληίδος ἐρχομένης, στείνοντο δὲ πίονες ἀγροί
μυκηθμῷ, σηκοὶ δὲ βοῶν ῥεῖα πλήσθησαν
εἰλιπόδων, ὄιες δὲ κατ' αὐλὰς ηὐλίζοντο.
100 ἔνθα μὲν οὔτις ἔκηλος ἀπειρεσίων περ ἐόντων
εἱστήκει παρὰ βουσὶν ἀνὴρ κεχρημένος ἔργου·
ἀλλ' ὃ μὲν ἀμφὶ πόδεσσιν ἐυτμήτοισιν ἱμᾶσι
καλοπέδιλ' ἀράρισκε περισταδὸν ἐγγὺς ἀμέλγειν·
ἄλλος δ' αὖ νέα τέκνα φίλας ὑπὸ μητέρας ἵει
105 πινέμεναι λιαροῖο μεμαότα πάγχυ γάλακτος·
ἄλλος ἀμόλγιον εἶχ', ἄλλος τρέφε πίονα τυρόν,
ἄλλος ἐσῆγεν ἔσω ταύρους δίχα θηλειάων.
Αὐγείης δ' ἐπὶ πάντας ἰὼν θηεῖτο βοαύλους
ἥντινά οἱ κτεάνων κομιδὴν ἐτίθεντο νομῆες,
110 σὺν δ' υἱός τε βίῃ τε βαρύφρονος Ἡρακλῆος

Ἐπιπώλησις om. WTrM   85 ἔτραπεν Iunt. Cal. -αφεν D ἤγαγεν cett.
92 τ' D γ' Tr om. WM.   93 πρώτοισι D   94 αὖτις Bgk αὖθις codd.
102 ἐυδμήτοισιν WTrM   103 καλοπέδιλ' Iunt. Cal. κωλ- codd. | παρισταδὸν D παραστ- Steph. | ἀμέργων D   104 φίλα τ. φίλαις ὑ. μητράσιν
WTrM   105 λαροῖο M   λιπαρ- W | μεμαότα WTrM   πέπληντο δὲ D
106 στρέφε WTrM   110 πολύφρονος D

[ΘΕΟΚΡΙΤΟΥ]

ὡμάρτευν βασιλῆι διερχομένῳ μέγαν ὄλβον.
ἔνθα καὶ ἄρρηκτόν περ ἔχων ἐν στήθεσι θυμόν
Ἀμφιτρυωνιάδης καὶ ἀρηρότα νωλεμὲς αἰεί
ἐκπάγλως θαύμαζε θεοῦ τόγε μυρίον ἕδνον
115 εἰσορόων. οὐ γάρ κεν ἔφασκέ τις οὐδὲ ἐώλπει
ἀνδρὸς ληΐδ᾽ ἑνὸς τόσσην ἔμεν οὐδὲ δέκ᾽ ἄλλων
οἵτε πολύρρηνες πάντων ἔσαν ἐκ βασιλήων.
Ἥλιος δ᾽ ᾧ παιδὶ τόγ᾽ ἔξοχον ὤπασε δῶρον,
ἀφνειὸν μήλοις περὶ πάντων ἔμμεναι ἀνδρῶν,
120 καί ῥά οἱ αὐτὸς ὄφελλε διαμπερέως βοτὰ πάντα
ἐς τέλος. οὐ μὲν γάρ τις ἐπήλυθε νοῦσος ἐκείνου
βουκολίοις, αἵτ᾽ ἔργα καταφθείρουσι νομήων,
αἰεὶ δὲ πλέονες κερααὶ βόες, αἰὲν ἀμείνους
ἐξ ἔτεος γίνοντο μάλ᾽ εἰς ἔτος· ἦ γὰρ ἅπασαι
125 ζωοτόκοι τ᾽ ἦσαν περιώσια θηλυτόκοι τε.
ταῖς δὲ τριηκόσιοι ταῦροι συνάμ᾽ ἐστιχόωντο
κνήμαργοί θ᾽ ἕλικές τε, διηκόσιοί γε μὲν ἄλλοι
φοίνικες· πάντες δ᾽ ἐπιβήτορες οἵ᾽ ἔσαν ἤδη.
ἄλλοι δ᾽ αὖ μετὰ τοῖσι δυώδεκα βουκολέοντο
130 ἱεροὶ Ἡελίου· χροιὴν δ᾽ ἔσαν ἠΰτε κύκνοι
ἀργησταί, πᾶσιν δὲ μετέπρεπον εἰλιπόδεσσιν·
οἱ καὶ ἀτιμαγέλαι βόσκοντ᾽ ἐριθηλέα ποίην
ἐν νομῷ· ὧδ᾽ ἔκπαγλον ἐπὶ σφίσι γαυριόωντο.
καί ῥ᾽ ὁπότ᾽ ἐκ λασίοιο θοοὶ προγενοίατο θῆρες
135 ἐς πεδίον δρυμοῖο βοῶν ἔνεκ᾽ ἀγροτεράων,
πρῶτοι τοίγε μάχηνδε κατὰ χροὸς ἤισαν ὀδμήν,

---

114 θεοῦ Wil. θεῶν WTrM om. D βοῶν D³ | τόγε Cal. τότε codd. | ἕδνον WTr. ἔργον M om. D ἔθνος D³ 116 ἔμεν D ἔμμεν(αι) WTrM 117 οἵγε D 118 δ᾽ om. D 119 παρὰ WTr 121 ἐκείνοις D 122 αἵτ᾽ MD ἄγ᾽ WTr | καταφθίνουσι WTrM 123 αἰὲν Brunck αἰεὶ codd. 127 τε μὲν D 130 ἠελίου Iunt. Cal. -ίοιο codd. | χροιὴν M 133 γαυριόωντο Kiess. -τες D γυριόωντο WTr M 135 ἔνεκ᾽ ἀγροτ. Iunt. Cal. ἐν ἑῇ ἀγροτ. D ἔνεκα προτ- cett. 136 ἤισαν Mein. ἤεσαν codd. | ὀδμήν Wil. ὀσμήν codd.: cf. 69

XXV. [ΗΡΑΚΛΗΣ ΛΕΟΝΤΟΦΟΝΟΣ]

δεινὸν δ' ἐβρυχῶντο φόνον λεύσσοντε προσώπῳ.
τῶν μέν τε προφέρεσκε βίηφί τε καὶ σθένεϊ ᾧ
ἠδ' ὑπεροπλίῃ Φαέθων μέγας, ὅν ῥα βοτῆρες
140 ἀστέρι πάντες ἔισκον, ὁθούνεκα πολλὸν ἐν ἄλλοις
βουσὶν ἰὼν λάμπεσκεν ἀρίζηλος δ' ἐτέτυκτο.
ὃς δή τοι σκύλος αὖον ἰδὼν χαροποῖο λέοντος
αὐτῷ ἔπειτ' ἐπόρουσεν ἐυσκόπῳ Ἡρακλῆι
χρίμψασθαι ποτὶ πλευρὰ κάρη στιβαρόν τε μέτωπον.
145 τοῦ μὲν ἄναξ προσιόντος ἐδράξατο χειρὶ παχείῃ
σκαιοῦ ἄφαρ κέραος, κατὰ δ' αὐχένα νέρθ' ἐπὶ γαίης
κλάσσε βαρύν περ ἐόντα, πάλιν δέ μιν ὦσεν ὀπίσσω
ὤμῳ ἐπιβρίσας· ὁ δέ οἱ περὶ νεῦρα τανυσθείς
μυῶν ἐξ ὑπάτοιο βραχίονος ὀρθὸς ἀνέστη.
150 θαύμαζον δ' αὐτός τε ἄναξ υἱός τε δαΐφρων
Φυλεύς οἵ τ' ἐπὶ βουσὶ κορωνίσι βουκόλοι ἄνδρες,
Ἀμφιτρυωνιάδαο βίην ὑπέροπλον ἰδόντες.

Τὼ δ' εἰς ἄστυ λιπόντε καταυτόθι πίονας ἀγρούς
ἐστιχέτην, Φυλεύς τε βίη θ' Ἡρακληείη.
155 λαοφόρου δ' ἐπέβησαν ὅθι πρώτιστα κελεύθου,
λεπτὴν καρπαλίμοισι τρίβον ποσὶν ἐξανύσαντες
ἥ ῥα δι' ἀμπελεῶνος ἀπὸ σταθμῶν τετάνυστο
οὔτι λίην ἀρίσημος ἐν ὕλῃ χλωρῇ ἐούσῃ,
τῇ μὲν ἄρα προσέειπε Διὸς γόνον ὑψίστοιο
160 Αὐγείῳ φίλος υἱὸς ἕθεν μετόπισθεν ἰόντα,
ἦκα παρακλίνας κεφαλὴν κατὰ δεξιὸν ὦμον·
' ξεῖνε, πάλαι τινὰ πάγχυ σέθεν πέρι μῦθον ἀκούσας,
εἰ περὶ σεῦ, σφετέρῃσιν ἐνὶ φρεσὶ βάλλομαι ἄρτι.

137 δ' ἐβρυχῶντο Brunck δὲ βρ- D δ' ἐβρύχοντο cett. 142 σκύτος TrM 144 πρόσωπον M 150 θαύμαζεν MD 151 ἄνδρες TrM ἄνδρες ἦσαν W ἦσαν D 153 fort. καταυτόθε 155 ὅθι MD ὄρους WTr 156 τρίφον π. ἐξανύσαντε D 158 χλωρῇ scripsi -ρᾷ codd. -ρᾷ θεούσῃ Mein. 159 τῇ MD τὸν WTr | μὲν D μιν cett. 160 Αὐγείῳ D | ἕθεν D ἔνθεν cett. | ἐόντα WTrD 163 εἰ περὶ σεῦ Wil. ὡς εἴπερ codd.

[ΘΕΟΚΡΙΤΟΥ]

ἤλυθε γὰρ στείχων τις ἀπ' Ἄργεος—ἦν νέος ἀκμήν—
165 ἐνθάδ' Ἀχαιὸς ἀνὴρ Ἑλίκης ἐξ ἀγχιάλοιο,
ὅς δή τοι μυθεῖτο καὶ ἐν πλεόνεσσιν Ἐπειῶν
οὕνεκεν Ἀργείων τις ἔθεν παρεόντος ὄλεσσε
θηρίον, αἰνολέοντα, κακὸν τέρας ἀγροιώταις,
κοίλην αὖλιν ἔχοντα Διὸς Νεμέοιο παρ' ἄλσος.
170 " οὐκ οἶδ' ἀτρεκέως ἢ Ἄργεος ἐξ ἱεροῖο
αὐτόθεν ἢ Τίρυνθα νέμων πόλιν ἠὲ Μυκήνην"·
ὣς κεῖνος ἀγόρευε· γένος δέ μιν εἶναι ἔφασκεν,
εἰ ἐτεόν περ ἐγὼ μιμνήσκομαι, ἐκ Περσῆος.
ἔλπομαι οὐχ ἕτερον τόδε τλήμεναι Αἰγιαλήων
175 ἠὲ σέ, δέρμα δὲ θηρὸς ἀριφραδέως ἀγορεύει
χειρῶν καρτερὸν ἔργον, ὅ τοι περὶ πλευρὰ καλύπτει.
εἶπ' ἄγε νῦν μοι πρῶτον, ἵνα γνώω κατὰ θυμόν,
ἥρως, εἴτ' ἐτύμως μαντεύομαι εἴτε καὶ οὐκί,
εἰ σύγ' ἐκεῖνος ὃν ἧμιν ἀκουόντεσσιν ἔειπεν
180 οὐχ Ἑλίκηθεν Ἀχαιός ἐγὼ δέ σε φράζομαι ὀρθῶς.
εἰπὲ δ' ὅπως ὀλοὸν τόδε θηρίον αὐτὸς ἔπεφνες,
ὅππως τ' εὔυδρον Νεμέης εἰσήλυθε χῶρον·
οὐ μὲν γάρ κε τοσόνδε κατ' Ἀπίδα κνώδαλον εὕροις
ἱμείρων ἰδέειν, ἐπεὶ οὐ μάλα τηλίκα βόσκει,
185 ἀλλ' ἄρκτους τε σύας τε λύκων τ' ὀλοφώιον ἔθνος.
τῶ καὶ θαυμάζεσκον ἀκούοντες τότε μῦθον,
οἱ δέ νυ καὶ ψεύδεσθαι ὁδοιπόρον ἀνέρ' ἔφαντο
γλώσσης μαψιδίοιο χαριζόμενον παρεοῦσιν.'

Ὣς εἰπὼν μέσης ἐξηρώησε κελεύθου
190 Φυλεύς, ὄφρα κίουσιν ἅμα σφισὶν ἄρκιος εἴη
καί ῥά τε ῥηίτερον φαμένου κλύοι Ἡρακλῆος,
ὅς μιν ὁμαρτήσας τοίῳ προσελέξατο μύθῳ·

164 ἦν Legr. ὡς codd. | μέσος ἀκμῆς WTrM 169 Νεμέοιο WTrM²: cf. 182 176 ὅτου D 180 φρίζομαι M φρίξ- WTr 182 τ' D δ' cett. | εὐύδρου D | Νεμίης WTrM: cf. 169 183 τόσονγε D τόσον Tr | κατὰ πίδακα WTrM 184 πηλίκα WTrM 185 τ' TrD κ' W om. M | ἔθνος Lennep ἔρνος codd. 186 μύθων WTrM

XXV. [ΗΡΑΚΛΗΣ ΛΕΟΝΤΟΦΟΝΟΣ]

' ὦ Αὐγηιάδη, τὸ μὲν ὅττι με πρῶτον ἀνήρευ,
αὐτὸς καὶ μάλα ῥεῖα κατὰ στάθμην ἐνόησας.
195 ἀμφὶ δέ σοι τὰ ἕκαστα λέγοιμί κε τοῦδε πελώρου
ὅππως ἐκράανθεν, ἐπεὶ λελίησαι ἀκούειν,
νόσφιν γ' ἢ ὅθεν ἦλθε· τὸ γὰρ πολέων περ ἐόντων
Ἀργείων οὐδείς κεν ἔχοι σάφα μυθήσασθαι·
οἷον δ' ἀθανάτων τιν' εἴσκομεν ἀνδράσι πῆμα
200 ἱρῶν μηνίσαντα Φορωνήεσσιν ἐφεῖναι.
πάντας γὰρ πισῆας ἐπικλύζων ποταμὸς ὣς
λῖς ἄμοτον κεράιζε, μάλιστα δὲ Βεμβιναίους,
οἳ ἔθεν ἀγχόμοροι ναῖον ἄτλητα παθόντες.
τὸν μὲν ἐμοὶ πρώτιστα τελεῖν ἐπέταξεν ἄεθλον
205 Εὐρυσθεύς, κτεῖναι δέ μ' ἐφίετο θηρίον αἰνόν.
αὐτὰρ ἐγὼ κέρας ὑγρὸν ἑλὼν κοίλην τε φαρέτρην
ἰῶν ἐμπλείην νεόμην, ἑτέρηφι δὲ βάκτρον
εὐπαγὲς αὐτόφλοιον ἐπηρεφέος κοτίνοιο
ἔμμητρον, τὸ μὲν αὐτὸς ὑπὸ ζαθέῳ Ἑλικῶνι
210 εὑρὼν σὺν πυκινῇσιν ὁλοσχερὲς ἔσπασα ῥίζαις.
αὐτὰρ ἐπεὶ τὸν χῶρον ὅθι λῖς ἦεν ἵκανον,
δὴ τότε τόξον ἑλὼν στρεπτῇ ἐπέλασσα κορώνῃ
νευρειήν, περὶ δ' ἰὸν ἐχέστονον εἶθαρ ἔβησα.
πάντῃ δ' ὄσσε φέρων ὁλοὸν τέρας ἐσκοπίαζον
215 εἴ μιν ἐσαθρήσαιμι πάρος γ' ἐμὲ κεῖνον ἰδέσθαι.
ἤματος ἦν τὸ μεσηγύ, καὶ οὐδέπω ἴχνια τοῖο
φρασθῆναι δυνάμην οὐδ' ὠρυθμοῖο πυθέσθαι.
οὐδὲ μὲν ἀνθρώπων τις ἔην ἐπὶ βουσὶ καὶ ἔργοις

193 Λυτη(τ)ιάδη WTrM | ἀνείρευ D   197 παρεόντων D   199 σῆμα D   200 φέρω νήεσσιν WTr   φόρων οἴναισιν M   201 πεισῆας WTrM   202 ἄμοτος WTr | Βεμβιναίαν M -νιαίοις D   203 ἀγχόμοροι D   ἄγχιστα cett. | ναῖον WM   νέον D   προσναῖον Tr | παθέοντες D   209 εὔμετρον D   210 πυκινοῖσιν WTrM¹ | ῥίζης D   212 στρεπτὴν Brodaeus   213 παρὰ WTrM | εἶθαρ ἔβησα D   εἰσανέβησα WTr   εὐσέβησα M   215 δέ μ' ἐκεῖνον Tr   τί μ' ἐκ- WM   216 οὐδέπω C. Hart.   οὐδ' ὅπη D   οὐδενὸς cett. | τοῖα WTrM   217 ὠρυγμοῖο WTrM

[ΘΕΟΚΡΙΤΟΥ]

φαινόμενος σπορίμοιο δι' αὔλακος ὅντιν' ἐροίμην,
220 ἀλλὰ κατὰ σταθμοὺς χλωρὸν δέος εἶχεν ἕκαστον.
οὐ μὴν πρὶν πόδας ἔσχον ὄρος τανύφυλλον ἐρευνῶν
πρὶν ἰδέειν ἀλκῆς τε μεταυτίκα πειρηθῆναι.
ἤτοι ὃ μὲν σήραγγα προδείελος ἔστιχεν εἰς ἣν
βεβρωκὼς κρειῶν τε καὶ αἵματος, ἀμφὶ δὲ χαίτας
225 αὐχμηρὰς πεπάλακτο φόνῳ χαροπόν τε πρόσωπον
στήθεά τε, γλώσσῃ δὲ περιλιχμᾶτο γένειον.
αὐτὰρ ἐγὼ θάμνοισιν ἄφαρ σκιεροῖσιν ἐκρύφθην
ἐν τρίβῳ ὑλήεντι δεδεγμένος ὁππόθ' ἵκοιτο,
καὶ βάλον ἆσσον ἰόντος ἀριστερὸν εἰς κενεῶνα
230 τηυσίως· οὐ γάρ τι βέλος διὰ σαρκὸς ὄλισθεν
ὀκριόεν, χλωρῇ δὲ παλίσσυτον ἔμπεσε ποίῃ.
αὐτὰρ ὃ κρᾶτα δαφοινὸν ἀπὸ χθονὸς ὦκ' ἐπάειρε
θαμβήσας, πάντῃ δὲ διέδρακεν ὀφθαλμοῖσι
σκεπτόμενος, λαμυροὺς δὲ χανὼν ὑπέδειξεν ὀδόντας.
235 τῷ δ' ἐγὼ ἄλλον οἰστὸν ἀπὸ νευρῆς προΐαλλον,
ἀσχαλόων ὅ μοι ὁ πρὶν ἐτώσιος ἔκφυγε χειρός·
μεσσηγὺς δ' ἔβαλον στηθέων, ὅθι πνεύμονος ἕδρη.
ἀλλ' οὐδ' ὣς ὑπὸ βύρσαν ἔδυ πολυώδυνος ἰός
ἀλλ' ἔπεσε προπάροιθε ποδῶν ἀνεμώλιος αὔτως.
240 τὸ τρίτον αὖ μέλλεσκον ἀσώμενος ἐν φρεσὶν αἰνῶς
αὐερύειν· ὁ δέ μ' εἶδε περιγληνώμενος ὄσσοις
θήρ ἄμοτος, μακρὴν δὲ περ' ἰγνύῃσιν ἕλιξε
κέρκον, ἄφαρ δὲ μάχης ἐμνήσατο· πᾶς δέ οἱ αὐχήν
θυμοῦ ἐνεπλήσθη, πυρσαὶ δ' ἔφριξαν ἔθειραι
245 σκυζομένῳ, κυρτὴ δὲ ῥάχις γένετ' ἠΰτε τόξον,
πάντοθεν εἰλυθέντος ὑπὸ λαγόνας τε καὶ ἰξύν.
ὡς δ' ὅταν ἁρματοπηγὸς ἀνὴρ πολέων ἴδρις ἔργων

222 παραυτίκα WTrM   225 χαλεπόν D   226 δὲ D   τε cett.
228 τρίβῳ WTrM   ῥίῳ D   234 ὑπ' ὀδόντας ἔφαινε WTr ὑ. ὀ. ἔφηνε M
236 ὅ μοι ὁ Herm.   ὅτι μοι D   ὅς μ. M   ὥς μ. WTr   237 πλεύμονος
D   239 ἀνεμώλιον D   244 πυρ(ρ)αὶ WTrM   246 εἰληθέντος Tr

XXV. [ΗΡΑΚΛΗΣ ΛΕΟΝΤΟΦΟΝΟΣ]

ὅρπηκας κάμπτῃσιν ἐρινεοῦ εὐκεάτοιο,
θάλψας ἐν πυρὶ πρῶτον, ἐπαξονίῳ κύκλα δίφρῳ·
250 τοῦ μὲν ὑπὲκ χειρῶν ἔφυγεν τανύφλοιος ἐρινός
καμπτόμενος, τηλοῦ δὲ μιῇ πήδησε σὺν ὁρμῇ·
ὣς ἐπ' ἐμοὶ λὶς αἰνὸς ἀπόπροθεν ἀθρόος ἆλτο
μαιμώων χροὸς ἆσαι· ἐγὼ δ' ἑτέρηφι βέλεμνα
χειρὶ προεσχεθόμην καὶ ἀπ' ὤμων δίπλακα λώπην,
255 τῇ δ' ἑτέρῃ ῥόπαλον κόρσης ὕπερ αὖον ἀείρας
ἤλασα κὰκ κεφαλῆς, διὰ δ' ἄνδιχα τρηχὺν ἔαξα
αὐτοῦ ἐπὶ λασίοιο καρήατος ἀγριέλαιον
θηρὸς ἀμαιμακέτοιο. πέσεν δ' ὅγε πρὶν ἔμ' ἱκέσθαι
ὑψόθεν ἐν γαίῃ καὶ ἐπὶ τρομεροῖς ποσὶν ἔστη
260 νευστάζων κεφαλῇ· περὶ γὰρ σκότος ὄσσε οἱ ἄμφω
ἦλθε, βίῃ σεισθέντος ἐν ὀστέῳ ἐγκεφάλοιο.
τὸν μὲν ἐγὼν ὀδύνῃσι παραφρονέοντα βαρείαις
νωσάμενος, πρὶν αὖτις ὑπότροπον ἀμπνυνθῆναι,
αὐχένος ἀρρήκτοιο παρ' ἰνίον †ἤλασα προφθάς,
265 ῥίψας τόξον ἔραζε πολύρραπτόν τε φαρέτρην·
ἦγχον δ' ἐγκρατέως στιβαρὰς σὺν χεῖρας ἐρείσας
ἐξόπιθεν μὴ σάρκας ἀποδρύψῃ ὀνύχεσσι,
πρὸς δ' οὖδας πτέρνῃσι πόδας στερεῶς ἐπίεζον
οὐραίους ἐπιβάς, μηροῖσί τε πλεύρ' ἐφύλασσον,
270 μέχρι οὗ ἐξετάνυσσα βραχίοσιν ὀρθὸν ἀείρας
ἄπνευστον, ψυχὴν δὲ πελώριος ἔλλαβεν Ἄιδης.
καὶ τότε δὴ βούλευον ὅπως λασιαύχενα βύρσαν
θηρὸς τεθνειῶτος ἀπὸ μελέων ἐρυσαίμην,

248 εὐκάμπτοιο WTrM   249 ἐναξονίῳ, ἐν ἀξ- WTrM   252 ἀθρόος D ἄλμενος cett.   254 προσεσχεθόμην WTrM προσχ- Herm. 259 ἐκ γαίης WTrM   262 παραιφρονέοντα D   263 ἀμπνυσθῆναι WTrM   264 ἤλασα D ἔφθασα cett. fort. ὄχμασα (ἤχ- Ahr.)   267 σαρκὸς D | ὑποδρύψῃ WTrM   268 ἐπιέζευον WTr   269 οὐραίου WTr -αίη M | μηροῖσί τε πλεύρ' Briggs   πλευροῖσί (-ῇσί MD) τε μηρ' codd.   270 μέχρις D | οὗ J. Hart. οἱ WTrD om. M | ἐξετάνυσσα Iunt. Cal. -νυσα D -νυσ(σ)ε WTrM | βραχίοσιν Platt -ονος D -ονα cett.   271 ἄμπνευστον D | πελώριον D | ἔλλαχεν WTrM   273 ἀπαὶ WTrM | ἐρύσαιμι D

[ΘΕΟΚΡΙΤΟΥ]

ἀργαλέον μάλα μόχθον, ἐπεὶ οὐκ ἔσκε σιδήρῳ
275 τμητὴ οὐδὲ λίθοις πειρωμένῳ οὐδὲ μὲν †ὕλῃ.
ἔνθα μοι ἀθανάτων τις ἐπὶ φρεσὶ θῆκε νοῆσαι
αὐτοῖς δέρμα λέοντος ἀνασχίζειν ὀνύχεσσι.
τοῖσι θοῶς ἀπέδειρα, καὶ ἀμφεθέμην μελέεσσιν
ἕρκος ἐνναλίου ταμεσίχροος ἰωχμοῖο.
280 οὗτός τοι Νεμέου γένετ', ὦ φίλε, θηρὸς ὄλεθρος,
πολλὰ πάρος μήλοις τε καὶ ἀνδράσι κήδεα θέντος.'

XXVI. ΘΕΟΚΡΙΤΟΥ ΛΗΝΑΙ Η ΒΑΚΧΑΙ

Ἰνὼ καὐτονόα χἁ μαλοπάραυος Ἀγαυά
τρεῖς θιάσως ἐς ὄρος τρεῖς ἄγαγον αὐταὶ ἐοῖσαι.
χαὶ μὲν ἀμερξάμεναι λασίας δρυὸς ἄγρια φύλλα,
κισσόν τε ζώοντα καὶ ἀσφόδελον τὸν ὑπὲρ γᾶς,
5 ἐν καθαρῷ λειμῶνι κάμον δυοκαίδεκα βωμώς,
τὼς τρεῖς τᾷ Σεμέλᾳ, τὼς ἐννέα τῷ Διονύσῳ.
ἱερὰ δ' ἐκ κίστας πεπονάμενα χερσὶν ἑλοῖσαι
εὐφάμως κατέθεντο νεοδρέπτων ἐπὶ βωμῶν,
ὡς ἐδίδαξ', ὡς αὐτὸς ἐθυμάρει Διόνυσος.
10 Πενθεὺς δ' ἀλιβάτω πέτρας ἄπο πάντ' ἐθεώρει,
σχῖνον ἐς ἀρχαίαν καταδύς, ἐπιχώριον ἔρνος.
Αὐτονόα πρᾶτα νιν ἀνέκραγε δεινὸν ἰδοῖσα,

275 ἄλλῃ Words.   276 ἔνθεν WTrM | μοι MD μιν WTr   279 ἐνναλ(ί)οιο WTrM | ἰωχμοῖο WTrM   ὄφρα μοι εἴη D   281 μήλοισι καὶ D

Cod.: D
Papp.: 𝔓3 (1-fin.), 𝔓4 (10-21)
Titulus: Λῆναι ἢ βάκχαι Δωρίδι 𝔓3 et cod. Athous unde I. Lascaris titulum et u. primum descripsit   item om. ἢ D   Θεοκρίτου add. Iunt. Cal.
1 μαλοπάρηος Eust. 691.52   4 κ. ἀεὶ ζ. Paley   5 βωμώς Wint. -μούς D   9 εδιδαξ' 𝔓3 -ασχ' D   10 ἀλιβάτω Wint. -του 𝔓3 D | ἐθεώρει 𝔓4 D -ρη 𝔓3 ut uid.

XXVI. ΛΗΝΑΙ Η ΒΑΚΧΑΙ

σὺν δ' ἐτάραξε ποσὶν μανιώδεος ὄργια Βάκχῳ,
ἐξαπίνας ἐπιοῖσα, τά τ' οὐχ ὁρέοντι βέβαλοι.
15 μαίνετο μέν τ' αὐτά, μαίνοντο δ' ἄρ' εὐθὺ καὶ ἄλλαι.
Πενθεὺς μὲν φεῦγεν πεφοβημένος, αἳ δ' ἐδίωκον,
πέπλως ἐκ ζωστῆρος ἐς ἰγνύαν ἐρύσαισαι.
Πενθεὺς μὲν τόδ' ἔειπε· 'τίνος κέχρησθε, γυναῖκες;'
Αὐτονόα τόδ' ἔειπε· 'τάχα γνώσῃ πρὶν ἀκοῦσαι.'
20 μάτηρ μὲν κεφαλὰν μυκήσατο παιδὸς ἑλοῖσα,
ὅσσον περ τοκάδος τελέθει μύκημα λεαίνας·
Ἰνὼ δ' ἐξέρρηξε σὺν ὠμοπλάτᾳ μέγαν ὦμον,
λὰξ ἐπὶ γαστέρα βᾶσα, καὶ Αὐτονόας ῥυθμὸς ωὑτός·
αἱ δ' ἄλλαι τὰ περισσὰ κρεανομέοντο γυναῖκες,
25 ἐς Θήβας δ' ἀφίκοντο πεφυρμέναι αἵματι πᾶσαι,
ἐξ ὄρεος πένθημα καὶ οὐ Πενθῆα φέροισαι.

Οὐκ ἀλέγω· μηδ' ἄλλος ἀπεχθομένῳ Διονύσῳ
φροντίζοι, μηδ' εἰ χαλεπώτερα τῶνδε μογῆσαι,
εἴη δ' ἐννaετὴς ἢ καὶ δεκάτῳ ἐπιβαίνοι·
30 αὐτὸς δ' εὐαγέοιμι καὶ εὐαγέεσσιν ἅδοιμι.
ἐκ Διὸς αἰγιόχω τιμὰν ἔχει αἰετὸς οὕτως.
εὐσεβέων παίδεσσι τὰ λώια, δυσσεβέων δ' οὔ.

Χαίροι μὲν Διόνυσος, ὃν ἐν Δρακάνῳ νιφόεντι
Ζεὺς ὕπατος μεγάλαν ἐπιγουνίδα κάτθετο λύσας·
35 χαίροι δ' εὐειδὴς Σεμέλα καὶ ἀδελφεαὶ αὐτᾶς,
Καδμεῖαι πολλαῖς μεμελημέναι ἡρωίναις,
αἳ τόδε ἔργον ἔρεξαν ὀρίναντος Διονύσῳ
οὐκ ἐπιμωματόν. μηδεὶς τὰ θεῶν ὀνόσαιτο.

13 ὄργια D ιερα 𝔓3   14 τ' Mein. δ' 𝔓3 D | ὁρέοντι 𝔓3 ante corr. D ὁρόο- 𝔓3 corr.   15 τ' αὐτά Iunt.]αυτά 𝔓3 θ' αὐτα D | ἄλλαι Ahr. ἄλλαι D   17 ἰγνύαν Reiske ιγνυ.[𝔓3 ἰγνυῖαν 𝔓3 corr. D   19 om. 𝔓4   20 μάτηρ μὲν Iunt. Cal. μήτηρ μὲν τὰν D   22 ωμοπλάτας 𝔓3   27 ἄλλος D οστις 𝔓3 | ἀπεχθομένῳ Ahr. -νος 𝔓3 -ναι D   28 τωνδε μογησαι 𝔓3 τῶνδ' ἐμόγησε D   29 ἐπιβαίοι D δ' ἐπιβαιην (deleto δ') 𝔓3   31 οὕτως D ορνις 𝔓3   32 παίδεσσι D]εν παισ[𝔓3   34 επιγωνι[δα 𝔓3   36 πολλοῖς Graefe | ἡρωίναις 𝔓3 D -ναι Graefe   37 Διονύσῳ Wint. -σου 𝔓3 D

XXVII. [ΘΕΟΚΡΙΤΟΥ ΟΑΡΙΣΤΥΣ]

. . . .

ΚΟΡΗ

τὰν πινυτὰν Ἑλέναν Πάρις ἥρπασε βουκόλος ἄλλος.

ΔΑΦΝΙΣ

μᾶλλον ἑκοῖσ' Ἑλένα τὸν βουκόλον ἔσχε φιλεῦσα.

ΚΟ. μὴ καυχῶ, σατυρίσκε· κενὸν τὸ φίλαμα λέγουσιν.

ΔΑ. ἔστι καὶ ἐν κενεοῖσι φιλάμασιν ἀδέα τέρψις.

5 *ΚΟ.* τὸ στόμα μευ πλύνω καὶ ἀποπτύω τὸ φίλαμα.

ΔΑ. πλύνεις χείλεα σεῖο; δίδου πάλιν ὄφρα φιλάσω.

ΚΟ. καλόν σοι δαμάλας φιλέειν, οὐκ ἄζυγα κώραν.

ΔΑ. μὴ καυχῶ· τάχα γάρ σε παρέρχεται ὡς ὄναρ ἥβη.

ΚΟ. εἰ δέ τι γηράσκω τόδε που μέλι καὶ γάλα πίνω.

10 *ΔΑ.* ἁ σταφυλὶς σταφὶς ἔσται· ὁ νῦν ῥόδον, αὖον ὀλεῖται.

19 *ΚΟ.* μὴ 'πιβάλῃς τὴν χεῖρα. καὶ εἰσέτι; χεῖλος ἀμύξω.

11 *ΔΑ.* δεῦρ' ὑπὸ τὰς κοτίνους ἵνα σοί τινα μῦθον ἐνίψω.

ΚΟ. οὐκ ἐθέλω· καὶ πρίν με παρήπαφες ἀδέι μύθῳ.

ΔΑ. δεῦρ' ὑπὸ τὰς πτελέας ἵν' ἐμᾶς σύριγγος ἀκούσῃς.

ΚΟ. τὴν σαυτοῦ φρένα τέρψον· οἰζύον οὐδὲν ἀρέσκει.

15 *ΔΑ.* φεῦ φεῦ, τᾶς Παφίας χόλον ἅζεο καὶ σύγε, κώρα.

ΚΟ. χαιρέτω ἁ Παφία· μόνον ἵλαος Ἄρτεμις εἴη.

ΔΑ. μὴ λέγε, μὴ βάλλῃ σε καὶ ἐς λίνον ἄλλυτον ἔνθῃς.

18 *ΚΟ.* βαλλέτω ὡς ἐθέλει· πάλιν Ἄρτεμις ἄμμιν ἀρήγει.

Cod.: D
Titulus: Θεοκρίτου Δάφνιδος καὶ Νηΐδος (Iunt.: κόρης Cal.) ὀαριστύς Iunt.
Cal. D titulo caret, et rubricatione neglecta initium deesse indicat.
Λείπει ἡ ἀρχή Iunt. Dialectus incerta. Codicis Ionismos non mutaui.
2 ἑκοῖσ' Ahr.   ἑδοῖς D | ἔσχε Herm.   ἐστὶ D   3 μὴ D³ om. D
9 om. Iunt. Cal. | εἰ δέ D² ἢ δέ D   10 ἔσται· ὁ νῦν Ribbeck ἐστι καὶ
οὐ D   19 post 17 D, post 18 habent Iunt. Cal. Huc trai. Ribbeck
11 ἐνίψω Iunt. Cal.   ἐνέψω D: cf. 39   12 ἀδέι D² ἡδέι D   14
ἀρέσκει Steph. -κη D   17 ἄλλυτον Iunt. ἄκλιτον D   18 ἐθέλει
Valck. -λῃς D | ἀρήγει Schaefer -γῃ D

XXVII. [ΟΑΡΙΣΤΥΣ]

20 *ΔΑ.* οὐ φεύγεις τὸν Ἔρωτα, τὸν οὐ φύγε παρθένος ἄλλη.
ΚΟ. φεύγω ναὶ τὸν Πᾶνα· σὺ δὲ ζυγὸν αἰὲν ἀείραις.
ΔΑ. δειμαίνω μὴ δή σε κακωτέρῳ ἀνέρι δώσει.
ΚΟ. πολλοί μ' ἐμνώοντο, νόῳ δ' ἐμῷ οὔτις ἕαδε.
ΔΑ. εἷς καὶ ἐγὼ πολλῶν μνηστὴρ τεὸς ἐνθάδ' ἱκάνω.
25 *ΚΟ.* καὶ τί, φίλος, ῥέξαιμι; γάμοι πλήθουσιν ἀνίας.
ΔΑ. οὐκ ὀδύνην, οὐκ ἄλγος ἔχει γάμος, ἀλλὰ χορείην.
ΚΟ. ναὶ μάν φασι γυναῖκας ἑοὺς τρομέειν παρακοίτας.
ΔΑ. μᾶλλον ἀεὶ κρατέουσι. τίνα τρομέουσι γυναῖκες;
ΚΟ. ὠδίνειν τρομέω· χαλεπὸν βέλος Εἰληθυίης.
30 *ΔΑ.* ἀλλὰ τεὴ βασίλεια μογοστόκος Ἄρτεμίς ἐστιν.
ΚΟ. ἀλλὰ τεκεῖν τρομέω μὴ καὶ χρόα καλὸν ὀλέσσω.
ΔΑ. ἢν δὲ τέκῃς φίλα τέκνα, νέον φάος ὄψεαι ἥβας.
ΚΟ. καὶ τί μοι ἕδνον ἄγεις γάμου ἄξιον, ἢν ἐπινεύσω;
ΔΑ. πᾶσαν τὴν ἀγέλαν, πάντ' ἄλσεα καὶ νομὸν ἑξεῖς.
35 *ΚΟ.* ὄμνυε μὴ μετὰ λέκτρα λιπὼν ἀέκουσαν ἀπενθεῖν.
ΔΑ. οὐ μαῦτὸν τὸν Πᾶνα, καὶ ἢν ἐθέλῃς με διῶξαι.
ΚΟ. τεύχεις μοι θαλάμους, τεύχεις καὶ δῶμα καὶ αὐλάς;
ΔΑ. τεύχω σοι θαλάμους· τὰ δὲ πώεα καλὰ νομεύω.
ΚΟ. πατρὶ δὲ γηραλέῳ τίνα μάν, τίνα μῦθον ἐνίψω;
40 *ΔΑ.* αἰνήσει σέο λέκτρον ἐπὴν ἐμὸν οὔνομ' ἀκούσῃ.
ΚΟ. οὔνομα σὸν λέγε τῆνο· καὶ οὔνομα πολλάκι τέρπει.
ΔΑ. Δάφνις ἐγώ, Λυκίδας δὲ πατήρ, μήτηρ δὲ Νομαίη.
ΚΟ. ἐξ εὐηγενέων· ἀλλ' οὐ σέθεν εἰμὶ χερείων.
ΔΑ. οἶδ'· Ἀκροτίμη ἐσσί, πατὴρ δέ τοί ἐστι Μενάλκας.

---

21 ἀείραις Ahr. -ρες D 22 δώσει Schaefer -σω D 23 μευ μνώοντο D² | νόῳ δ' ἐμῷ Fritz. νόον δ' ἐμὸν D | ἕαδε Iunt. Cal. ἀείδει D 27 ἑοὺς D² om. D 32 ἥβας Ahr. υἶας D 33,34 ante 37 pos. C. Hart. | ἄγεις Iunt. Cal. ἄγῃς D | ἑξεῖς Iunt. Cal. ἕξες D³ ἕζες D 35 ἀπενθεῖν Zieg. -θης D 38 σοι Iunt. Cal. σου D 39 μάν Ahr. μέν Cal. κεν D | ἐνίψω Iunt. Cal. ἐνέψω D: cf. 11 41 καὶ οὔνομα Iunt. Cal. κ. ὤν- D | πολλάκι Iunt. Cal. πολλά κε D 42 Λυκίδας δὲ Iunt. Cal. Λυκάδας τέκε (τε D²) D 43 σέθεν Iunt. Cal. ἔθεν D 44 οἶδ' Jacobs οὐδ' D | Ἀκροτίμη Edm. ἄκρα τιμὴ D

[ΘΕΟΚΡΙΤΟΥ]

45 ΚΟ. δεῖξον ἐμοὶ τεὸν ἄλσος, ὅπῃ σέθεν ἵσταται αὖλις.
ΔΑ. δεῦρ' ἴδε πῶς ἀνθεῦσιν ἐμαὶ ῥαδιναὶ κυπάρισσοι.
ΚΟ. αἶγες ἐμαί, βόσκεσθε· τὰ βουκόλω ἔργα νοήσω.
ΔΑ. ταῦροι, καλὰ νέμεσθ' ἵνα παρθένῳ ἄλσεα δείξω.
ΚΟ. τί ῥέζεις, σατυρίσκε; τί δ' ἔνδοθεν ἅψαο μαζῶν;
50 ΔΑ. μᾶλα τεὰ πράτιστα τάδε χνοάοντα διδάξω.
ΚΟ. ναρκῶ, ναὶ τὸν Πᾶνα. τεὴν πάλιν ἔξελε χεῖρα.
ΔΑ. θάρσει, κῶρα φίλα. τί μοι ἔτρεμες; ὡς μάλα δειλά.
ΚΟ. βάλλεις εἰς ἀμάραν με καὶ εἵματα καλὰ μιαίνεις.
ΔΑ. ἀλλ' ὑπὸ σοὺς πέπλους ἁπαλὸν νάκος ἠνίδε βάλλω.
55 ΚΟ. φεῦ φεῦ, καὶ τὰν μίτραν ἀπέσχισας· ἐς τί δ' ἔλυσας;
ΔΑ. τᾷ Παφίᾳ πράτιστον ἐγὼ τόδε δῶρον ὀπάζω.
ΚΟ. μίμνε, τάλαν· τάχα τίς τοι ἐπέρχεται· ἦχον ἀκούω.
ΔΑ. ἀλλήλαις λαλέουσι τεὸν γάμον αἱ κυπάρισσοι.
ΚΟ. ἀμπεχόνην ποίησας ἐμὴν ῥάκος· εἰμὶ δὲ γυμνά.
60 ΔΑ. ἄλλην ἀμπεχόνην τῆς σῆς τοι μείζονα δώσω.
ΚΟ. φῄς μοι πάντα δόμεν· τάχα δ' ὕστερον οὐδ' ἅλα δοίης.
ΔΑ. αἴθ' αὐτὰν δυνάμαν καὶ τὰν ψυχὰν ἐπιβάλλειν.
ΚΟ. Ἄρτεμι, μὴ νεμέσα σέο ῥήμασιν οὐκέτι πιστῇ.
ΔΑ. ῥέξω πόρτιν Ἔρωτι καὶ αὐτᾷ βοῦν Ἀφροδίτᾳ.
65 ΚΟ. παρθένος ἔνθα βέβηκα, γυνὴ δ' εἰς οἶκον ἀφέρπω.
ΔΑ. ἀλλὰ γυνὴ μήτηρ τεκέων τροφός, οὐκέτι κώρα.

Ὣς οἳ μὲν χλοεροῖσιν ἰαινόμενοι μελέεσσιν
ἀλλήλοις ψιθύριζον. ἀνίστατο φώριος εὐνή.
χἣ μὲν ἀνεγρομένη πάλιν ἔστιχε μᾶλα νομεύειν

45 τεὸν Wil.   ἔθον D   ἔθεν D² | αὖλις Iunt. Cal.   αια D   47 βουκόλω Ahr.   βωκ- Iunt. Cal.   βωκόλα D   48 ἵνα παρθένῳ ἄ. Steph. ἵν' ἄ. παρθένι D   49 ῥέζεις Iunt. Cal.   -ζης D   52 δειλά Iunt. Cal. δία D   55 μίτραν ed. Morel.   μικρὰν D | ἀπέσχισας Scal.   ἀπέστιχες D   59 ἀμπεχόνην... ἐμὴν Herm.   τἀμπέχονον... ἐμὸν D | ῥάκος Iunt. ῥάγος D   62 ἐπιβάλλειν Iunt. Cal.   -λλω D   63 σέο Herm. ῥήμασιν Ahr.   συ (σοι D²) ἔρημας D   64 ῥέξω Iunt. Cal.   -ζω D | βοῦν Iunt. βῶν D   65 ἀφέρπω Ahr.   -πη D   -ψω Iunt. Cal.   68 ἀνίστατο Iunt. Cal.   ἀνίστα D   ἄνυστο δὲ Mein.   69 πάλιν ἔστιχε Wil.   γε διέστιχε D

XXVII. [ΟΑΡΙΣΤΥΣ]

70 ὄμμασιν αἰδομένοις, κραδίη δέ οἱ ἔνδον ἰάνθη·
ὃς δ' ἐπὶ ταυρείας ἀγέλας κεχαρημένος εὐνᾶς
71ᵇ ἥιεν.

Δέχνυσο τὰν σύριγγα τεὰν πάλιν, ὄλβιε ποιμάν·
τῶν δ' αὖ †ποιμαιγνίων† ἑτέρην σκεψώμεθα μολπάν.

XXVIII. ΘΕΟΚΡΙΤΟΥ ΑΛΑΚΑΤΑ

Γλαύκας, ὦ φιλέριθ' ἀλακάτα, δῶρον Ἀθανάας
γύναιξιν νόος οἰκωφελίας αἷσιν ἐπάβολος,
θέρσεισ' ἄμμιν ὑμάρτη πόλιν ἐς Νήλεος ἀγλάαν,
ὄππα Κύπριδος ἴρον καλάμω χλῶρον ὑπ' ἀπάλω.
5 τυίδε γὰρ πλόον εὐάνεμον αἰτήμεθα πὰρ Δίος
ὄππως ξέννον ἔμον τέρψομ' ἴδων κἀντιφιληθέω,
Νικίαν, Χαρίτων ἱμεροφώνων ἴερον φύτον,
καὶ σὲ τὰν ἐλέφαντος πολυμόχθω γεγενημέναν
δῶρον Νικιάας εἰς ἀλόχω χέρρας ὀπάσσομεν,
10 σὺν τᾷ πόλλα μὲν ἔργ' ἐκτελέσῃς ἀνδρεΐοις πέπλοις,
πόλλα δ' οἶα γύναικες φορέοισ' ὑδάτινα βράκη.
δὶς γὰρ μάτερες ἄρνων μαλάκοις ἐν βοτάνᾳ πόκοις
πέξαιντ' αὐτοέτει, Θευγένιδός γ' ἔννεκ' εὐσφύρω·
οὕτως ἀνυσίεργος, φιλέει δ' ὅσσα σαόφρονες.
15 οὐ γὰρ εἰς ἀκίρας οὐδ' ἐς ἀέργω κεν ἐβολλόμαν

70 αἰδομένοις Herm. -νη D   71 εὐνᾷ Mein.   71ᵇ ἥιεν. D   κιεν C
72,73 non intelleguntur   om. Iunt. Cal. fort. recte | τεὰν Ahr. τεῶν D |
δ' αὖ Legr.   καὶ D | ποιμναγῶν Edm.

Codd.: CH D
Papp.: 𝔓3 (7–fin.), ined.ᵝ (1–13)
Titulus: Ἀλακάτα παιδικὰ αἰολικά CD   ]ηλα[p. ined.ᵝ   om. H
3 θέρσεισ' Bgk   -σοῖσ' C²   θαρσεῖσ' p. ined.ᵝ D   -σοῖσ' CH | Νήλεος
Fick Νείλεο CH -εω D   5 τυίδε p. ined.ᵝ τὺ δὲ codd.   6 ξέννον
Ahr.   ξεῖνον codd. | τέρψομ' D² -ψωμ' cett. | κἀντιφιληθέω Lobel
-λήσω codd.   7 ἱμεροφώνων D² -φόνων cett.   10 ἐκτελέσῃς scripsi
-εις codd.   13 αὐτοέτει 𝔓3 CD -έντει H | γ' Iunt. Cal.   om. codd.
15 ἐβολλόμαν ed. Commelin.   -λλάμαν codd.

ΘΕΟΚΡΙΤΟΥ

ὅπασσαί σε δόμοις, ἀμμετέρας ἔσσαν ἀπὺ χθόνος.
καὶ γάρ τοι πάτρις ἃν ὢξ Ἐφύρας κτίσσε ποτ' Ἀρχίας,
νάσω Τρινακρίας μύελον, ἀνδρῶν δοκίμων πόλιν.
νῦν μὰν οἶκον ἔχοισ' ἄνερος ὃς πόλλ' ἐδάη σόφα
20 ἀνθρώποισι νόσοις φάρμακα λύγραις ἀπαλάκεμεν,
οἰκήσῃς κατὰ Μίλλατον ἐράνναν πεδ' Ἰαόνων,
ὡς εὐαλάκατος Θεύγενις ἐν δαμότισιν πέλῃ,
καί οἱ μνᾶστιν ἄει τῶ φιλαοίδω παρέχῃς ξένω.
κῆνο γάρ τις ἔρει τὤπος ἴδων σ'· 'ἦ μεγάλα χάρις
25 δώρῳ σὺν ὀλίγῳ· πάντα δὲ τίματα τὰ πὰρ φίλων'.

XXIX. ΘΕΟΚΡΙΤΟΥ ΠΑΙΔΙΚΑ ⟨α'⟩

'Οἶνος, ὦ φίλε παῖ,' λέγεται, 'καὶ ἀλάθεα'·
κἄμμε χρὴ μεθύοντας ἀλάθεας ἔμμεναι.
κἄγω μὲν τὰ φρένων ἐρέω κέατ' ἐν μύχῳ·
οὐκ ὅλας φιλήην μ' ἐθέλησθ' ἀπὺ καρδίας.
5 γινώσκω· τὸ γὰρ αἵμισυ τὰς ζοίας ἔχω
ζὰ τὰν σὰν ἰδέαν, τὸ δὲ λοῖπον ἀπώλετο·
κὤταν μὲν σὺ θέλῃς, μακάρεσσιν ἴσαν ἄγω
ἀμέραν· ὅτα δ' οὐκ ἐθέλῃς σύ, μάλ' ἐν σκότῳ.

16 ὅπασσαι Ahr.   ὅππ- CD   ὀππάσασαι C²H   17 τοι Ahr.   τι C σοι HD   σε P3 | κτίσσε C²D   κτίσας CH | fort. Ἀρχίαις   19 ἔχεις CH
21 οἰκήσῃς scripsi   -εις codd.   πεδ' Ahr.   μετ' codd.   23 παρέχοισα CH   24 κῆνο Ahr.   κεῖνο codd. | τὤπος ἴδων Words.   τῶ ποσείδων CH -σιδω D | σ' om. D   25 φίλω H

Codd.: K[D] C H (1–8) Port. (25–fin.: quos Casaubonus in notis ad Diog. Laert. exscripsit e codice Francisci Porti Cretensis).
Pap.: P3 (1–8, 20–fin.)
Titulus: Παιδικὰ Αἰολικά CH   Παιδ[P3   Εἰδύλλιον ἐρῶντος, et super scholiis παιδικὰ Δωριστί, οἱ δὲ Αἰολιστί K
2 κἄμμε Brunck   -μες codd.   3 κἄγω Hoffm.   κἠγώ codd.   4 φιλήην Hoffm.   -έειν codd. | ἀπὺ Hoffm.   ἀπό codd.   5 τὸ K   τὺ CH | ζοίας D² Iunt. Cal.   ζωίας cett.   6 δὲ P3 K   om. CH   7 κὤτα Ahr. | θέλῃς P3 K   θέλεις CH   8 ὅτα Bgk   ὅκα codd. | σύ Wil.   τύ codd.

XXIX. ΠΑΙΔΙΚΑ ⟨α´⟩

πῶς ταῦτ' ἄρμενα, τὸν φιλέοντ' ὀνίαις δίδων;
10 ἀλλ' αἴ μοί τι πίθοιο νέος προγενεστέρῳ,
τῷ κε λώιον αὖτος ἔχων ἔμ' ἐπαινέσαις.
πόησαι καλίαν μίαν ἐνν ἔνι δενδρίῳ,
ὅππυι μηδὲν ἀπίξεται ἄγριον ὄρπετον.
νῦν δὲ τῶδε μὲν ἄματος ἄλλον ἔχῃς κλάδον,
15 ἄλλον δ' αὔριον, ἐξ ἀτέρω δ' ἄτερον μάτης·
καὶ μέν σευ τὸ κάλον τις ἴδων ῥέθος αἰνέσαι,
τῷ δ' εὐθὺς πλέον ἢ τριέτης ἐγένευ φίλος,
τὸν πρῶτον δὲ φίλεντα τρίταιον ἐθήκαο.
†ἄνδρων τῶν ὑπερανορέων δοκέης πνέην·
20 φίλη δ', ἇς κε ζόης, τὸν ὔμοιον ἔχην ἄει.†
αἰ γὰρ ὧδε πόῃς, ἄγαθος μὲν ἀκούσεαι
ἐξ ἄστων· ὁ δέ τοί κ' Έρος οὐ χαλέπως ἔχοι,
ὃς ἄνδρων φρένας εὐμαρέως ὑπαδάμναται
κἄμε μόλθακον ἐξ ἐπόησε σιδαρίω.
25 ἀλλὰ πὲρρ ἀπάλω στύματός σε πεδέρχομαι
ὀμνάσθην ὅτι πέρρυσιν ἦσθα νεώτερος,
κὤτι γηράλεοι πέλομεν πρὶν ἀπύπτυσαι
καὶ ῥύσσοι, νεότατα δ' ἔχην παλινάγρετον
οὐκ ἔστι· πτέρυγας γὰρ ἐπωμαδίαις φόρει,
30 κάμμες βαρδύτεροι τὰ ποτήμενα συλλάβην.

---

9 ὀνίαις Hoffm. ἀν- KC | δίδων C²D² δίδως K   10 αἴ Bgk εἴ KC | τί μοι K | πίθοιο Iunt. Cal. πείθ- codd.   11 κε Herm. κεν Iunt. καὶ codd.   12 πόησαι Gall. ποίησαι C Iunt. Cal. -σον K | ἐνν Wil. εἰν codd.   13 ὅππυι Wil. ὅππη C ὅπη K   15 ἀτέρω δ' ἄτερον Hoffm. ἑτ- δ' ἑτ- codd. | μάθης C   16 μέν Brunck κέν codd. μήν Cal. fort. (κεν) αἰνέσῃ   18 φίλεντα Hoffm. -εῦντα codd. | τρίτατον K | ἐθήκαο Camerarius -κας codd.   19 δοκέης scripsi -εεις codd. -κίμως Gall. | πνέην Hoffm. πνε(ί)ειν CK   20 ἇς Iunt. αἶς C ὣς K | ζόης C² ζώης K τρῄης C   23 ὑπαδάμναται Hoffm. ὑποδάμναται ⅌3 K -νεται C   24 κἄμε Hoffm. κἠμὲ codd. | μόλθακον Gall. μαλ- codd.   25 πὲρρ Wil. περὶ K γὰρ περὶ C   26 πέρρυσιν C Port.   27 πέλομεν Wil. -λομες C Port. -λεμες ⅌3 -λοιμες K   28 ῥύσοι C | ἔχην Brunck ἔχειν ⅌3 codd.   29 ἐπωμαδίαις Mein. -μδιαις ⅌3 -μαδίας K Port. -ομμασίαις C   30 βαρδύτεροι Brunck βραδ- codd.

ΘΕΟΚΡΙΤΟΥ

ταῦτα χρή σε νόεντα πέλην ποτιμώτερον
καί μοι τὠραμένῳ συνέραν ἀδόλως σέθεν,
ὅππως, ἄνικα τὰν γένυν ἀνδρεῖαν ἔχῃς,
ἀλλάλοισι πελώμεθ' Ἀχιλλέιοι φίλοι.
35 αἰ δὲ ταῦτα φέρην ἀνέμοισιν ἐπιτρέπῃς,
ἐν θύμῳ δὲ λέγῃς, ' τί με, δαιμόνι', ἐννόχλης;'
νῦν μὲν κἀπὶ τὰ χρύσια μᾶλ' ἕνεκεν σέθεν
βαίην καὶ φύλακον νεκύων πεδὰ Κέρβερον,
τότα δ' οὐδὲ κάλεντος ἐπ' αὐλείαις θύραις
40 προμόλοιμί κε, παυσάμενος χαλέπω πόθω.

XXX. ΘΕΟΚΡΙΤΟΥ ΠΑΙΔΙΚΑ ⟨β'⟩

Ὤαι τὼ χαλέπω καινομόρω τῶδε νοσήματος·
τετόρταιος ἔχει παῖδος ἔρος μῆνά με δεύτερον,
κάλω μὲν μετρίως, ἀλλ' ὅποσον τῷ πόδι περρέχει
τὰς γᾶς, τοῦτο χάρις, ταῖς δὲ παραυαῖς γλύκυ μειδίαι.
5 καὶ νῦν μὲν τὸ κάκον ταῖς μὲν ἔχει ταῖς δ' ὀν⟨ίησί με⟩,
τάχα δ' οὐδ' ὅσον ὔπνω 'πιτύχην ἔσσετ' ἐρωία.
ἔχθες γὰρ παρίων ἔδρακε λέπτ' ἄμμε δι' ὀφρύων,

31 σε νόεντα Buech.   νοέοντα codd. | πέλην Brunck   -λειν codd. | ποτιμώτερον 𝔓3 Port.   ποτιμότ- K   προτ- C   32 συνορᾶν K   33 ὅππως Brunck   ὅπως codd.   34 Ἀχιλλέιοι Schaefer   -ιλήιοι codd.   35 ταῦτα D²   ταῦτά γε cett. | φέρην Brunck   -ρειν codd. | ἐπιτρέπῃς Wil. -τρέπεις 𝔓3 Port.   -τρόποις K   ἐπὶ τρόπις C   36 ἐννόχλης Bgk   ἐνόC   ἐνοχλεῖς 𝔓3(?) K   37 μὲν C   μὲν δὴ K | κἀπὶ τὰ Hoffm.   κἠπὶ τὰ Port.   κἤπειτα KC | χρύσια Hoffm.   -σεα codd.   38 πεδὰ D³ Port. παῖδα 𝔓3 cett.   39 τότα Bgk   τόκα codd. | κάλεντος Hoffm.   -εὖντος codd.   40 πόθω K Port.   μούνω C

Cod.: C   E cod. quodam Athoo I. Lascaris titulum et tria prima uerba descripsit.
Pap.: 𝔓3 (1–6, 20–fin.)
Titulus: Παιδικὰ Αἰολικά 𝔓3 C   Παιδικὰ Συρακούσια Ath.
1 ὤαι Ath.   καὶ C   2 παῖδος 𝔓3(?) Bgk   παῖδα C | ἔρος 𝔓3   ἔρως C | με Bgk   om. C   3 ποδὶ Buech.   παιδὶ C | περρέχει Ahr.   περιέχει C   4 hic habet 𝔓3 post 5 C | παραυα[ις 𝔓3   -αὐλαις C | μειδίαι Bgk -ίαμα C   5 ὀνίησί με scripsi   οὐ C   7 λεπτὰ μελιφρύγων C corr. Bgk

XXX. ΠΑΙΔΙΚΑ ⟨β'⟩

αἰδέσθεις προσίδην ἄντιος, ἠρεύθετο δὲ χρόα·
ἔμεθεν δὲ πλέον τὰς κραδίας ὦρος ἐδράξατο·
10 εἰς οἶκον δ' ἀπέβαν ἕλκος ἔχων καῖνο⟨ν ἐν ἥπατι⟩.
πόλλα δ' εἰσκαλέσαις θῦμον ἐμαύτῳ διελεξάμαν·
'τί δῆτ' αὖτε πόης; ἀλοσύνας τί ἔσχατον ἔσσεται;
λεύκαις οὐκέτ' ἴσαισθ' ὄττι φόρης ἐν κροτάφοις τρίχας;
ὤρα τοι φρονέην· μὴ ⟨οὖτ⟩ι νέος τὰν ἰδέαν πέλων
15 πάντ' ἔρδ' ὄσσαπερ οἱ τῶν ἐτέων ἄρτι γεγεύμενοι.
καὶ μὰν ἄλλο σε λάθει· τὸ δ' ἄρ' ἦς λώιον ἔμμεναι
ξέννον τῶν χαλέπων παῖδος ἐρώ⟨των προγενέστερον⟩.
τῷ μὲν γὰρ βίος ἔρπει ἴσα γόννοις ἐλάφῳ θόας,
χαλάσει δ' ἀτέρᾳ ποντοπόρην αὔριον ἄρμενα·
20 τὸ δ' αὖτε γλυκέρας ἄνθεμον ἄβας πεδ' ὑμαλίκων
μένει. τῷ δ' ὁ πόθος καὶ τὸν ἔσω μύελον ἐσθίει
ὀμμιμνασκομένῳ, πόλλα δ' ὄραι νύκτος ἐνύπνια,
παύσασθαι δ' ἐνίαυτος χαλέπας οὐκ ἴ⟨κανος νόσω⟩.'
ταῦτα κἄτερα πόλλα πρὸς ἔμον θῦμον ἐμεμψάμαν·
25 ὂ δὲ τοῦτ' ἔφατ'· 'ὄττις δοκίμοι τὸν δολομάχανον
νικάσην Ἔρον, οὗτος δοκίμοι τοὶς ὑπὲρ ἀμμέων
εὔρην βραϊδίως ἄστερας ὀππόσσακιν ἔννεα.

8 προσίδην Hoffm.   ποτίδην C   9 κραδίας ὦρος Bgk   καρδία σωρὸς C
10 καῖνον ἐν ἥπατι Kraushaar   καὶ τὸ C   11 εἰσκαλέσαις Hoffm.
-σας C | ἐμαύτῳ Bgk -του C | διελεξάμαν Bgk   διέλυξε C   12 ἔσσεται
Bgk   ἔσεται C   13 λεύκαις Hoffm.   -κας C | οὐκέτ' Schwabe
ἴσαισθ' Edm.   οὐκ ἐπίοθησθ' C | ὄττι φόρης Bgk   ὅτι φόροις C |
τρίχας Th. Fritz.   τρία C   14 φρονέην Hoffm.   -εσιν C(?) | οὖτι νέος
Bgk ... ινέος C | πέλων Ahr. -λη C   15 ἄρτι Bgk   ἄρτια C   17
ξέννον Ahr.   ξεῖνον C | ἐρώτων H. Fritz. προγενέστερον Wil. (-ρῳ Bgk)
ἔραν C   18–20 nondum expediti ἔρπει Bgk   ἔρπερω C | γόννοις Buech.
γόνοις C | θοᾶς Bgk   θοαῖς C | χαλάσει Ahr.   δλάσει C | ἀτέρᾳ Hoffm.
ἐτ- C | ἄρμενα Ahr.   ἀμέραν C | τὸ δ' Wil.   τω δ[𝔓3   οὐδ' C | ὑμαλί-
κων Bgk   ἰμαλίκω C   21 μυελὸν Bgk   μιελ- C   22 ὄραι Lobel   ὄρη C
23 χαλεπᾶς οὐκ ἴκανος νόσω Bgk   οὐ (deletum) χαλεπαὶ οὐχὶ (κ supra χ
add.) C   24 κἄτερα H. Fritz.   χἄ- C | πρὸς Hoffm.   ποτ' C   25
τοῦτ' C   ταυ[𝔓3 | ἔφατ' ὄττις δοκίμοι Bgk   ἔφτ' ὅτις δοκεῖ μοι C
26 δοκίμοι τοὶς ὑπὲρ ἀμμέων Bgk   δοκεῖ μοι τᾶς ὑπὲρ ἀμμ' C   27 βρα-
ιδίως Bgk   βραδ- C | ὀπποσσάκιν Buech.   ὀπποσάκινν ινν C

ΘΕΟΚΡΙΤΟΥ

καὶ νῦν, εἴτ' ἐθέλω, χρή με μάκρον σχόντα τὸν ἄμφενα
ἕλκην τὸν ζύγον, εἴτ' οὐκ ἐθέλω· ταῦτα γάρ, ὤγαθε,
30 βόλλεται θέος ὃς καὶ Δίος ἔσφαλε μέγαν νόον
καὔτας Κυπρογενήας· ἔμε μάν, φύλλον ἐπάμερον
σμίκρας δεύμενον αὔρας, ὀνέλων ὦκα φόρει ⟨πνόᾳ⟩.'

XXXI. ΘΕΟΚΡΙΤΟΥ ⟨ΠΑΙΔΙΚΑ γ'⟩

```
       Ναυκλαρω φ[
       σμικραναμ[
       ουτος κανδρ[
       συ δε τω Διος [
    5  τι το καλλο[.........].κοδ[.].α[
       [......]..[.].[.......]...χοσ..το[
       [      15 ll.       ].εων αμφι[
       [      13  „        ].ειᾳ[.] εχει χωτᾳ.[
       [      15  „        ].[.]μω δ' ολ[
   10  [      15  „        ]ακαρων κάρτᾳ [
       [      21  „        ].πινα[
       [      21  „        ]σει και [
                           ]
```

Desunt uu. circiter xiii.

26(?)   ].
                                         ]τον
                                         ]χες

28 σχόντα Ahr. ἔχοντα C   29 ἕλκην Hoffm. -κειν C -κον 𝔓3 |
ὤγαθε Th. Fritz. ὦ γα θέος C   30 βολλεται[𝔓3 βούλεται C   31
καὔτας C και τας 𝔓3 | φύλλον Th. Fritz. φίλον C   32 δεύμενον Bgk
δευόμ- C | ὀνέλων Ahr. ὁ μέλλων C | ὦκα Ahr. αἴκα C | πνόᾳ suppl. Legr.

Pap.: 𝔓3
Titulus periit.
1 legi posset φά[2 σμικρᾷ ναὶ Hunt   10 utrum ά an α incertum
11 legi posset επι   28 legi posset]χεος

XXXI. ⟨ΠΑΙΔΙΚΑ γ'⟩

30(?)
```
        ]ρον
        ]σον
        ]αλλευ
        ]υτον
        ]χατα
```

31 fort.]αλλεο

ΘΕΟΚΡΙΤΟΥ ΑΠΟΣΠΑΣΜΑΤΑ

I

Eustathius p. 620. 29: ἀδελφὴ δέ ἐστιν Ἄρεως ἡ Ἥβη, ὡς καὶ Θεόκριτος μυθολογεῖ.

Vtrum recte hic adhibitus sit Theocritus dubium.

II

Etymologicum Magnum p. 290. 52 *s.u.* δυσί: καὶ αὐτὸ δὲ τὸ δύο εὕρηται κλινόμενον. καὶ παρὰ τὸ δύο δυσὶν ἀντιφέρεσθαι, ὡς παρὰ Θεοκρίτῳ.

Verba, si recte Theocrito adscribuntur, fort. e uersibus post Id. 22. 170 amissis sumpta; cf. autem Arat. 468 δυσὶν ἀντιφέρονται, Theodos. *Can.* 1.398.

III

Athenaeus vii p. 284 A: Θεόκριτος δ' ὁ Συρακόσιος ἐν τῇ ἐπιγραφομένῃ Βερενίκῃ τὸν λεῦκον ὀνομαζόμενον ἰχθὺν ἱερὸν καλεῖ διὰ τούτων·

κεἴ τις ἀνὴρ αἰτεῖται ἐπαγροσύνην τε καὶ ὄλβον,
ἐξ ἁλὸς ᾧ ζωή, τὰ δὲ δίκτυα κείνῳ ἄροτρα,
σφάζων ἀκρόνυχος ταύτῃ θεῷ ἱερὸν ἰχθύν
ὃν λεῦκον καλέουσιν, ὃ γάρ θ' ἱερώτατος ἄλλων,
5   καί κε λίνα στήσαιτο καὶ ἐξερύσαιτο θαλάσσης
ἔμπλεα.

1 κεῖ scripsi (καῖ Toup) καί codd.   2 ζωή Toup   ζώει codd.   3 ἀκρόνυχος Scal.   -ους codd.

ΘΕΟΚΡΙΤΟΥ ΕΠΙΓΡΑΜΜΑΤΑ

I

Τὰ ῥόδα τὰ δροσόεντα καὶ ἁ κατάπυκνος ἐκείνα
ἕρπυλλος κεῖται ταῖς Ἑλικωνιάσιν·
ταὶ δὲ μελάμφυλλοι δάφναι τίν, Πύθιε Παιάν,
Δελφὶς ἐπεὶ πέτρα τοῦτό τοι ἀγλάισεν·
5 βωμὸν δ' αἱμάξει κεραὸς τράγος οὗτος ὁ μαλός
τερμίνθου τρώγων ἔσχατον ἀκρεμόνα.

II

Δάφνις ὁ λευκόχρως, ὁ καλᾷ σύριγγι μελίσδων
βουκολικοὺς ὕμνους, ἄνθετο Πανὶ τάδε,
τοὺς τρητοὺς δόνακας, τὸ λαγωβόλον, ὀξὺν ἄκοντα,
νεβρίδα, τὰν πήραν ᾇ ποκ' ἐμαλοφόρει.

III

Εὕδεις φυλλοστρῶτι πέδῳ, Δάφνι, σῶμα κεκμακὸς
ἀμπαύων, στάλικες δ' ἀρτιπαγεῖς ἀν' ὄρη·
ἀγρεύει δέ τυ Πὰν καὶ ὁ τὸν κροκόεντα Πρίηπος
κισσὸν ἐφ' ἱμερτῷ κρατὶ καθαπτόμενος,
5 ἄντρον ἔσω στείχοντες ὁμόρροθοι. ἀλλὰ τὺ φεῦγε,
φεῦγε μεθεὶς ὕπνου κῶμα †καταγρόμενον.

IV

Τήναν τὰν λαύραν τόθι ταὶ δρύες, αἰπόλε, κάμψας
σύκινον εὑρήσεις ἀρτιγλυφὲς ξόανον

Codd.: Anth. (= Anthologia Palatina) K   CD Iunt. Cal.
I (*A.P.* 6. 336)   4 ἐπεὶ Iunt. Cal.   ἐπὶ cett. | οἱ K   5 ὁ μᾶλος Anth.
ὁμαλός C Iunt. Cal.   ὁ μανός KD
II (*A.P.* 6. 177)   1 καλῇ Anth. Suid. s.u. λευκόχρως   3 τρισσοὺς δ. Iunt.
Cal.   4 τὰν Anth.   τὴν cett. | ποτ' Anth.
III (*A.P.* 9. 338)   1 κεκμακός Cal. -ηκός Iunt. -ακώς cett.   3 δ' ὅτε
Πὰν Anth. | Πρίαπος D   5 ἄντρου Anth. D   6 καταγρόμενον CD
Iunt. Cal.   -αγρώμ- K   -αγόμ- Anth.   -αρχόμ- Toup
IV (*A.P.* 9. 437)   1 τόθι ταὶ Anth.   τᾶς (τῶς) αἱ cett.

122

ΕΠΙΓΡΑΜΜΑΤΑ

ἀσκελὲς αὐτόφλοιον ἀνούατον, ἀλλὰ φάλητι
παιδογόνῳ δυνατὸν Κύπριδος ἔργα τελεῖν.
5 σακὸς δ' εὐίερος περιδέδρομεν, ἀέναον δέ
ῥεῖθρον ἀπὸ σπιλάδων πάντοσε τηλεθάει
δάφναις καὶ μύρτοισι καὶ εὐώδει κυπαρίσσῳ,
ἔνθα πέριξ κέχυνται βοτρυόπαις ἕλικι
ἄμπελος, εἰαρινοὶ δὲ λιγυφθόγγοισιν ἀοιδαῖς
10 κόσσυφοι ἀχεῦσιν ποικιλότραυλα μέλη,
ξουθαὶ δ' ἀδονίδες μινυρίσμασιν ἀνταχεῦσι
μέλπουσαι στόμασιν τὰν μελίγαρυν ὄπα.
ἔζεο δὴ τηνεὶ καὶ τῷ χαρίεντι Πριήπῳ
εὔχε' ἀποστέρξαι τοὺς Δάφνιδός με πόθους,
15 κευθὺς ἐπιρρέξειν χίμαρον καλόν. ἢν δ' ἀνανεύσῃ,
τοῦδε τυχὼν ἐθέλω τρισσὰ θύη τελέσαι·
ῥέξω γὰρ δαμάλαν, λάσιον τράγον, ἄρνα τὸν ἴσχω
σακίταν. ἀίοι δ' εὐμενέως ὁ θεός.

V

Λῇς ποτὶ τᾶν Νυμφᾶν διδύμοις αὐλοῖσιν ἀεῖσαι
ἁδύ τί μοι; κἠγὼ πακτίδ' ἀειράμενος
ἀρξεῦμαί τι κρέκειν, ὁ δὲ βουκόλος ἄμμιγα θέλξει
Δάφνις κηροδέτῳ πνεύματι μελπόμενος.
5 ἐγγὺς δὲ στάντες λασίας δρυὸς ἄντρου ὄπισθεν
Πᾶνα τὸν αἰγιβάταν ὀρφανίσωμες ὕπνου.

3 ἀσκελὲς Jahn τρισκ- codd.   5 σακὸς KD Cal. κᾶπος C Iunt. Cal.
u.l.   ἕρκος Anth. | δ' εὖθ' ἱερὸν Anth.   δὲ σκιερὸς Iunt.   11 δ' Anth.
om. cett. | ἀδονίδες Mein.   ἀηδ- codd. | ἀνταχεῦσι Scal.   ἀντιαχ- codd.
12 μέλπουσι Anth. | μελίγηρυν Anth. Iunt. Cal.   13 Πριήπῳ Iunt.
Cal.   Πριάπῳ cett.   14 εὔχου ἀποστρέψαι Anth.   15 ἀπορρέξαι
χ. καλὰν Anth. | ἀνανεύοι Anth.   ἆρα νεύσῃ D   18 νεύοι Anth.
V (A.P. 9. 433)   1 Μοισᾶν Anth.   2 κἠγὼν Iunt. Cal.   κἀγὼ(ν) KCD |
ἀειρόμενος Anth.   3 ταξεῦμαι Anth. | ἐγγύθεν ᾀσεῖ Anth.   5 λασι-
αύχενος ἐγγύθεν ἄντρου Anth.   6 ὀρφανίσωμεν Iunt. Cal. -σομες Anth.

123

ΘΕΟΚΡΙΤΟΥ

VI

Ἀ δείλαιε τὺ Θύρσι, τί τὸ πλέον εἰ κατατάξεις
δάκρυσι διγλήνους ὦπας ὀδυρόμενος;
οἴχεται ἁ χίμαρος, τὸ καλὸν τέκος, οἴχετ' ἐς Ἀίδαν,
τραχὺς γὰρ χαλαῖς ἀμφεπίαξε λύκος.
5 αἱ δὲ κύνες κλαγγεῦντι· τί τὸ πλέον, ἁνίκα τήνας
ὀστίον οὐδὲ τέφρα λείπεται οἰχομένας;

VII

Νήπιον υἱὸν ἔλειπες, ἐν ἁλικίᾳ δὲ καὶ αὐτός,
Εὐρύμεδον, τύμβου τοῦδε θανὼν ἔτυχες.
σοὶ μὲν ἕδρα θείοισι μετ' ἀνδράσι· τὸν δὲ πολῖται
τιμασεῦντι πατρὸς μνώμενοι ὡς ἀγαθοῦ.

VIII

Ἦλθε καὶ ἐς Μίλητον ὁ τοῦ Παιήονος υἱός,
ἰητῆρι νόσων ἀνδρὶ συνοισόμενος
Νικίᾳ, ὅς μιν ἐπ' ἦμαρ ἀεὶ θυέεσσιν ἱκνεῖται
καὶ τόδ' ἀπ' εὐώδους γλύψατ' ἄγαλμα κέδρου,
5 Ἠετίωνι χάριν γλαφυρᾶς χερὸς ἄκρον ὑποστάς
μισθόν· ὁ δ' εἰς ἔργον πᾶσαν ἀφῆκε τέχνην.

IX

Ξεῖνε, Συρακόσιός τοι ἀνὴρ τόδ' ἐφίεται· Ὄρθων·
χειμερίας μεθύων μηδαμὰ νυκτὸς ἴοις.

VI (*A.P.* 9. 432) 1 ἆ δείλαιε Anth. D² Iunt. Cal. δειλὲ K post spatium ὦ δ. D | τί τοι Anth. 2 διγλήνως Anth. 4 χαλᾶς KCD | ἀμφὶ πίαξε Anth. 5 καλεῦντι τί τοι Anth. 6 λείπετ' ἀποιχομένας Anth.

VII (*A.P.* 7. 659) 1 ἐναλίγκια K 2 Εὐρύμελον KD 3 ἔδρη θ. παρ' ἀ. Anth. 4 τιμησεῦντι Anth.

VIII (*A.P.* 6. 337) 1 ἦνθε D | Μίλατον ὁ τῶι Anth. 2 συνεσσόμενος Iunt. Cal. 3 ἆμαρ Anth. 5 Ἀετίωνι D¹ 6 τέχναν Anth.

IX (*A.P.* 7. 660) 1 Συρηκόσιος Iunt. Cal. | τοι Anth. Iunt. Cal. τις cett. | ἐφίετο KD 2 χειμερίας Anth. -ίης cett. post. h. u. lacunam stat. Mein.

ΕΠΙΓΡΑΜΜΑΤΑ

καὶ γὰρ ἐγὼ τοιοῦτον ἔχω πότμον, ἀντὶ δὲ πολλᾶς
πατρίδος ὀθνείαν κεῖμαι ἐφεσσάμενος.

X

Ὑμῖν τοῦτο, θεαί, κεχαρισμένον ἐννέα πάσαις
τὤγαλμα Ξενοκλῆς θῆκε τὸ μαρμάρινον,
μουσικός· οὐχ ἑτέρως τις ἐρεῖ. σοφίῃ δ' ἐπὶ τῇδε
αἶνον ἔχων Μουσέων οὐκ ἐπιλανθάνεται.

XI

Εὐσθένεος τὸ μνῆμα· φυσιγνώμων †ὸ σοφιστής
δεινὸς ἀπ' ὀφθαλμοῦ καὶ τὸ νόημα μαθεῖν.
εὖ μιν ἔθαψαν ἑταῖροι ἐπὶ ξείνης ξένον ὄντα,
χὐμνοθέτης αὐτοῖς δαιμονίως φίλος ἦν.
5 πάντων ὧν ἐπέοικε λάχεν τεθνεὼς ὁ σοφιστής·
καίπερ ἄκικυς ἐὼν εἶχ' ἄρα κηδεμόνας.

XII

Δαμομένης ὁ χοραγός, ὁ τὸν τρίποδ', ὦ Διόνυσε,
καὶ σὲ τὸν ἅδιστον θεῶν μακάρων ἀναθείς,
μέτριος ἦν ἐν πᾶσι, χορῷ δ' ἐκτάσατο νίκαν
ἀνδρῶν, καὶ τὸ καλὸν καὶ τὸ προσῆκον ὁρῶν.

3 μόρον Anth. | πολλῆς Anth. 4 ὀθνείην CD Iunt. Cal. -είων KD²

X (*A.P.* 6. 338) 1 ἐννέα KCD Iunt. Cal. ἄνθετο Anth. 2 θῆκε KCD Iunt. Cal. τοῦτο Anth. 3 σοφίᾳ ... τᾷδε Anth. 4 in C erasus Μουσάων KD

XI (*A.P.* 7. 661) 1 μνᾶμα Iunt. Cal. 3 ἔγραψαν KC 4 χὐμνοθέτης Iunt. Cal. -τας Anth. χὠμνοθέτης KCD | αὐτῆς KC -τῷ Hecker | δαιμονίως CD² in ras. Iunt. Cal. -ίοις Anth. ἀλίμων ὡς K | ἦν KCD Iunt. ἦς Cal. ὦν Anth. 5 ἐπέοικε λάχεν Legr. -κεν ἔχει codd.

XII (*A.P.* 6. 339) 1 Δαμομένης Anth. KC²D -μέλης Cal. -τέλης Iunt. -γένης C Δημομέλης D² -μέδων Anth. lemma | χοραγός Anth. -ηγός cett. 2 ἅδιστον Anth. ἡδ- Anth.² cett. 3 παισί Cal. | ἐκτάσατο Gall. ἐκτήσ- codd. | νίκαν KCD -κην cett.

125

ΘΕΟΚΡΙΤΟΥ

XIII

Ἀ Κύπρις οὐ πάνδαμος. ἱλάσκεο τὰν θεὸν εἰπὼν
οὐρανίαν, ἁγνᾶς ἄνθεμα Χρυσογόνας
οἴκῳ ἐν Ἀμφικλέους, ᾧ καὶ τέκνα καὶ βίον εἶχε
ξυνόν· ἀεὶ δέ σφιν λώιον εἰς ἔτος ἦν
5 ἐκ σέθεν ἀρχομένοις, ὦ πότνια· κηδόμενοι γὰρ
ἀθανάτων αὐτοὶ πλεῖον ἔχουσι βροτοί.

XIV

Ἀστοῖς καὶ ξείνοισιν ἴσον νέμει ἥδε τράπεζα·
θεὶς ἀνελεῦ ψήφου πρὸς λόγον ἑλκομένης.
ἄλλος τις πρόφασιν λεγέτω· τὰ δ᾿ ὀθνεῖα Κάικος
χρήματα καὶ νυκτὸς βουλομένοις ἀριθμεῖ.

XV

Γνώσομαι εἴ τι νέμεις ἀγαθοῖς πλέον ἢ καὶ ὁ δειλός
ἐκ σέθεν ὡσαύτως ἶσον, ὁδοιπόρ᾿, ἔχει.
'χαιρέτω οὗτος ὁ τύμβος', ἐρεῖς, 'ἐπεὶ Εὐρυμέδοντος
κεῖται τῆς ἱερῆς κοῦφος ὑπὲρ κεφαλῆς'.

XVI

'Ἡ παῖς ᾤχετ᾿ ἄωρος ἐν ἑβδόμῳ ἥδ᾿ ἐνιαυτῷ
εἰς Ἀίδην πολλῆς ἡλικίης προτέρη,
δειλαίη, ποθέουσα τὸν εἰκοσάμηνον ἀδελφόν,
νήπιον ἀστόργου γευσάμενον θανάτου.
5 αἰαῖ ἐλεινὰ παθοῦσα Περιστερή, ὡς ἐν ἑτοίμῳ
ἀνθρώποις δαίμων θῆκε τὰ λυγρότατα.

XIII (*A.P.* 6. 340) 1 ἡ... πάνδημος ... τὴν KCD Iunt. Cal. | ἱλά-
σκετο KCD³ 2 οὐρανίην KCD Cal. 3 Ἀμφιλέους Anth. | ἔσχε
Anth. Iunt.

XIV (*A.P.* 9. 435) om. Iunt. Cal. 1 ἄδε Anth. 2 ἀνελεῦ Anth.
-λοῦ cett. | ἑλκομένης K²CD ἐρχ- K ἀρχ- Anth.

XV (*A.P.* 7. 658) 1 νέμεις CD² Iunt. Cal. -μοις cett. 2 ἔχεις KD¹

XVI (*A.P.* 7. 662) om. Iunt. Cal. 2 πολλῆσιν KD¹ πολιῆς Planud.
πολλοῖς Ahr. 3 ποθέοισα KD 5 ἐλεινὰ Ahr. ἐλεεινὰ KCD λυγρὰ
Anth. | παθοῖσα KD | Περιστερί Planud. 6 δεινότατα Anth.

ΕΠΙΓΡΑΜΜΑΤΑ

XVII

Θᾶσαι τὸν ἀνδριάντα τοῦτον, ὦ ξένε,
σπουδᾷ, καὶ λέγ' ἐπὴν ἐς οἶκον ἔνθῃς·
' Ἀνακρέοντος εἰκόν' εἶδον ἐν Τέῳ
τῶν πρόσθ' εἴ τι περισσὸν ᾠδοποιῶν.'
5 προσθεὶς δὲ χὥτι τοῖς νέοισιν ἅδετο
ἐρεῖς ἀτρεκέως ὅλον τὸν ἄνδρα.

XVIII

Ἅ τε φωνὰ Δώριος χὠνὴρ ὁ τὰν κωμῳδίαν
εὑρὼν Ἐπίχαρμος.
ὦ Βάκχε, χάλκεόν νιν ἀντ' ἀλαθινοῦ
τὶν ὧδ' ἀνέθηκαν
5 τοὶ Συρακούσσαις ἐνίδρυνται, πελωρίστᾳ πόλει,
οἷ' ἄνδρα πολίταν.
σοφῶν ἔοικε ῥημάτων μεμναμένους
τελεῖν ἐπίχειρα·
πολλὰ γὰρ ποττὰν ζόαν τοῖς παισὶν εἶπε χρήσιμα.
10 μεγάλα χάρις αὐτῷ.

XIX

Ὁ μουσοποιὸς ἐνθάδ' Ἱππῶναξ κεῖται.
εἰ μὲν πονηρός, μὴ προσέρχευ τῷ τύμβῳ·
εἰ δ' ἐσσὶ κρήγυός τε καὶ παρὰ χρηστῶν,
θαρσέων καθίζευ, κἢν θέλῃς ἀπόβριξον.

XVII (*A.P.* 9. 599)   2 σπουδαῖε KCD¹ | ἐπὴν D²   ἐπὰν cett. | ἔλθῃς D Iunt.   4 ᾠδοποιοῦ Anth.   5 ἤδετο Anth.

XVIII (*A.P.* 9. 600)   5 οἴ Anth.   τὸν Iunt. Cal. | Συρακούσαις KCD -κόσσαις Iunt. Cal. | πελωρὶς τῇ KCD¹   6 ὅσσ' ἄ. Anth. | ἄνδρα πολίταν Words. -ρὶ -τᾳ (ται) codd.   7 σοφῶν ἔοικε Kaibel   σωρὸν εἶχε Anth. σ. γὰρ εἴ. cett. | χρημάτων KCD Cal.   χρημένων Iunt. | μεμναμένοις Iunt. Cal.   9 πᾶσιν Anth.

XIX (*A.P.* 13. 3) om. Cal.   2 κεἰ D | μὴ προσέρχευ Ahr. -χου KD Iunt.   μήποτ' ἔρχευ Anth.   μ. ἔχου C   3 χρηστῶ Anth. C   4 καθίζου KCD¹ | ἢν KD¹

ΘΕΟΚΡΙΤΟΥ

XX

'Ο μικκὸς τόδ' ἔτευξε τᾷ Θραΐσσᾳ
Μήδειος τὸ μνᾶμ' ἐπὶ τᾷ ὁδῷ κἠπέγραψε Κλείτας.
ἕξει τὰν χάριν ἁ γυνὰ ἀντὶ τήνων
ὧν τὸν κῶρον ἔθρεψε· τί μάν; ἔτι χρησίμα καλεῖται.

XXI

Ἀρχίλοχον καὶ στᾶθι καὶ εἴσιδε τὸν πάλαι ποιητάν
τὸν τῶν ἰάμβων, οὗ τὸ μυρίον κλέος
διῆλθε κἠπὶ νύκτα καὶ ποτ' ἀῶ.
ἦ ῥά νιν αἱ Μοῖσαι καὶ ὁ Δάλιος ἠγάπευν Ἀπόλλων,
5 ὡς ἐμμελής τ' ἐγένετο κἠπιδέξιος
ἔπεά τε ποιεῖν πρὸς λύραν τ' ἀείδειν.

XXII

Τὸν τοῦ Ζανὸς ὅδ' ὑμὶν υἱὸν ὡνήρ
τὸν λεοντομάχαν, τὸν ὀξύχειρα,
πρᾶτος τῶν ἐπάνωθε μουσοποιῶν
Πείσανδρος συνέγραψεν οὑκ Καμίρου,
5 χὤσσους ἐξεπόνασεν εἶπ' ἀέθλους.
τοῦτον δ' αὐτὸν ὁ δᾶμος, ὡς σάφ' εἰδῇς,
ἔστασ' ἐνθάδε χάλκεον ποήσας
πολλοῖς μησὶν ὄπισθε κἠνιαυτοῖς.

XX (*A.P.* 7. 663)   1 Θρά.σσαι Anth.   Θρεῖσσα Iunt. Cal.   2 Μνήδειος KD²C | κἠνέγραψε KC   3 τὴν ... ἡ KCD Iunt. Cal. | γυνὴ Iunt. Cal. γυν' KCD | ἀντεκείνων Anth.   4 κῶρον Anth.   κοῦρον cett. | μᾶν Anth. μὴν cett. | χρησίμα Anth.   -μη cett. | τελευτᾷ Anth.

XXI (*A.P.* 7. 664)   1 ποιητήν CD Iunt.   3 ποτ' Anth.   πρὸς cett. 4 νιν Anth.   μιν cett. | Μοῦσαι Anth. Iunt. Cal. | λάλιος D in ras.   λάιος KC   5 κἠπιδέξιος Anth.   κἀπ- cett.

XXII (*A.P.* 9. 598)   1 τῶι Ζηνὸς Anth. | ἡμῖν KD² | ἀνήρ K Iunt. Cal. 2 λειοντομάχαν Iunt. Cal.   3 ἔτ' ἄνωθεν Anth.: cf. Id. 7. 5   4 οὐκ Ahr.   ὡ(κ) codd.   5 χώσσους Ahr.   χόσσ- Anth.   χῶσους cett.   7 ποήσας Anth.   ποιή- cett.

ΕΠΙΓΡΑΜΜΑΤΑ

XXIII

Αὐδήσει τὸ γράμμα τί σᾶμά τε καὶ τίς ὑπ' αὐτῷ.
Γλαύκης εἰμὶ τάφος τῆς ὀνομαζομένης.

XXIV

Ἀρχαῖα τὠπόλλωνι τἀναθήματα
ὑπῆρχεν· ἡ βάσις δὲ τοῖς μὲν εἴκοσι,
τοῖς δ' ἑπτά, τοῖς δὲ πέντε, τοῖς δὲ δώδεκα
τοῖς δὲ διηκοσίοισι νεωτέρη ἥδ' ἐνιαυτοῖς·
5 τοσσόσδ' ἀριθμὸς ἐξέβη μετρούμενος.

XXIII (*A.P.* 7. 262) Ignorant codd. bucolici
XXIV (*A.P.* 9. 436, ubi epigr. 14 adiunctum est.) Ignorant codd. bucolici 1 τῶι πολλωνος τἀναθήματα ταῦτα Anth.   corr. Wil.   5 τοσσόσδε γάρ νιν ἐ. Anth.   corr. Wil.

MOSCHI
BIONIS
CETERORUM BUCOLICORUM
CARMINA

I. ΜΟΣΧΟΥ ΕΡΩΣ ΔΡΑΠΕΤΗΣ

Ἁ Κύπρις τὸν Ἔρωτα τὸν υἱέα μακρὸν ἐβώστρει·
' ὅστις ἐνὶ τριόδοισι πλανώμενον εἶδεν Ἔρωτα,
δραπετίδας ἐμός ἐστιν· ὁ μανύσας γέρας ἑξεῖ.
μισθός τοι τὸ φίλημα τὸ Κύπριδος· ἢν δ' ἀγάγῃς νιν,
5 οὐ γυμνὸν τὸ φίλημα, τὺ δ', ὦ ξένε, καὶ πλέον ἑξεῖς.
ἔστι δ' ὁ παῖς περίσαμος· ἐν εἴκοσι πᾶσι μάθοις νιν.
χρῶτα μὲν οὐ λευκὸς πυρὶ δ' εἴκελος· ὄμματα δ' αὐτῷ
δριμύλα καὶ φλογόεντα· κακαὶ φρένες, ἁδὺ λάλημα·
οὐ γὰρ ἴσον νοέει καὶ φθέγγεται· ὡς μέλι φωνά,
10 ὡς δὲ χολὰ νόος ἐστίν· ἀνάμερος, ἠπεροπευτάς,
οὐδὲν ἀλαθεύων, δόλιον βρέφος, ἄγρια παίσδων.
εὐπλόκαμον τὸ κάρανον, ἔχει δ' ἰταμὸν τὸ μέτωπον.
μικκύλα μὲν τήνῳ τὰ χερύδρια, μακρὰ δὲ βάλλει·
βάλλει κεἰς Ἀχέροντα καὶ εἰς Ἀΐδεω βασίλεια.
15 γυμνὸς ὅλος τό γε σῶμα, νόος δέ οἱ εὖ πεπύκασται,
καὶ πτερόεις ὡς ὄρνις ἐφίπταται ἄλλον ἐπ' ἄλλῳ,
ἀνέρας ἠδὲ γυναῖκας, ἐπὶ σπλάγχνοις δὲ κάθηται.
τόξον ἔχει μάλα βαιόν, ὑπὲρ τόξῳ δὲ βέλεμνον—
τυτθὸν μὲν τὸ βέλεμνον, ἐς αἰθέρα δ' ἄχρι φορεῖται—
20 καὶ χρύσεον περὶ νῶτα φαρέτριον, ἔνδοθι δ' ἐντί

Codd.: V (18–30) X (1–17)   S Anth. Pal. 9.440   Stob. 4.20.56 (Flor. 64.20) (7–10, 16, 17)
Titulus: ita X et praemisso Μόσχου Συρακοσίου SAnth.   M. τοῦ Σικελιώτου Stob.

2 εἴ τις SAnth.   3 μανυτὰς SAnth.   4 μισθός Anth. Plan. (Iunt. Cal.) -όν codd. | φίλημα Paris. 2833 -αμα codd. | ἀγάγῃ X   5 φίλημα Paris. 2765 -αμα codd. | τὺ X   τι S   τοι Anth.   6 δὲ καὶ περ. X | μάθοις νιν X² -θεις (-ης S) νιν SAnth. -θοιο X   7 χρῶμα X | αὐτοῦ SAnth.   10 ὡς X   ἢν SAnth.   ἐν Stob.   11 παίσδει SAnth.   12 πρόσωπον SAnth.   13 βελύδρια X² (ex -λίδ-)   14 δ' εἰς SAnth. | καὶ εἰς X   καὶ SAnth. | Ἀΐδαο Anth.¹ -δην X | βασίλεια Wil. -λῆα codd.   15 ὅλος X   μὲν SAnth. | εὖ πεπύκασται X² ἐμπ- cett.   16 ὡς SX Stob. ὅσον Anth. | ἄλλον Stob. -οτ' cett. | ἐπ' ἄλλον X²   19 μὲν V   ἀεὶ S ἐπὶ Anth.

I. ΕΡΩΣ ΔΡΑΠΕΤΗΣ

τοὶ πικροὶ κάλαμοι τοῖς πολλάκι κἀμὲ τιτρώσκει.
πάντα μὲν ἄγρια ταῦτα· πολὺ πλέον ἁ δαῒς αὐτῶ·
βαιὰ λαμπὰς ἐοῖσα τὸν ἅλιον αὐτὸν ἀναίθει.
ἢν τύγ᾽ ἕλῃς τῆνον, δήσας ἄγε μηδ᾽ ἐλεήσῃς,
25 κἢν ποτίδῃς κλαίοντα, φυλάσσεο μή σε πλανάσῃ·
κἢν γελάῃ, τύ νιν ἕλκε, καὶ ἢν ἐθέλῃ σε φιλῆσαι,
φεῦγε· κακὸν τὸ φίλημα· τὰ χείλεα φάρμακον ἐντί.
ἢν δὲ λέγῃ, " λάβε ταῦτα· χαρίζομαι ὅσσα μοι ὅπλα ",
μὴ τὺ θίγῃς πλάνα δῶρα, τὰ γὰρ πυρὶ πάντα βέβαπται.'
30 [αἲ αἲ καὶ τὸ σίδαρον, ὃ τὸν πυρόεντα καθέξει.]

II. ΜΟΣΧΟΥ ΕΥΡΩΠΗ

Εὐρώπῃ ποτὲ Κύπρις ἐπὶ γλυκὺν ἧκεν ὄνειρον,
νυκτὸς ὅτε τρίτατον λάχος ἵσταται ἐγγύθι δ᾽ ἠώς,
ὕπνος ὅτε γλυκίων μέλιτος βλεφάροισιν ἐφίζων
λυσιμελὴς πεδάᾳ μαλακῷ κατὰ φάεα δεσμῷ,
5 εὖτε καὶ ἀτρεκέων ποιμαίνεται ἔθνος ὀνείρων.
τῆμος ὑπωροφίοισιν ἐνὶ κνώσσουσα δόμοισι
Φοίνικος θυγάτηρ ἔτι παρθένος Εὐρώπεια
ὠίσατ᾽ ἠπείρους δοιὰς περὶ εἷο μάχεσθαι,
Ἀσίδα τ᾽ ἀντιπέρην τε· φυὴν δ᾽ ἔχον οἷα γυναῖκες.
10 τῶν δ᾽ ἣ μὲν ξείνης μορφὴν ἔχεν, ἣ δ᾽ ἄρ᾽ ἐῴκει
ἐνδαπίῃ, καὶ μᾶλλον ἑῆς περιίσχετο κούρης,

22 μὲν VAnth. δέ γ᾽ S | ταῦτα V² πάντα cett. | πλέον ἁ δαῒς Wil.
πλέονα δ᾽ ἀεὶ V πλέον δέει V² πλεῖον (-ων S) δέ οἱ SAnth. 23 ἐνοῖσα
SAnth. | ἐναίθει SAnth. 24 ψέν τις ἔλῃ V: cf. 28 | δήσας Mein. δάσ-
codd. 25 πλανάσῃ Paris. 1773² -ήσῃ codd. 26 φιλῆσαι
Ahr. -ᾶσαι codd. 27 φίλημα Ahr. -αμα codd. | φαρμακόεντα
Anth.¹ 28 ψὲν δὲ V¹: cf. 24 29 μή τι S 30 om. SAnth.

CODD.: FMS: uu. 24–142 cons. etiam inter miscellanea Basil. 36
TITULUS: Μόσχου Σικελιώτου Εὐρώπη
1 ἦλθεν M 2 τρίτατον Iunt. Cal. τρίτον codd. | ἵστατο F 9 Ἀσιάδ᾽
ἀ. S ἄσσαδ᾽ ἀ. M 10 om. S | εἶχεν F 11 ἐν δ᾽ ἀσίῃ S

ΜΟΣΧΟΥ

φάσκεν δ' ὥς μιν ἔτικτε καὶ ὡς ἀτίτηλέ μιν αὐτή.
ἡ δ' ἑτέρη κρατερῇσι βιωομένη παλάμῃσιν
εἴρυεν οὐκ ἀέκουσαν, ἐπεὶ φάτο μόρσιμον εἷο
15 ἐκ Διὸς αἰγιόχου γέρας ἔμμεναι Εὐρώπειαν.
ἡ δ' ἀπὸ μὲν στρωτῶν λεχέων θόρε δειμαίνουσα,
παλλομένη κραδίην· τὸ γὰρ ὡς ὕπαρ εἶδεν ὄνειρον.
ἑζομένη δ' ἐπὶ δηρὸν ἀκὴν ἔχεν, ἀμφοτέρας δέ
εἰσέτι πεπταμένοισιν ἐν ὄμμασιν εἶχε γυναῖκας.
20 ὀψὲ δὲ δειμαλέην ἀνενείκατο παρθένος αὐδήν·
‘ τίς μοι τοιάδε φάσματ' ἐπουρανίων προΐηλεν;
ποῖοί με στρωτῶν λεχέων ὕπερ ἐν θαλάμοισιν
ἡδὺ μάλα κνώσσουσαν ἀνεπτοίησαν ὄνειροι;
τίς δ' ἦν ἡ ξείνη τὴν εἴσιδον ὑπνώουσα;
25 ὥς μ' ἔλαβε κραδίην κείνης πόθος, ὥς με καὶ αὐτή
ἀσπασίως ὑπέδεκτο καὶ ὡς σφετέρην ἴδε παῖδα.
ἀλλά μοι εἰς ἀγαθὸν μάκαρες κρήνειαν ὄνειρον '.

Ὣς εἰποῦσ' ἀνόρουσε, φίλας δ' ἐπεδίζεθ' ἑταίρας
ἥλικας οἰέτεας θυμήρεας εὐπατερείας
30 τῇσιν ἀεὶ συνάθυρεν ὅτ' ἐς χορὸν ἐντύνοιτο
ἢ ὅτε φαιδρύνοιτο χρόα προχοῇσιν ἀναύρων
ἢ ὁπότ' ἐκ λειμῶνος ἐΰπνοα λείρι' ἀμέργοι.
αἱ δέ οἱ αἶψα φάανθεν, ἔχον δ' ἐν χερσὶν ἑκάστη
ἀνθοδόκον τάλαρον· ποτὶ δὲ λειμῶνας ἔβαινον
35 ἀγχιάλους, ὅθι τ' αἰὲν ὁμιλαδὸν ἠγερέθοντο
τερπόμεναι ῥοδέῃ τε φυῇ καὶ κύματος ἠχῇ.
αὐτὴ δὲ χρύσεον τάλαρον φέρεν Εὐρώπεια
θηητόν, μέγα θαῦμα, μέγαν πόνον Ἡφαίστοιο
ὃν Λιβύῃ πόρε δῶρον ὅτ' ἐς λέχος Ἐννοσιγαίου

12 ἀτίτηλλε S -ταλλε M 14 εἴρυκεν S¹ ἦρ- F | εἷο Ahr. εἶναι codd. 17 ὑπερεῖδεν S 18 ἀκμὴν M 20 δειμαλέην M δὴ μάλ' ἔπειτ' FS | παρθένον M 23 ὄνειρον M 24 τὴν MBas. ἦν FS 27 κρήνειαν Wakef. κρίν- codd. 28 ἐπιδίζεθ' MBas. 30 ἐντύνοιτο Wil. -ναιτο F² -ναῖντο FS -νοντο MBas. 31 φαιδρύνοιτο F²Bas. -οιντο cett. 32 ἀμέργοι Mein. -έρσοι codd. 34 δ' αὖ λ. MBas.

II. ΕΥΡΩΠΗ

40 ἤιεν· ἣ δὲ πόρεν περικαλλέι Τηλεφαάσσῃ,
ἥτε οἱ αἵματος ἔσκεν· ἀνύμφῳ δ' Εὐρωπείῃ
μήτηρ Τηλεφάασσα περικλυτὸν ὤπασε δῶρον.
ἐν τῷ δαίδαλα πολλὰ τετεύχατο μαρμαίροντα·
ἐν μὲν ἔην χρυσοῖο τετυγμένη Ἰναχὶς Ἰώ
45 εἰσέτι πόρτις ἐοῦσα, φυὴν δ' οὐκ εἶχε γυναίην.
φοιταλέη δὲ πόδεσσιν ἐφ' ἁλμυρὰ βαῖνε κέλευθα
νηχομένῃ ἰκέλη, κυάνου δ' ἐτέτυκτο θάλασσα·
δοιοῦ δ' ἕστασαν ὑψοῦ ἐπ' ὀφρύσιν αἰγιαλοῖο
φῶτες ἀολλήδην θηεῦντο δὲ ποντοπόρον βοῦν.
50 ἐν δ' ἦν Ζεὺς Κρονίδης ἐπαφώμενος ἠρέμα χερσί
πόρτιος Ἰναχίης τήν θ' ἑπταπόρῳ παρὰ Νείλῳ
ἐκ βοὸς εὐκεράοιο πάλιν μετάμειβε γυναῖκα.
ἀργύρεος μὲν ἔην Νείλου ῥόος, ἣ δ' ἄρα πόρτις
χαλκείη, χρυσοῦ δὲ τετυγμένος αὐτὸς ἔην Ζεύς.
55 ἀμφὶ δὲ δινήεντος ὑπὸ στεφάνην ταλάροιο
Ἑρμείης ἤσκητο, πέλας δέ οἱ ἐκτετάνυστο
Ἄργος ἀκοιμήτοισι κεκασμένος ὀφθαλμοῖσι.
τοῖο δὲ φοινήεντος ἀφ' αἵματος ἐξανέτελλεν
ὄρνις ἀγαλλόμενος πτερύγων πολυανθέι χροιῇ,
60 τὰς ὅ γ' ἀναπλώσας ὡσεί τέ τις ὠκύαλος νηῦς
χρυσείου ταλάροιο περίσκεπε χείλεα ταρσοῖς.
τοῖος ἔην τάλαρος περικαλλέος Εὐρωπείης.

Αἱ δ' ἐπεὶ οὖν λειμῶνας ἐς ἀνθεμόεντας ἵκανον,
ἄλλη ἐπ' ἀλλοίοισι τότ' ἄνθεσι θυμὸν ἔτερπον.
65 τῶν ἣ μὲν νάρκισσον εὔπνοον, ἣ δ' ὑάκινθον,
ἣ δ' ἴον, ἣ δ' ἕρπυλλον ἀπαίνυτο· πολλὰ δ' ἔραζε

41 fort. ἦ θ' ἑοῦ   44 Ἰνάχου S   45 γυναικός S   46 φοίτα' αἶδε
S   47 κυάνου Mein. -νὴ codd.   48 δοιοῦ Herm. -οὶ codd. | ὀφρύσιν
Herm. ὀφρύι (ο super ι) S -ύος cett.   50 Ζ. ἐπ. ἠρ. χειρὶ θεείῃ S
51 Ἰναχίης τήν Pierson εἶναλι- FMBas. εἶναι ληιστὴν S | θ' scripsi δ' codd.
om. Iunt.   55 στεφάνοις MBas.   60 τὰς ὅ γ' Maas ταρσὸν codd. |
ἐναπλώσας S   63 ἐς F ἐπ' MBas. ἐσήλυθον ἀνθ. S   65
νεόκισσον S

ΜΟΣΧΟΥ

λειμώνων ἐαροτρεφέων θαλέθεσκε πέτηλα.
αἳ δ' αὖτε ξανθοῖο κρόκου θυόεσσαν ἔθειραν
δρέπτον ἐριδμαίνουσαι· ἀτὰρ μέσσῃσιν ἄνασσα
70 ἀγλαΐην πυρσοῖο ῥόδου χείρεσσι λέγουσα
οἵά περ ἐν Χαρίτεσσι διέπρεπεν Ἀφρογένεια.

Οὐ μὲν δηρὸν ἔμελλεν ἐπ' ἄνθεσι θυμὸν ἰαίνειν,
οὐδ' ἄρα παρθενίην μίτρην ἄχραντον ἔρυσθαι.
ἦ γὰρ δὴ Κρονίδης ὥς μιν φράσαθ' ὣς ἐόλητο
75 θυμὸν ἀνωίστοισιν ὑποδμηθεὶς βελέεσσι
Κύπριδος, ἣ μούνη δύναται καὶ Ζῆνα δαμάσσαι.
δὴ γὰρ ἀλευόμενός τε χόλον ζηλήμονος Ἥρης
παρθενικῆς τ' ἐθέλων ἀταλὸν νόον ἐξαπατῆσαι
κρύψε θεὸν καὶ τρέψε δέμας καὶ γείνετο ταῦρος,
80 οὐχ οἷος σταθμοῖς ἐνιφέρβεται, οὐδὲ μὲν οἷος
ὦλκα διατμήγει σύρων εὐκαμπὲς ἄροτρον,
οὐδ' οἷος ποίμνης ἔπι βόσκεται, οὐδὲ μὲν οἷος
†ὅστις† ὑποδμηθεὶς ἐρύει πολύφορτον ἀπήνην.
τοῦ δή τοι τὸ μὲν ἄλλο δέμας ξανθόχροον ἔσκε,
85 κύκλος δ' ἀργύφεος μέσσῳ μάρμαιρε μετώπῳ,
ὄσσε δ' ὑπογλαύσσεσκε καὶ ἵμερον ἀστράπτεσκεν.
ἰσά τ' ἐπ' ἀλλήλοισι κέρα ἀνέτελλε καρήνου
ἄντυγος ἡμιτόμου κεραῆς ἅτε κύκλα σελήνης.
ἤλυθε δ' ἐς λειμῶνα καὶ οὐκ ἐφόβησε φαανθείς
90 παρθενικάς, πάσῃσι δ' ἔρως γένετ' ἐγγὺς ἱκέσθαι
ψαῦσαί θ' ἱμερτοῖο βοός τοῦ τ' ἄμβροτος ὀδμή
τηλόθι καὶ λειμῶνος ἐκαίνυτο λαρὸν ἀυτμήν.

67 ἐαροτροφέων S   ἀεροτρεφέθων M | θαλέεσκε F   68 ἔθειραν Dind.
-ρην codd.   69 μέσσοισιν MBas.   μέση ἔστη S   72 μὴν M   74
ἐβέβλητο S   78 τ' om. MBas.   79 γείνετο Ahr.   γιν- S Bas. γεν- M
γέντο F   81, 82 om. S   82 οὐδ' ὁποῖος π. MBas.   83 μάστι Ahr.
85, 86 om. S   86 ὑπογλαύσσεσκε Valck.   -αύσε- Bas. -αύκε- F
-αύθε- M | καὶ F   δι' MBas. | ἀστραπέεσκε F   88 ἄντα κεραίην ἡμ. S
90 παρθενικαῖς πάσαις δὲ MBas.   91 θ' Iunt. Cal.   δ' codd. | τ' scripsi
δ' MBas.   γ' F   om. S

ΙΙ. ΕΥΡΩΠΗ

στῆ δὲ ποδῶν προπάροιθεν ἀμύμονος Εὐρωπείης
καί οἱ λιχμάζεσκε δέρην, κατέθελγε δὲ κούρην.
95 ἡ δέ μιν ἀμφαφάασκε καὶ ἠρέμα χείρεσιν ἀφρὸν
πολλὸν ἀπὸ στομάτων ἀπομόργνυτο καὶ κύσε ταῦρον.
αὐτὰρ ὃ μειλίχιον μυκήσατο· φαῖό κεν αὐλοῦ
Μυγδονίου γλυκὺν ἦχον ἀνηπύοντος ἀκούειν·
ὤκλασε δὲ πρὸ ποδοῖιν ἐδέρκετο δ' Εὐρώπειαν
100 αὐχέν' ἐπιστρέψας καί οἱ πλατὺ δείκνυε νῶτον.
ἡ δὲ βαθυπλοκάμοισι μετέννεπε παρθενικῇσι·
'δεῦθ', ἑτάραι φίλιαι καὶ ὁμήλικες, ὄφρ' ἐπὶ τῷδε
ἑζόμεναι ταύρῳ τερπώμεθα· δὴ γὰρ ἁπάσας
νῶτον ὑποστορέσας ἀναδέξεται οἷά τ' ἐνηής
105 πρηΰς τ' εἰσιδέειν καὶ μείλιχος· οὐδέ τι ταύροις
ἄλλοισι προσέοικε, νόος δέ οἱ ἠΰτε φωτός
αἴσιμος ἀμφιθέει, μούνης δ' ἐπιδεύεται αὐδῆς'.
   Ὣς φαμένη νώτοισιν ἐφίζανε μειδιόωσα,
αἱ δ' ἄλλαι μέλλεσκον, ἄφαρ δ' ἀνεπήλατο ταῦρος,
110 ἣν θέλεν ἁρπάξας, ὠκὺς δ' ἐπὶ πόντον ἵκανεν.
ἡ δὲ μεταστρεφθεῖσα φίλας καλέεσκεν ἑταίρας
χεῖρας ὀρεγνυμένη, ταὶ δ' οὐκ ἐδύναντο κιχάνειν.
ἀκτάων δ' ἐπιβὰς πρόσσω θέεν ἠΰτε δελφίς,
χηλαῖς ἀβρεκτοῖσιν ἐπ' εὐρέα κύματα βαίνων.
115 ἡ δὲ τότ' ἐρχομένοιο γαληνιάασκε θάλασσα,
κήτεα δ' ἀμφὶς ἄταλλε Διὸς προπάροιθε ποδοῖιν,
γηθόσυνος δ' ὑπὲρ οἶδμα κυβίστεε βυσσόθε δελφίς.
Νηρεΐδες δ' ἀνέδυσαν ὑπὲξ ἁλός, αἱ δ' ἄρα πᾶσαι
κητείοις νώτοισιν ἐφήμεναι ἐστιχόωντο.

94 δέριν F   97 φαῖο Mein. φαῖε FMBas. φαίης S   98 Μυγδόνιον MBas. | λιγὺν FS   100 ἐπιτρέψας (ex ἐπαντρ-) S   104 τ' ἐνηής F² τε νηῢς FMBas. τε νῆα S   105 τ' om. S τ' ἐσιδ- MBas. τις ἰδ- F | ἀμείλιχος MBas.   109 μέλλεσκον Ald. -κεν S μέλεσκον FM | ἀνεπήλατο S   112 αἱ δ' MBas.   113 πρόσσω F² πρόσω cett.   114–17 om. S   116 τ' MBas.   117 βυσσόθι F   118 ἀνέβησαν MBas.

ΜΟΣΧΟΥ

120 καὶ δ' αὐτὸς βαρύδουπος ὑπεὶρ ἅλα Ἐννοσίγαιος
κῦμα κατιθύνων ἁλίης ἡγεῖτο κελεύθου
αὐτοκασιγνήτῳ· τοὶ δ' ἀμφί μιν ἠγερέθοντο
Τρίτωνες, πόντοιο βαρύθροοι αὐλητῆρες,
κόχλοισιν ταναοῖς γάμιον μέλος ἠπύοντες.
125 ἡ δ' ἄρ' ἐφεζομένη Ζηνὸς βοέοις ἐπὶ νώτοις
τῇ μὲν ἔχεν ταύρου δολιχὸν κέρας, ἐν χερὶ δ' ἄλλῃ
εἴρυε πορφυρέην κόλπου πτύχα ὄφρά κε μή μιν
δεύοι ἐφελκόμενον πολιῆς ἁλὸς ἄσπετον ὕδωρ.
κολπώθη δ' ὤμοισι πέπλος βαθὺς Εὐρωπείης
130 ἱστίον οἷά τε νηός· ἐλαφρίζεσκε δὲ κούρην.
ἡ δ' ὅτε δὴ γαίης ἄπο πατρίδος ἦεν ἄνευθεν,
φαίνετο δ' οὔτ' ἀκτή τις ἁλίρροθος οὔτ' ὄρος αἰπύ,
ἀλλ' ἀὴρ μὲν ὕπερθεν ἔνερθε δὲ πόντος ἀπείρων,
ἀμφί ἑ παπτήνασα τόσην ἀνενείκατο φωνήν·
135 'πῇ με φέρεις θεόταυρε; τίς ἔπλεο; πῶς δὲ κέλευθα
ἀργαλέ' εἰλιπόδεσσι διέρχεαι οὐδὲ θάλασσαν
δειμαίνεις; νηυσὶν γὰρ ἐπίδρομός ἐστι θάλασσα
ὠκυάλοις, ταῦροι δ' ἁλίην τρομέουσιν ἀταρπόν.
ποῖον σοὶ ποτὸν ἡδύ, τίς ἐξ ἁλὸς ἔσσετ' ἐδωδή;
140 ἦ ἄρα τις θεὸς ἐσσί; θεοῖς γ' ἐπεοικότα ῥέζεις.
οὔθ' ἅλιοι δελφῖνες ἐπὶ χθονὸς οὔτε τι ταῦροι
ἐν πόντῳ στιχόωσι, σὺ δὲ χθόνα καὶ κατὰ πόντον
ἄτρομος ἀίσσεις, χηλαὶ δέ τοί εἰσιν ἐρετμά.
ἦ τάχα καὶ γλαυκῆς ὑπὲρ ἠέρος ὑψόσ' ἀερθεὶς
145 εἴκελος αἰψηροῖσι πετήσεαι οἰωνοῖσιν.

---

120 ἁλὸς S   123 βαθύθροοι MSBas. | ἐνναετῆρες S   127 πορφυρέας κ.
πτύχας S | κε νηῶν MSBas.   128 ἐν δέ οἱ ἑλκ- S   129 ἀνέμοισι Salm.
132 ἁλίρροος S   133 ὕπερθεν FS   ἄνωθεν MBas.   135 κέλευθα Ahr.
-θον codd.   136 ἀργαλέ' εἰλιπόδεσσι Ahr.   -λέοισι πόδεσσι FS   -λέην π.
MBas.   139 τί ἐξ MBas.   140 del. Wil. | γ' Edm.   δ' codd. | θεῷ δ'
ἐπεοικότι M | ἦ ῥά τις ἐσσὶ θεὸς τί θεοῖς δ' ἀπεοικότα S   141 οὔθ' S²
οὔκ S   οὐδ' cett.   142 στείχουσι S   143 ἄβροχος S   145 ἴκελος
MS | πετήσεαι Iunt.   ποτ- codd.

II. ΕΥΡΩΠΗ

ὤμοι ἐγὼ μέγα δή τι δυσάμμορος, ἥ ῥά τε δῶμα
πατρὸς ἀποπρολιποῦσα καὶ ἑσπομένη βοῒ τῷδε
ξείνην ναυτιλίην ἐφέπω καὶ πλάζομαι οἴη.
ἀλλὰ σύ μοι, μεδέων πολιῆς ἁλὸς Ἐννοσίγαιε,
150 ἵλαος ἀντιάσειας, ὃν ἔλπομαι εἰσοράασθαι
τόνδε κατιθύνοντα πλόον προκέλευθον ἐμεῖο·
οὐκ ἀθεεὶ γὰρ ταῦτα διέρχομαι ὑγρὰ κέλευθα '.
Ὣς φάτο· τὴν δ' ὧδε προσεφώνεεν ἠύκερως βοῦς·
' θάρσει παρθενική· μὴ δείδιθι πόντιον οἶδμα.
155 αὐτός τοι Ζεύς εἰμι, κεἰ ἐγγύθεν εἴδομαι εἶναι
ταῦρος, ἐπεὶ δύναμαί γε φανήμεναι ὅττι θέλοιμι.
σὸς δὲ πόθος μ' ἀνέηκε τόσην ἅλα μετρήσασθαι
ταύρῳ ἐεἰδόμενον. Κρήτη δέ σε δέξεται ἤδη
ἥ μ' ἔθρεψε καὶ αὐτόν, ὅπῃ νυμφήια σεῖο
160 ἔσσεται· ἐξ ἐμέθεν δὲ κλυτοὺς φιτύσεαι υἷας
οἳ σκηπτοῦχοι ἅπαντες ἐπιχθονίοισιν ἔσονται'.
Ὣς φάτο· καὶ τετέλεστο τά περ φάτο. φαίνετο μὲν δὴ
Κρήτη, Ζεὺς δὲ πάλιν σφετέρην ἀνελάζετο μορφήν
λῦσε δέ οἱ μίτρην, καί οἱ λέχος ἔντυον Ὧραι.
165 ἡ δὲ πάρος κούρη Ζηνὸς γένετ' αὐτίκα νύμφη,
καὶ Κρονίδῃ τέκε τέκνα καὶ αὐτίκα γίνετο μήτηρ.

146 οἴμοι FS   150 ἀντήσειας M.| ὃν om. MS | ἐέλπομαι FS   151 πόντον προπάροιθεν ἐ. M   153 δ' αὖ ὅ γε M | εὐρύκερως S   155 κεἰ Wakef.   καὶ codd. | ἐγγύθι S | ἦμεν M   ἤμην S   156 ὅττι κε θ. F ὅττ' ἐθ- S   ὅττι θέλωμι Herm.   157 ἐνέηκε S   ἀνέοικε M   158 ταῦρον FS   163 ἑτέρην S   165 πατρὸς S   166 τέκε τέκνα Venet. 522 τ. τέκνεα M   τέκνα τίκτε FS | καὶ αὐ. γ. μήτηρ del. Wil.   totum u. Valck. Subscribunt Μόσχου Σικελιώτου Εὐρώπης στίχοι ρξϛ F   τέλος M. Σ. Εὐρ. MS

III. [ΜΟΣΧΟΥ] ΕΠΙΤΑΦΙΟΣ ΒΙΩΝΟΣ

Αἴλινά μοι στοναχεῖτε νάπαι καὶ Δώριον ὕδωρ,
καὶ ποταμοὶ κλαίοιτε τὸν ἱμερόεντα Βίωνα.
νῦν φυτά μοι μύρεσθε καὶ ἄλσεα νῦν γοάοισθε,
ἄνθεα νῦν στυγνοῖσιν ἀποπνείοιτε κορύμβοις·
5 νῦν ῥόδα φοινίσσεσθε τὰ πένθιμα, νῦν ἀνεμῶναι,
νῦν ὑάκινθε λάλει τὰ σὰ γράμματα καὶ πλέον αἰαῖ
λάμβανε τοῖς πετάλοισι· καλὸς τέθνακε μελικτάς.

ἄρχετε Σικελικαί, τῶ πένθεος ἄρχετε, Μοῖσαι.

ἀδόνες αἱ πυκινοῖσιν ὀδυρόμεναι ποτὶ φύλλοις
10 νάμασι τοῖς Σικελοῖς ἀγγείλατε τᾶς Ἀρεθοίσας
ὅττι Βίων τέθνακεν ὁ βουκόλος, ὅττι σὺν αὐτῷ
καὶ τὸ μέλος τέθνακε καὶ ὤλετο Δωρὶς ἀοιδά.

ἄρχετε Σικελικαί, τῶ πένθεος ἄρχετε, Μοῖσαι.

Στρυμόνιοι μύρεσθε παρ' ὕδασιν αἴλινα κύκνοι,
15 καὶ γοεροῖς στομάτεσσι μελίσδετε πένθιμον ᾠδάν
†οἵαν ὑμετέροις ποτὶ χείλεσι γῆρυς ἄειδεν.†
εἴπατε δ' αὖ κούραις Οἰαγρίσιν, εἴπατε πάσαις
Βιστονίαις Νύμφαισιν, 'ἀπώλετο Δώριος Ὀρφεύς'.

ἄρχετε Σικελικαί, τῶ πένθεος ἄρχετε, Μοῖσαι.

Codd. Primarii: LV (35–126) W (1–15) Tr [Laur.] P S
Titulus: om. SW Addunt βουκόλου (uel βουνόμου) ἐρωτικοῦ LPTr
Δωρίδι Tr Praefigunt Θεοκρίτου DTr Μόσχου ἢ Θεοκρίτου Σικελιώτου
(ἢ m. sec.) Vindob. 311 (cf. *Vit. Theocr.*) Carmen a recentioribus,
F. Vrsino auctore, in Moschea perperam receptum.
2 κλαίοιτε Iunt. Cal. κλαάοιτε, καλά- codd. 4 νῦν PS τε Tr om.
W 5 ἀνεμῶναι Valck. -να codd. 7 σοῖς LTr fort. ἀμβάλε' οἷς:
cf. Mosch. 4. 77 | τέθνακε H² -νηκε codd. 10 Σικελοῖς S² -λικοῖς
cett. 11 τέθνακεν Wint. -νηκεν codd. 16 οἵαν ἐν LP | γῆρας ἀείδει
Wil.

III. ΕΠΙΤΑΦΙΟΣ ΒΙΩΝΟΣ

20 κεῖνος ὁ ταῖς ἀγέλαισιν ἐράσμιος οὐκέτι μέλπει,
οὐκέτ' ἐρημαίαισιν ὑπὸ δρυσὶν ἥμενος ᾄδει,
ἀλλὰ παρὰ Πλουτῆι μέλος Ληθαῖον ἀείδει.
ὤρεα δ' ἐστὶν ἄφωνα, καὶ αἱ βόες αἱ ποτὶ ταύροις
πλαζόμεναι γοάοντι καὶ οὐκ ἐθέλοντι νέμεσθαι.

25   ἄρχετε Σικελικαί, τῶ πένθεος ἄρχετε, Μοῖσαι.

σεῖο, Βίων, ἔκλαυσε ταχὺν μόρον αὐτὸς Ἀπόλλων,
καὶ Σάτυροι μύροντο μελάγχλαινοί τε Πρίηποι·
καὶ Πᾶνες στοναχεῦντο τὸ σὸν μέλος, αἵ τε καθ' ὕλαν
Κρανίδες ὠδύραντο, καὶ ὕδατα δάκρυα γέντο·
30 Ἀχὼ δ' ἐν πέτραισιν ὀδύρεται ὅττι σιωπῇ
κοὐκέτι μιμεῖται τὰ σὰ χείλεα, σῷ δ' ἐπ' ὀλέθρῳ
δένδρεα καρπὸν ἔριψε τὰ δ' ἄνθεα πάντ' ἐμαράνθη·
μάλων οὐκ ἔρρευσε καλὸν γλάγος, οὐ μέλι σίμβλων,
κάτθανε δ' ἐν κηρῷ λυπεύμενον, οὐκέτι γὰρ δεῖ
35 τῶ μέλιτος τῶ σῶ τεθνακότος αὐτὸ τρυγᾶσθαι.

   ἄρχετε Σικελικαί, τῶ πένθεος ἄρχετε, Μοῖσαι.

οὐ τόσον εἰναλίαισι παρ' ᾀόσι μύρατο Σειρήν,
οὐδὲ τόσον ποκ' ἄεισεν ἐνὶ σκοπέλοισιν Ἀηδών,
οὐδὲ τόσον θρήνησεν ἀν' ὤρεα μακρὰ Χελιδών,
40 Ἀλκυόνος δ' οὐ τόσσον ἐπ' ἄλγεσιν ἴαχε Κῆυξ,
42 οὐδὲ τόσον γλαυκοῖς ἐνὶ κύμασι Κηρύλος ᾆδεν,
41 οὐ τόσον ἀῴοισιν ἐν ἄγκεσι παῖδα τὸν Ἀοῦς
ἱπτάμενος περὶ σᾶμα κινύρατο Μέμνονος ὄρνις,
ὅσσον ἀποφθιμένοιο κατωδύραντο Βίωνος—

45   ἄρχετε Σικελικαί, τῶ πένθεος ἄρχετε, Μοῖσαι—

20 τήνος Brunck: cf. 55, 72, 121   23 ποτὶ S   ποτε cett.   28 στοναχεῦντο Wakef. -τι codd.   30 σιωπῆς Valck.   34 κάτθανεν ἐν LWTrP   37 ᾀόσι Brunck   ᾐό- codd. | Σειρήν Buech.   σε πρίν LV γε π. Tr   δὲ π. P   δελφίν S   40 ἴσχετο PS | Κῆυξ Ald.   κῆρυξ codd.   42 transp. S²   41 ἀῴοισιν Brunck   ᾐῴ- S   ἠων- LV   ἰων- Tr   οἰων- P   'Ἰδαίοισιν coni. Brunck

[*ΜΟΣΧΟΥ*]

ἀδονίδες πᾶσαί τε χελιδόνες, ἅς ποκ' ἔτερπεν,
ἃς λαλέειν ἐδίδασκε· καθεζόμεναι δ' ἐπὶ πρέμνοις
ἀντίον ἀλλάλαισιν ἐκώκυον, αἱ δ' ὑπεφώνευν·
' ὄρνιθες λυπεῖσθ' αἱ πενθάδες; ἀλλὰ καὶ ἄμμες'.

50 ἄρχετε Σικελικαί, τῶ πένθεος ἄρχετε, Μοῖσαι.

τίς ποτὶ σᾷ σύριγγι μελίξεται, ὦ τριπόθητε;
τίς δ' ἐπὶ σοῖς καλάμοις θήσει στόμα; τίς θρασὺς οὕτως;
εἰσέτι γὰρ πνείει τὰ σὰ χείλεα καὶ τὸ σὸν ἆσθμα,
ἀχὼ δ' ἐν δονάκεσσι τεᾶς ἔτι βόσκετ' ἀοιδᾶς.
55 Πανὶ φέρω τὸ μέλισμα; τάχ' ἂν καὶ κεῖνος ἐρεῖσαι
τὸ στόμα δειμαίνοι μὴ δεύτερα σεῖο φέρηται.

ἄρχετε Σικελικαί, τῶ πένθεος ἄρχετε, Μοῖσαι.

κλαίει καὶ Γαλάτεια τὸ σὸν μέλος, ἄν ποκ' ἔτερπες
ἑζομέναν μετὰ σεῖο παρ' ἀιόνεσσι θαλάσσας·
60 οὐ γὰρ ἴσον Κύκλωπι μελίσδεο. τὸν μὲν ἔφευγεν
ἁ καλὰ Γαλάτεια, σὲ δ' ἅδιον ἔβλεπεν ἅλμας,
καὶ νῦν λασαμένα τῶ κύματος ἐν ψαμάθοισιν
ἕζετ' ἐρημαίαισι, βόας δ' ἔτι σεῖο νομεύει.

ἄρχετε Σικελικαί, τῶ πένθεος ἄρχετε, Μοῖσαι.

65 πάντα τοι, ὦ βούτα, συγκάτθανε δῶρα τὰ Μοισᾶν,
παρθενικᾶν ἐρόεντα φιλήματα, χείλεα παίδων,
καὶ στυγνοὶ περὶ σῶμα τεὸν κλαίουσιν Ἔρωτες,

47 κ. ποτὶ S   49 λυπεῖσθ' αἱ Ahr. -εῦσθαι L -εῦσθε PTr -εῖσθε VTr² -εῖσθέ γε S | ἄμμες scripsi (cf. 102) ἡμεῖς LS ἡμᾶς P ὑμεῖς VTr   51 μελίξεται S² -ίσδεται cett.   54 ἀχὼ δ' ἐν Cal. ἀχεδὼν L -εδὴ VTr -εδονεῖ PS | ἔτι β. Brunck ἐπιβ- codd.   55 μέλιγμα LVTr: cf. 92 | καὶ κεῖνος Ahr. κἀκ- codd. καὶ τῆνος Brunck: cf. 20   59 μετὰ Herm. παρὰ codd. | ἀιόνεσσι θαλάσσας Brunck ἠι- -σης codd.   61 ἁδὺ PS | ἀπέβλεπεν S   66 φιλήματα D Iunt.Cal. -άματα codd.   67 στυγνὸν PS | σῶμα Ald.¹ σᾶμα codd.

III. ΕΠΙΤΑΦΙΟΣ ΒΙΩΝΟΣ

χἀ Κύπρις φιλέει σε πολὺ πλέον ἢ τὸ φίλημα
τὸ πρώαν τὸν Ἄδωνιν ἀποθνᾴσκοντα φίλησεν.

69a ἄρχετε Σικελικαί, τῶ πένθεος ἄρχετε, Μοῖσαι.

70 τοῦτό τοι, ὦ ποταμῶν λιγυρώτατε, δεύτερον ἄλγος,
τοῦτο, Μέλη, νέον ἄλγος. ἀπώλετο πρᾶν τοι Ὅμηρος,
τῆνο τὸ Καλλιόπας γλυκερὸν στόμα, καί σε λέγοντι
μύρασθαι καλὸν υἷα πολυκλαύτοισι ῥεέθροις,
πᾶσαν δ' ἔπλησας φωνᾶς ἅλα· νῦν πάλιν ἄλλον
75 υἱέα δακρύεις καινῷ δ' ἐπὶ πένθεϊ τάκῃ.
ἀμφότεροι παγαῖς πεφιλημένοι· ὃς μὲν ἔπινε
Παγασίδος κράνας, ὃ δ' εἶχεν πόμα τᾶς Ἀρεθοίσας.
χὠ μὲν Τυνδαρέοιο καλὰν ἄεισε θύγατρα
καὶ Θέτιδος μέγαν υἷα καὶ Ἀτρείδαν Μενέλαον,
80 κεῖνος δ' οὐ πολέμους, οὐ δάκρυα, Πᾶνα δ' ἔμελπε
καὶ βούτας ἐλίγαινε καὶ ἀείδων ἐνόμευε
καὶ σύριγγας ἔτευχε καὶ ἁδέα πόρτιν ἄμελγε
καὶ παίδων ἐδίδασκε φιλήματα καὶ τὸν Ἔρωτα
ἔτρεφεν ἐν κόλποισι καὶ ἤρεθε τὰν Ἀφροδίταν.

85 ἄρχετε Σικελικαί, τῶ πένθεος ἄρχετε, Μοῖσαι.

πᾶσα, Βίων, θρηνεῖ σε κλυτὰ πόλις, ἄστεα πάντα.
Ἄσκρα μὲν γοάει σε πολὺ πλέον Ἡσιόδοιο·
Πίνδαρον οὐ ποθέοντι τόσον Βοιωτίδες ὗλαι·
οὐ τόσον Ἀλκαίῳ περιμύρατο Λέσβος ἐραννά,

68 χἀ J. A. Hart. ἁ codd.   69a ἄρχετε tantum inter lin. S   om. cett. u. intercal. explent dett.   71 μένεν νέον S |.πρίν Buech. | τοι S   ποι LVTr   μοι P   ποχ' Kaibel   72 λέγονται LVTr   73 μύρασθαι Mein. -εσθαι codd. | πολυκλαύτοισι L   -κλαύστ- cett.   74 δ' om. V | ἔπλησε LV   δὲ πλῆσαι Schaefer   75 αἰνῷ PS   77 Παγασίδος Tr   -δας cett. 81 βούτας Vatic. 1379   βώτας codd.   86 θρηνεῖ σε Cal.   θρήνησε, -ασε cȯdd.   87 Ἄσκρα Brunck   -ρη codd.   89 ἐραννά Heringa   ἐρεννά LVTr   -εμνά S   -ενέα P

143

[*ΜΟΣΧΟΥ*]

90 οὐδὲ τόσον τὸν ἀοιδὸν ὀδύρατο Τήιον ἄστυ·
σὲ πλέον Ἀρχιλόχοιο ποθεῖ Πάρος, ἀντὶ δὲ Σαπφοῦς
εἰσέτι σεῦ τὸ μέλισμα κινύρεται ἁ Μιτυλήνα.

. . . .

ἐν δὲ Συρακοσίοισι Θεόκριτος· αὐτὰρ ἐγώ τοι
Αὐσονικᾶς ὀδύνας μέλπω μέλος, οὐ ξένος ᾠδᾶς
95 βουκολικᾶς, ἀλλ' ἅντε διδάξαο σεῖο μαθητάς
κλαρονόμος μοίσας τᾶς Δωρίδος, ᾇ με γεραίρων
ἄλλοις μὲν τεὸν ὄλβον ἐμοὶ δ' ἀπέλειπες ἀοιδάν.

ἄρχετε Σικελικαί, τῶ πένθεος ἄρχετε, Μοῖσαι.

αἰαῖ ταὶ μαλάχαι μέν, ἐπὰν κατὰ κᾶπον ὄλωνται,
100 ἠδὲ τὰ χλωρὰ σέλινα τό τ' εὐθαλὲς οὖλον ἄνηθον
ὕστερον αὖ ζώοντι καὶ εἰς ἔτος ἄλλο φύοντι·
ἄμμες δ' οἱ μεγάλοι καὶ καρτεροί, οἱ σοφοὶ ἄνδρες,
ὁππότε πρᾶτα θάνωμες, ἀνάκοοι ἐν χθονὶ κοίλᾳ
εὕδομες εὖ μάλα μακρὸν ἀτέρμονα νήγρετον ὕπνον.
105 καὶ σὺ μὲν ὦν σιγᾷ πεπυκασμένος ἔσσεαι ἐν γᾷ,
ταῖς Νύμφαισι δ' ἔδοξεν ἀεὶ τὸν βάτραχον ᾄδειν.
ταῖς δ' ἐγὼ οὐ φθονέοιμι, τὸ γὰρ μέλος οὐ καλὸν ᾄδει.

ἄρχετε Σικελικαί, τῶ πένθεος ἄρχετε, Μοῖσαι.

φάρμακον ἦλθε, Βίων, ποτὶ σὸν στόμα, φάρμακον ἦδες.
110 τοιούτοις χείλεσσι ποτέδραμε κοὐκ ἐγλυκάνθη;

90 ὀδύρατο Wakef. ἐμύρ- codd.   92 μέλιγμα LVTr: cf. 55 | Μιτυλάνα LVTr: cf. Theocr. 7. 52   93 ante h. u. lacunam statuit Musurus | εἰ δὲ Wil.   95 βουκολικᾶς Vrsinus   βωκ- codd. | ἅντε Brunck   ἤντε codd.   96 μοίσας Mein.   μώσ- codd. | ᾇ με Briggs   ἄμμε LPS   ἄμμεα VTr   97 ἀπέλειψας S   100 ἢ τὰ PS   102 καρτεροὶ οἱ Briggs   καρτεροὶ P   -ερικοὶ cett.   104 ᾆ μάλα Buech.   105 ὦν Wakef.   ἐν codd.   107 ταῖς Mein.   τοῖς codd.   τῷ Cal.   109 εἶδες LVTr   ἀδές (= ἀηδές) subl. post u. interpunct. Maas   110 τίς, et ut uid. τούτοις in τευ τοῖς mut. S | ποτέδραμε S²   ποκ' ἔδρ- cett.

III. ΕΠΙΤΑΦΙΟΣ ΒΙΩΝΟΣ

τίς δὲ βροτὸς τοσσοῦτον ἀνάμερος ἢ κεράσαι τοι
ἢ δοῦναι καλέοντι τὸ φάρμακον; ἢ φύγεν ᾠδάν.

ἄρχετε Σικελικαί, τῶ πένθεος ἄρχετε, Μοῖσαι.

ἀλλὰ Δίκα κίχε πάντας· ἐγὼ δ' ἐπὶ πένθεϊ τῷδε
115 δακρυχέων τεὸν οἶτον ὀδύρομαι. εἰ δυνάμαν δέ,
ὡς Ὀρφεὺς καταβὰς ποτὶ Τάρταρον, ὥς ποκ' Ὀδυσσεύς,
ὡς πάρος Ἀλκεΐδας, κἠγὼ τάχ' ἂν ἐς δόμον ἦλθον
Πλουτέος ὥς κέ σ' ἴδοιμι καί, εἰ Πλουτῆι μελίσδῃ,
ὡς ἂν ἀκουσαίμαν τί μελίσδεαι. ἀλλ' ἄγε Κώρᾳ
120 Σικελικόν τι λίγαινε καὶ ἁδύ τι βουκολιάζευ·
καὶ κείνα Σικελά, καὶ ἐν Αἰτναίαισιν ἔπαιζεν
ᾀόσι, καὶ μέλος οἶδε τὸ Δώριον· οὐκ ἀγέραστος
ἐσσεῖθ' ἁ μολπά, χὼς Ὀρφέι πρόσθεν ἔδωκεν
ἁδέα φορμίζοντι παλίσσυτον Εὐρυδίκειαν,
125 καὶ σέ, Βίων, πέμψει τοῖς ὤρεσιν. εἰ δέ τι κἠγών
συρίσδων δυνάμαν, παρὰ Πλουτέι κ' αὐτὸς ἄειδον.

111 ὃς κερ. S   ὡς κ. Ahr. | κεράσαι τοι Vatic. 1379 marg.   -άσαιτο LVTrP   -άοντι S   112 λαλέοντι LVTr | ἔκφυγεν S non intellegitur   114 ἀλλ' Ἀΐδας Schmitz | πάντας om. PS¹   115 δακρυχέων Iunt. δάκρυα καὶ codd.   117 ἐς Ald.   εἰς codd.   118 κέ σ' Schaefer κεν codd. | μελίσδῃ Ahr.   -δης, -δεις codd.   119 μελίσδεαι S   -δεο cett. | ἀλλ' ἄγε Wil.   ἀλλ' ἐπὶ S   ἀλλὰ πᾶσα P   καὶ πᾶσα L   κ. παρὰ VTr   121 καὶ κείνα LV   καὶ κεῖνος P   κείνα Tr   -νη S | Σικελὰ καὶ Teucher   Σικελικὰ LVP   -κὰ καὶ Tr   -καῖσιν S   122 ᾖδε S² 126 συρίσδεν P²S | Πλουτῆι LVTrP | ἀείδω LVTr¹ om. P

IV. [ΜΟΣΧΟΥ] ΜΕΓΑΡΑ

' Μῆτερ ἐμή, τίφθ' ὧδε φίλον κατὰ θυμὸν ἰάπτεις
ἐκπάγλως ἀχέουσα, τὸ πρὶν δέ τοι οὐκέτ' ἔρευθος
σώζετ' ἐπὶ ῥεθέεσσι; τί μοι τόσον ἠνίησαι;
ἦ ῥ' ὅ τοι ἄλγεα πάσχει ἀπείριτα φαίδιμος υἱός
5 ἀνδρὸς ὑπ' οὐτιδανοῖο, λέων ὡσεί θ' ὑπὸ νεβροῦ;
ὤμοι ἐγώ, τί νυ δή με θεοὶ τόσον ἠτίμησαν
ἀθάνατοι; τί νύ μ' ὧδε κακῇ γονέες τέκον αἴσῃ;
δύσμορος, ἥτ' ἐπεὶ ἀνδρὸς ἀμύμονος ἐς λέχος ἦλθον,
τὸν μὲν ἐγὼ τίεσκον ἴσον φαέεσσιν ἐμοῖσιν
10 ἠδ' ἔτι νῦν σέβομαί τε καὶ αἰδέομαι κατὰ θυμόν,
τοῦ δ' οὔτις γένετ' ἄλλος ἀποτμότερος ζωόντων
οὐδὲ τόσων σφετέρῃσιν ἐγεύσατο φροντίσι κηδέων.
σχέτλιος, ὃς τόξοισιν, ἅ οἱ πόρεν αὐτὸς Ἀπόλλων
ἠέ τινος Κηρῶν ἢ Ἐρινύος αἰνὰ βέλεμνα,
15 παῖδας ἑοὺς κατέπεφνε καὶ ἐκ φίλον εἵλετο θυμόν
μαινόμενος κατὰ οἶκον, ὁ δ' ἔμπλεος ἔσκε φόνοιο.
τοὺς μὲν ἐγὼ δύστηνος ἐμοῖς ἴδον ὀφθαλμοῖσι
βαλλομένους ὑπὸ πατρί, τό τ' οὐδ' ὄναρ ἤλυθεν ἄλλῳ,
οὐδέ σφιν δυνάμην ἀδινὸν καλέουσιν ἀρῆξαι
20 μητέρ' ἑήν, ἐπεὶ ἐγγὺς ἀνίκητον κακὸν ἦεν.
ὡς δ' ὄρνις δύρηται ἐπὶ σφετέροισι νεοσσοῖς
ὀλλυμένοις, οὕς τ' αἰνὸς ὄφις ἔτι νηπιάχοντας
θάμνοις ἐν πυκινοῖσι κατεσθίει, ἡ δὲ κατ' αὐτούς
πωτᾶται κλάζουσα μάλα λιγὺ πότνια μήτηρ,

CODD. PRIMARII: WTr [Laur.] D S
TITULUS: Μεγάρα γυνὴ Ἡρακλέους WTr ἡ Μ. λέγει τῇ πενθερᾷ κεχαρισμένη S Μ. λ. τὴν πενθεράν D Θεοκρίτου Δωρίδι διηγηματικόν add. Tr Carmen alibi cum [Theocr.] xxv consociatum inter Moschea conseruat S, quem, F. Vrsino auctore, secuti sunt recentiores.
2 ἀχέεσσι D   4 ὅ τοι D ὅτι cett.   6 νύ μ' ὧδε WTr   8 εἰς DS
13 πόρε Φοῖβος Λ. D   14 Ἐρινύος D¹ Ἐρινν- cett.   15 ὤλεσε θ.
S   16 ἔμπλεως WTr   18 τ' scripsi δ' codd.   21 δύρηται Mein.
ὀδ- codd.

IV. ΜΕΓΑΡΑ

25 οὐδ' ἄρ' ἔχει τέκνοισιν ἐπαρκέσαι, ᾗ γάρ οἱ αὐτῇ
ἆσσον ἵμεν μέγα τάρβος ἀμειλίκτοιο πελώρου—
ὣς ἐγὼ αἰνοτόκεια φίλον γόνον αἰάζουσα
μαινομένοισι πόδεσσι δόμον κάτα πολλὸν ἐφοίτων.
ὥς γ' ὄφελον μετὰ παισὶν ἅμα θνῄσκουσα καὶ αὐτή
30 κεῖσθαι φαρμακόεντα δι' ἥπατος ἰὸν ἔχουσα,
Ἄρτεμι, θηλυτέρῃσι μέγα κρείουσα γυναιξί·
τῷ χ' ἡμᾶς κλαύσαντε φίλῃσ' ἐν χερσὶ τοκῆες
πολλοῖς σὺν κτερέεσσι πυρῆς ἐπέβησαν ὁμοίης,
καί κεν ἕνα χρύσειον ἐς ὀστέα κρωσσὸν ἁπάντων
35 λέξαντες κατέθαψαν ὅθι πρῶτον γενόμεσθα.
νῦν δ' οἱ μὲν Θήβην ἱπποτρόφον ἐνναίουσιν
Ἀονίου πεδίοιο βαθεῖαν βῶλον ἀροῦντες,
αὐτὰρ ἐγὼ Τίρυνθα κάτα κραναὴν πόλιν Ἥρης
πολλοῖσιν δύστηνος ἰάπτομαι ἄλγεσιν ἦτορ
40 αἰὲν ὁμῶς, δακρύων δὲ πάρεστί μοι οὐδ' ἵ' ἐρωή.
ἀλλὰ πόσιν μὲν ὁρῶ παῦρον χρόνον ὀφθαλμοῖσιν
οἴκῳ ἐν ἡμετέρῳ, πολέων γάρ οἱ ἔργον ἑτοῖμον
μόχθων, τοὺς ἐπὶ γαῖαν ἀλώμενος ἠδὲ θάλασσαν
μοχθίζει πέτρης ὅγ' ἔχων νόον ἠὲ σιδήρου
45 καρτερὸν ἐν στήθεσσι· σὺ δ' ἠΰτε λείβεαι ὕδωρ,
νύκτας τε κλαίουσα καὶ ἐκ Διὸς ἤματ' ὁπόσσα.
ἄλλος μὰν οὐκ ἄν τις ἐϋφρῆναι με παραστάς
κηδεμόνων· οὐ γάρ σφε δόμων κατὰ τεῖχος ἐέργει,
καὶ λίην πάντες γε πέρην πιτυώδεος Ἰσθμοῦ
50 ναίουσ', οὐδέ μοί ἐστι πρὸς ὅντινά κε βλέψασα
οἷα γυνὴ πανάποτμος ἀναψύξαιμι φίλον κῆρ
νόσφι γε δὴ Πύρρης συνομαίμονος· ἡ δὲ καὶ αὐτή

25 ἧ ῥά Cholmeley: cf. 42, 56   26 ἀμειλίκτου νεαώρου S   27 τόκον WTr   31 ante 29 trs. Maas   32 ἐν S ἐπὶ DTr om. W | τοκῆε Herm.   36 κουροτρόφον WTr   40 αἰὲν Brunck αἰεὶ codd.   42 δέ οἱ Herm.: cf. 25   45 λείβεται DS   46 ἤματα πάντα WTr   47 εὐφράνειν S   51 ἀναπτύξαιμι WTr   52 νόσφιν δὴ S | τε συναίμονος S

[*ΜΟΣΧΟΥ*]

ἀμφὶ πόσει σφετέρῳ πλέον ἄχνυται Ἰφικλῆι,
σῷ υἱεῖ· πάντων γὰρ ὀιζυρώτατα τέκνα
55 γείνασθαί σε θεῷ τε καὶ ἀνέρι θνητῷ ἔολπα.'

"Ὡς ἄρ' ἔφη· τὰ δέ οἱ θαλερώτερα δάκρυα μήλων
κόλπον ἐς ἱμερόεντα κατὰ βλεφάρων ἐχέοντο
μνησαμένῃ τέκνων τε καὶ ὧν μετέπειτα τοκήων.
ὣς δ' αὔτως δακρύοισι παρήια λεύκ' ἐδίαινεν
60 Ἀλκμήνη· βαρὺ δ' ἧγε καὶ ἐκ θυμοῦ στενάχουσα
μύθοισιν πυκινοῖσι φίλην νυὸν ὧδε μετηύδα·
'δαιμονίη παίδων, τί νύ τοι φρεσὶν ἔμπεσε τοῦτο
πευκαλίμῃς; πῶς ἄμμ' ἐθέλεις ὀροθυνέμεν ἄμφω
κήδε' ἄλαστα λέγουσα τά τ' οὐ νῦν πρῶτα κέκλαυται;
65 ἦ οὐχ ἅλις, οἷς ἐχόμεσθα τὸ δεύτατον, αἰὲν ἐπ' ἦμαρ
γινομένοις; μάλα μέν γε φιλοθρηνής κέ τις εἴη
ὅστις ἀριθμηθεῖσιν ἐφ' ἡμετέροις ἀχέεσσι
θαρσοίη· τοιῆσδ' ἐκυρήσαμεν ἐκ θεοῦ αἴσης.
καὶ δ' αὐτὴν ὁρόω σε, φίλον τέκος, ἀτρύτοισιν
70 ἄλγεσι μοχθίζουσαν· ἐπιγνώμων δέ τοί εἰμι
ἀγχαλάαν, ὅτε δή γε καὶ εὐφροσύνης κόρος ἐστί.
καί σε μάλ' ἐκπάγλως ὀλοφύρομαι ἠδ' ἐλεαίρω
οὕνεκεν ἡμετέροιο λυγροῦ μετὰ δαίμονος ἔσχες
ὅς θ' ἡμῖν ἐφύπερθε κάρης βαρὺς αἰωρεῖται.
75 ἴστω γὰρ Κούρη τε καὶ εὐέανος Δημήτηρ,
ἅς κε μέγα βλαφθείς τις ἑκὼν ἐπίορκον ὀμόσσαι
†δυσμενέων†, μηδέν σε χερειότερον φρεσὶν ᾗσι
στέργειν ⟨μ'⟩ ἢ εἴπερ μοι ὑπὲκ νηδυιόφιν ἦλθες
καί μοι τηλυγέτη ἐνὶ δώμασι παρθένος ἦσθα·

---

53 ἄχθεται WTr   54 υἱῷ WTr   56 μηλῶ D   58 μν. τεκέων WTr | τε om. D   64 τ' scripsi   δ' codd. | κέκλωνται WTr   65 αἰὲν Brunck   αἰεὶ codd.   66 φιλοφρήνης D | κέ τ' ἂν WTr   67 ἀριθμηθεῖσιν Wil. -μήσειεν codd.   68 θαρσοίη Herm.   θάρσει· οὐ codd.   71 ἀγχαλάαν Sitzler   ἀσχ- codd. | ὅτι S   72 ἐποδύρομαι S   74 καθύπερθε D   76 αἷς κε WTr   ἅς τε Mein. | τ. οὐκ ἐπ. S | ὀμόσσαι Brunck   -σῃ codd.   77 μηθὲν D   78 μ' add. Herm. | νηδυιόφιν Valck.   -υόφιν codd.

148

IV. ΜΕΓΑΡΑ

80 οὐδ' αὐτήν γέ νυ πάμπαν ἔολπά σε τοῦτό γε λήθειν.
τῷ μή μ' ἐξείπῃς ποτ', ἐμὸν θάλος, ὥς σευ ἀκηδέω,
μηδ' εἴ κ' ἠυκόμου Νιόβης πυκινώτερα κλαίω.
οὐδὲν γὰρ νεμεσητὸν ὑπὲρ τέκνου γοάασθαι
μητέρι δυσπαθέοντος· ἐπεὶ δέκα μῆνας ἔκαμνον
85 †πρὶν καί πέρ τ' ἰδέειν μιν, ἐμῷ ὑπὸ ἥπατ' ἔχουσα,†
καί με πυλάρταο σχεδὸν ἤγαγεν Αἰδωνῆος,
ὧδέ ἑ δυστοκέουσα κακὰς ὠδῖνας ἀνέτλην.
νῦν δέ μοι οἴχεται υἱὸς ἐπ' ἀλλοτρίης νέον ἆθλον
ἐκτελέων, οὐδ' οἶδα δυσάμμορος εἴτε μιν αὖτις
90 ἐνθάδε νοστήσανθ' ὑποδέξομαι εἴτε καὶ οὐκί.
πρὸς δ' ἔτι μ' ἐπτοίησε διὰ γλυκὺν αἰνὸς ὄνειρος
ὕπνον, δειμαίνω δὲ παλίγκοτον ὄψιν ἰδοῦσα
ἐκπάγλως μή μοί τι τέκνοις ἀποθύμιον ἔρπῃ.
εἴσατο γάρ μοι ἔχων μακέλην εὐεργέα χερσί
95 παῖς ἐμὸς ἀμφοτέρῃσι, βίη Ἡρακληείη,
τῇ μεγάλην ἐλάχαινε, δεδεγμένος ὡς ἐπὶ μισθῷ,
τάφρον τηλεθάοντος ἐπ' ἐσχατιῇ τινος ἀγροῦ
γυμνὸς ἄτερ χλαίνης τε καὶ εὐμίτροιο χιτῶνος.
αὐτὰρ ἐπειδὴ παντὸς ἀφίκετο πρὸς τέλος ἔργου
100 καρτερὸν οἰνοφόροιο πονεύμενος ἕρκος ἀλωῆς,
ἤτοι ὃ λίστρον ἔμελλεν ἐπὶ προὔχοντος ἐρείσας
ἀνδήρου καταδῦναι ἃ καὶ πάρος εἵματα ἔστο·
ἐξαπίνης δ' ἀνέλαμψεν ὑπὲρ καπέτοιο βαθείης
πῦρ ἄμοτον, περὶ δ' αὐτὸν ἀθέσφατος εἰλεῖτο φλόξ.
105 αὐτὰρ ὅγ' αἰὲν ὄπισθε θοοῖς ἀνεχάζετο ποσσίν
ἐκφυγέειν μεμαὼς ὀλοὸν μένος Ἡφαίστοιο·

81 μή μ' S   μηδ' WTr   μήτ' D | τότ' WTr² τόγ' Tr | σεῦ S   σ' οὐ WTr
εὖ D³ | ἀκηδέω D³ -δω S   κηδέω WTr   83 οὐδὲν Mein.   οὐθὲν WTrD
οὐδ' ὡς S   85 ἔχουσαν D   87 δυστοκέσασα WTr   88 υἱὸς Valck.
οἷος codd.   89 αὖτις Iunt.   αὐτόν codd.   90 ἠὲ καὶ D   93 ἔρπῃ
Herm. (fort. -πει)   ἔρδοι codd.   94 ἵστατο WTr   98 ἄνευ WTr
100 οἰνοπέδοιο WTr | ἀλωήν WTr   101 λ. ἐπὶ πρ. σπεῦδεν ἐ. S   103
ὑπὲκ C. Hart.   104 εἰλεῖται WTr   106 βέλος S

[*ΜΟΣΧΟΥ*]

αἰεὶ δὲ προπάροιθεν ἑοῦ χροὸς ἠύτε γέρρον
νώμασκεν μακέλην, περὶ δ' ὄμμασιν ἔνθα καὶ ἔνθα
πάπταινεν μὴ δή μιν ἐπιφλέξῃ δήιον πῦρ.
110 τῷ μὲν ἀοσσῆσαι λελιημένος, ὥς μοι ἔικτο,
Ἰφικλέης μεγάθυμος ἐπ' οὔδεϊ κάππεσ' ὀλισθών
πρὶν ἐλθεῖν, οὐδ' ὀρθὸς ἀναστῆναι δύνατ' αὖτις,
ἀλλ' ἀστεμφὲς ἔκειτο, γέρων ὡσείτ' ἀμενηνός
ὅντε καὶ οὐκ ἐθέλοντα βιήσατο γῆρας ἀτερπές
115 καππεσέειν, κεῖται δ' ὅγ' ἐπὶ χθονὸς ἔμπεδον αὔτως
εἰσόκε τις χειρός μιν ἀνειρύσῃ παριόντων
αἰδεσθεὶς ὄπιδα προτέρην πολιοῖο γενείου.
ὣς ἐν γῇ λελίαστο σακεσπάλος Ἰφικλείης,
αὐτὰρ ἐγὼ κλαίεσκον ἀμηχανέοντας ὁρῶσα
120 παῖδας ἐμούς, μέχρι δή μοι ἀπέσσυτο νήδυμος ὕπνος
ὀφθαλμῶν ἠὼς δὲ παραυτίκα φαινόλις ἦλθε.
τοῖα, φίλη, μοι ὄνειρα διὰ φρένας ἐπτοίησαν
παννυχίη· τὰ δὲ πάντα πρὸς Εὐρυσθῆα τρέποιτο
οἴκου ἀφ' ἡμετέροιο, γένοιτο δὲ μάντις ἐκείνῳ
125 θυμὸς ἐμός, μηδ' ἄλλο παρὲκ τελέσειέ τι δαίμων.'

112 αὖθις D¹S 115 αὐτοῦ WTrD 116 ἀνειρύσσῃ S 119
ἀμηχανόωντας S 121 φαινόλις ἦλθεν D φαίδιμος ἦλθε WTr
φαίνετο δῖα S

ΜΟΣΧΟΥ ΑΠΟΣΠΑΣΜΑΤΑ

I (V)

Τὰν ἄλα τὰν γλαυκὰν ὅταν ὤνεμος ἀτρέμα βάλλῃ,
τὰν φρένα τὰν δειλὰν ἐρεθίζομαι, οὐδ' ἔτι μοι γᾶ
ἐντὶ φίλα, ποθίει δὲ πολὺ πλέον ἁ μεγάλα μ' ἅλς.
ἀλλ' ὅταν ἀχήσῃ πολιὸς βυθὸς ἁ δὲ θάλασσα
5 κυρτὸν ἐπαφρίζῃ τὰ δὲ κύματα μακρὰ μεμήνῃ,
ἐς χθόνα παπταίνω καὶ δένδρεα τὰν δ' ἅλα φεύγω,
γᾶ δέ μοι ἀσπαστά, χἀ δάσκιος εὔαδεν ὕλα
ἔνθα καὶ ἢν πνεύσῃ πολὺς ὤνεμος ἁ πίτυς ᾄδει.
ἦ κακὸν ὁ γριπεὺς ζώει βίον, ᾧ δόμος ἁ ναῦς,
10 καὶ πόνος ἐντὶ θάλασσα, καὶ ἰχθύες ἁ πλάνος ἄγρα.
αὐτὰρ ἐμοὶ γλυκὺς ὕπνος ὑπὸ πλατάνῳ βαθυφύλλῳ,
καὶ παγᾶς φιλέοιμι τὸν ἐγγύθεν ἆχον ἀκούειν
ἁ τέρπει ψοφέοισα τὸν ἄγρυπνον, οὐχὶ ταράσσει.

II (VI)

Ἤρατο Πὰν Ἀχῶς τᾶς γείτονος, ἤρατο δ' Ἀχώ
σκιρτατᾶ Σατύρῳ, Σάτυρος δ' ἐπεμήνατο Λύδᾳ.
ὡς Ἀχὼ τὸν Πᾶνα, τόσον Σάτυρος φλέγεν Ἀχώ
καὶ Λύδα Σατυρίσκον· Ἔρως δ' ἐσμύχετ' ἀμοιβά.
5 ὅσσον γὰρ τήνων τις ἐμίσεε τὸν φιλέοντα,

De Stobaei codicibus uide p. 159.

I Stob. 4.17.19 (Flor.59.19): capit. περὶ ναυτιλίας καὶ ναυαγίου: codd. AMS: lemma, ἐκ τῶν Μόσχου Βουκολικῶν.
1 βάλλῃ Steph. βάλοι codd.   2 μοι γᾶ Bosius μοῖσα codd.   3 ποθίει Voss. O.9² -ίη codd. | πλέον ἁ μεγάλα μ' ἅλς Edm.   πλέονα μεγάλαν ἅλα codd.   5 μακρὰ Paris. 1985 om. codd.   7 χἀ Steph. τάχα codd.
10 πόρος Briggs | ἐστὶ Voss. O. 9 | ἰχθύες Teucher -θὺς codd. | ἁ πλάνος Paris. 1985 ἀπλανῶς codd.   12 ἆχον Brunck ἦχ- codd.   13 ἃ τέρπει Paris. 1985 ἀτερπῆ codd. | ἄγρυπνον scripsi ἀγροῖκον codd.

II Stob. 4.20.29 (Flor. 63.29): capit. περὶ Ἀφροδίτης κ.τ.λ.: codd. AMS: lemma, ἐκ τῶν Μόσχου τοῦ Σικελιώτου Βουκολικῶν.
1 ἤρατο Π. Wakef.   ἤρα Π. codd.   2 Λύδᾳ A² -δαν MS.

ΜΟΣΧΟΥ

τόσσον ὁμῶς φιλέων ἠχθαίρετο, πάσχε δ' ἃ ποίει.
ταῦτα λέγω πᾶσιν τὰ διδάγματα τοῖς ἀνεράστοις·
στέργετε τὼς φιλέοντας ἵν' ἢν φιλέητε φιλῆσθε.

III (VII)

Ἀλφειὸς μετὰ Πῖσαν ἐπὴν κατὰ πόντον ὁδεύῃ,
ἔρχεται εἰς Ἀρέθοισαν ἄγων κοτινηφόρον ὕδωρ,
ἕδνα φέρων καλὰ φύλλα καὶ ἄνθεα καὶ κόνιν ἱράν,
καὶ βαθὺς ἐμβαίνει τοῖς κύμασι τὰν δὲ θάλασσαν
5 νέρθεν ὑποτροχάει, κοὐ μίγνυται ὕδασιν ὕδωρ,
ἁ δ' οὐκ οἶδε θάλασσα διερχομένω ποταμοῖο.
κῶρος δεινοθέτας κακομάχανος αἰνὰ διδάσκων
καὶ ποταμὸν διὰ φίλτρον Ἔρως ἐδίδαξε κολυμβῆν.

IV (VIII)

ΕΙΣ ΕΡΩΤΑ ΑΡΟΤΡΙΩΝΤΑ

Λαμπάδα θεὶς καὶ τόξα βοηλάτιν εἵλετο ῥάβδον
οὖλος Ἔρως, πήρην δ' εἶχε κατωμαδίην,
καὶ ζεύξας ταλαεργὸν ὑπὸ ζυγὸν αὐχένα ταύρων
ἔσπειρεν Δηοῦς αὔλακα πυροφόρον·
5 εἶπε δ' ἄνω βλέψας αὐτῷ Διί, ' πλῆσον ἀρούρας
μή σε τὸν Εὐρώπης βοῦν ὑπ' ἄροτρα βάλω'.

6 ἠχθαίρετο Gesner -εδο codd.   8 τὼς Ahr.   τοὺς codd.
III Stob. 4.20.55 (Flor. 64.19): capit. ψόγος Ἀφροδίτης: codd., lemma sicut in II.
1 Πῖσαν Steph.   Πεῖσ- codd.   7 ἀγωνοθέτας Hemst.
IV Anth. Plan. 4. 200: *Μόσχου*.

I. ⟨ΒΙΩΝΟΣ⟩ ΕΠΙΤΑΦΙΟΣ ΑΔΩΝΙΔΟΣ

Αἰάζω τὸν Ἄδωνιν, ' ἀπώλετο καλὸς Ἄδωνις '·
' ὤλετο καλὸς Ἄδωνις ', ἐπαιάζουσιν Ἔρωτες.

μηκέτι πορφυρέοις ἐνὶ φάρεσι Κύπρι κάθευδε·
ἔγρεο, δειλαία, κυανόστολα καὶ πλατάγησον
5 στήθεα καὶ λέγε πᾶσιν, ' ἀπώλετο καλὸς Ἄδωνις '.

αἰάζω τὸν Ἄδωνιν· ἐπαιάζουσιν Ἔρωτες.

κεῖται καλὸς Ἄδωνις ἐν ὤρεσι μηρὸν ὀδόντι,
λευκῷ λευκὸν ὀδόντι τυπείς, καὶ Κύπριν ἀνιῇ
λεπτὸν ἀποψύχων· τὸ δέ οἱ μέλαν εἴβεται αἷμα
10 χιονέας κατὰ σαρκός, ὑπ' ὀφρύσι δ' ὄμματα ναρκῇ,
καὶ τὸ ῥόδον φεύγει τῶ χείλεος· ἀμφὶ δὲ τήνῳ
θνάσκει καὶ τὸ φίλημα, τὸ μήποτε Κύπρις ἀποίσει.
Κύπριδι μὲν τὸ φίλημα καὶ οὐ ζώοντος ἀρέσκει,
ἀλλ' οὐκ οἶδεν Ἄδωνις ὅ νιν θνάσκοντα φίλησεν.

15 αἰάζω τὸν Ἄδωνιν· ἐπαιάζουσιν Ἔρωτες.

ἄγριον ἄγριον ἕλκος ἔχει κατὰ μηρὸν Ἄδωνις,
μεῖζον δ' ἁ Κυθέρεια φέρει ποτικάρδιον ἕλκος.
τῆνον μὲν περὶ παῖδα φίλοι κύνες ὠρύονται
καὶ Νύμφαι κλαίουσιν Ὀρειάδες· ἁ δ' Ἀφροδίτα
20 λυσαμένα πλοκαμῖδας ἀνὰ δρυμὼς ἀλάληται
πενθαλέα νήπλεκτος ἀσάνδαλος, αἱ δὲ βάτοι νιν

Codd.: VTr
Titulus: Ἐπιτάφιος Ἀδώνιδος Tr   Ἀδ. ἐπ. V   Θεοκρίτου add. C Iunt.
Bioni e [Mosch.] 3.68, 69 adscripsit Camerarius.
4 κυανόστολα Wil. -λε codd.   7 ἐν Ameis ἐπ' codd.   11 χείλεος C
-λευς codd.   12 φίλημα Iunt. Cal. -αμα codd. | ἀφήσει Cal.   13
φίλημα ed. Morel. -αμα codd. | ζώοντες ἄρεσκεν V   14 νιν Wil. μιν
codd. | θνάσκοντ' ἐφίλασεν codd.   corr. Wil. Mein.: cf. Mosch. 3.68
18 τῆνον Brunck   κεῖνον codd.: cf. 11, 76 | ὠρύονται Herm. ὠδύραντο
codd.   20 ἀλάληται Iunt. Cal. -λεῖται codd.

153

⟨ΒΙΩΝΟΣ⟩

ἐρχομέναν κείροντι καὶ ἱερὸν αἷμα δρέπονται·
ὀξὺ δὲ κωκύοισα δι' ἄγκεα μακρὰ φορεῖται
Ἀσσύριον βοόωσα πόσιν, καὶ παῖδα καλεῦσα.
25 ἀμφὶ δέ νιν μέλαν αἷμα παρ' ὀμφαλὸν ᾀωρεῖτο,
στήθεα δ' ἐκ μηρῶν φοινίσσετο, τοὶ δ' ὑπὸ μαζοί
χιόνεοι τὸ πάροιθεν Ἀδώνιδι πορφύροντο.

' αἰαῖ τὰν Κυθέρειαν ', ἐπαιάζουσιν Ἔρωτες.

ὤλεσε τὸν καλὸν ἄνδρα, σὺν ὤλεσεν ἱερὸν εἶδος.
30 Κύπριδι μὲν καλὸν εἶδος ὅτε ζώεσκεν Ἄδωνις,
κάτθανε δ' ἁ μορφὰ σὺν Ἀδώνιδι. ' τὰν Κύπριν αἰαῖ '
ὤρεα πάντα λέγοντι, καὶ αἱ δρύες ' αἶ τὸν Ἄδωνιν '·
καὶ ποταμοὶ κλαίοντι τὰ πένθεα τᾶς Ἀφροδίτας,
καὶ παγαὶ τὸν Ἄδωνιν ἐν ὤρεσι δακρύοντι,
35 ἄνθεα δ' ἐξ ὀδύνας ἐρυθαίνεται, ἁ δὲ Κυθήρα
πάντας ἀνὰ κναμώς, ἀνὰ πᾶν νάπος οἰκτρὸν ἀείδει,

' αἰαῖ τὰν Κυθέρειαν· ἀπώλετο καλὸς Ἄδωνις '.

Ἀχὼ δ' ἀντεβόασεν, ' ἀπώλετο καλὸς Ἄδωνις '.
Κύπριδος αἰνὸν ἔρωτα τίς οὐκ ἔκλαυσεν ἂν αἰαῖ;
40 ὡς ἴδεν, ὡς ἐνόησεν Ἀδώνιδος ἄσχετον ἕλκος,
ὡς ἴδε φοίνιον αἷμα μαραινομένῳ περὶ μηρῷ,
πάχεας ἀμπετάσασα κινύρετο, ' μεῖνον Ἄδωνι,
δύσποτμε μεῖνον Ἄδωνι, πανύστατον ὥς σε κιχείω,
ὥς σε περιπτύξω καὶ χείλεα χείλεσι μίξω.

22 κείροντι Ald. -ουσι codd.   23 κωκύοισα Brunck   -ουσα codd.:
cf. 92 | ἄγκεα Ald.² ἄγγεα codd. | φέρεται V   24 καὶ πόδα V   25
νιν Wil. μιν codd. | εἷμα Ahr. | ἀωρεῖτο Wil. ἠω- codd.   26 χειρῶν
Ahr. | τοὶ Wil. οἱ codd.   31 τὰν Κ. V Κύπριδος Tr   32 ὤρεα
Ald. -ια codd. | 'αἶ' δρ. Ameis   33 κλαίοντι Brunck -ουσι codd.   34
ὤρεσι Steph. οὔρ- Tr ὄρ- V   35 ἐρυθαίνεται Iunt. -θραίνεται codd. |
Κυθήρα Brunck -ρῃ codd.   36 ἀνάπαλιν ἀποσοικτρὰν V ἀ. ἀποικτρὸν
Tr corr. Wakef. | ἀείδει Ald. -δειν codd.   37 αἰαῖ V αἶ Tr | Κυθέ-
ρειαν Tr   νότον V   39 ἂν om. V ἐν αἴᾳ Ludwich

I. ΕΠΙΤΑΦΙΟΣ ΑΔΩΝΙΔΟΣ

45 ἔγρεο τυτθόν, Ἄδωνι, τὸ δ' αὖ πύματόν με φίλησον,
τοσσοῦτόν με φίλησον ὅσον ζώει τὸ φίλημα,
ἄχρις ἀποψύχῃς ἐς ἐμὸν στόμα, κεἰς ἐμὸν ἧπαρ
πνεῦμα τεὸν ῥεύσῃ, τὸ δέ σευ γλυκὺ φίλτρον ἀμέλξω,
ἐκ δὲ πίω τὸν ἔρωτα· φίλημα δὲ τοῦτο φυλάξω
50 ὡς αὐτὸν τὸν Ἄδωνιν, ἐπεὶ σύ με, δύσμορε, φεύγεις.
φεύγεις μακρόν, Ἄδωνι, καὶ ἔρχεαι εἰς Ἀχέροντα
πὰρ στυγνὸν βασιλῆα καὶ ἄγριον· ἁ δὲ τάλαινα
ζώω καὶ θεός ἐμμι καὶ οὐ δύναμαί σε διώκειν.
λάμβανε, Περσεφόνα, τὸν ἐμὸν πόσιν· ἐσσὶ γὰρ αὐτά
55 πολλὸν ἐμεῦ κρέσσων, τὸ δὲ πᾶν καλὸν ἐς σὲ καταρρεῖ.
ἐμμὶ δ' ἐγὼ πανάποτμος, ἔχω δ' ἀκόρεστον ἀνίαν,
καὶ κλαίω τὸν Ἄδωνιν, ὅ μοι θάνε, καί σε φοβεῦμαι.
θνᾴσκεις, ὦ τριπόθητε, πόθος δέ μοι ὡς ὄναρ ἔπτα,
χήρα δ' ἁ Κυθέρεια, κενοὶ δ' ἀνὰ δώματ' Ἔρωτες,
60 σοὶ δ' ἅμα κεστὸς ὄλωλε. τί γάρ, τολμηρέ, κυνάγεις;
καλὸς ἐὼν τί τοσοῦτον ἐμήναο θηρὶ παλαίειν;'
ὧδ' ὀλοφύρατο Κύπρις· ἐπαιάζουσιν Ἔρωτες,

  'αἰαῖ τὰν Κυθέρειαν, ἀπώλετο καλὸς Ἄδωνις'.

δάκρυον ἁ Παφία τόσσον χέει ὅσσον Ἄδωνις
65 αἷμα χέει, τὰ δὲ πάντα ποτὶ χθονὶ γίνεται ἄνθη·
αἷμα ῥόδον τίκτει, τὰ δὲ δάκρυα τὰν ἀνεμώναν.

  αἰάζω τὸν Ἄδωνιν, 'ἀπώλετο καλὸς Ἄδωνις'.

45, 46 φίλησον (bis) Ahr. -ασον codd. | ζώει Cal. ζώη codd. | φίλημα
Ahr. -αμα codd.   48 ῥεύσῃ V². -σει VTr   49 φίλημα Ahr. -αμα
codd.   50 αὐτὸν Iunt. Cal. σ' αὐτὸν codd. | τὸν om. V   51 οἴχεαι
Pierson   52 πὰρ Ameis καὶ codd. | ἁ δ' ἁ V   55 καταρρεῖ Steph.
καὶ ἄρρει codd.   56 ἐμμὶ Brunck   εἰμὶ codd.: cf. 53 | ἀνίαν Brunck
-ην codd.   58 τριπόθητε Ahr.   -ατε codd. | ἔπτα Wil. -τῃ codd.
59 χήρα Tr² -ρη VTr | δώματ' Ald.² δῶμα codd.   61 τί τοσοῦτον
Koechly   τοσ- V   τοσσα- Tr   τοσσούτῳ Platt | ἐμήναο Brunck -νας codd.
64 Παφία Brunck   -ίη codd. | τόσον Tr | χέει d'Orville   ἐγχ- codd.

⟨ΒΙΩΝΟΣ⟩

μηκέτ' ἐνὶ δρυμοῖσι τὸν ἀνέρα μύρεο, Κύπρι·
οὐκ ἀγαθὰ στιβάς ἐστιν Ἀδώνιδι φυλλὰς ἐρήμα.
70 λέκτρον ἔχοι, Κυθέρεια, τὸ σὸν νῦν νεκρὸς Ἄδωνις·
καὶ νέκυς ὢν καλός ἐστι, καλὸς νέκυς, οἷα καθεύδων.
κάτθεό νιν μαλακοῖς ἐνὶ φάρεσιν οἷς ἐνίαυεν
ὡς μετὰ τεῦς ἀνὰ νύκτα τὸν ἱερὸν ὕπνον ἐμόχθει·
παγχρυσέῳ κλιντῆρι πόθες καὶ στυγνὸν Ἄδωνιν,
75 βάλλε δέ νιν στεφάνοισι καὶ ἄνθεσι· πάντα σὺν αὐτῷ·
ὡς τῆνος τέθνακε καὶ ἄνθεα πάντ' ἐμαράνθη.
ῥαῖνε δέ νιν Συρίοισιν ἀλείφασι, ῥαῖνε μύροισιν·
ὀλλύσθω μύρα πάντα· τὸ σὸν μύρον ὤλετ' Ἄδωνις.

κέκλιται ἁβρὸς Ἄδωνις ἐν εἵμασι πορφυρέοισιν,
80 ἀμφὶ δέ νιν κλαίοντες ἀναστενάχουσιν Ἔρωτες
κειράμενοι χαίτας ἐπ' Ἀδώνιδι· χὠ μὲν ὀιστώς,
ὃς δ' ἐπὶ τόξον ἔβαλλεν, ὃ δὲ πτερόν, ὃς δὲ φαρέτραν·
χὠ μὲν ἔλυσε πέδιλον Ἀδώνιδος, οἱ δὲ λέβητι
χρυσείῳ φορέοισιν ὕδωρ, ὃ δὲ μηρία λούει,
85 ὃς δ' ὄπιθεν πτερύγεσσιν ἀναψύχει τὸν Ἄδωνιν.

'αἰαῖ τὰν Κυθέρειαν', ἐπαιάζουσιν Ἔρωτες.

ἔσβεσε λαμπάδα πᾶσαν ἐπὶ φλιαῖς Ὑμέναιος
καὶ στέφος ἐξεκέδασσε γαμήλιον· οὐκέτι δ' 'ὑμήν
ὑμήν', οὐκέτ' ἄειδεν ἑὸν μέλος, ἀλλ' ἔλεγ', 'αἰαῖ

69 οὐκ Ahr. ἔστ' codd.   70 ἔχοι Valck. ἔχει codd. | νῦν Ahr. νῦν δὲ V τὺ δὲ Tr | Ἄδωνι Tr   71 ἐσσί Tr   72 οἷς Steph. οἱ codd.   73 ὡς Buech. τοῖς codd. | τεῦς Wil. σεῦ codd.   74 παγχρυσέῳ Wil. -σῳ codd. | πόθες Platt -θει uario accentu codd. | καὶ V τὸν Tr   75, 76 δέ νιν Wassenbergh δ' ἐνὶ codd. | καὶ – τέθνακε om. Tr   77 νιν Wil. μιν codd. | Συρίοισιν Ruhnken μύροισιν V καλοῖσιν Tr   78 post h. u. u. 6 iterauit Ahr.   80 νιν Wil. μιν codd.   81 ὀιστός V   82 ἔβαλλεν ὃ Wil. ἔβαιν' ὃς codd. | δ' εὔπτερον αὖ γε Tr   83 οἳ Graefe ὃς codd. | λέβητι Iunt. -τος V -σι Tr   84 χρυσείῳ Iunt. -είοις Tr -ίῃ V | φορίησιν V | λύει V   86 αἰαῖ Lennep αὐτὰν codd.   87 φιαῖς ὑμεναίοις codd. corr. Iunt. Cal.   88 ἐξεκέδασσε Pierson -επέτασσε codd. | δ' Ὑμήν Ahr. (Ald.) δοίμαν codd.   89 Ὑμήν Ahr. (Ald.) Ὑμη codd. | ἄειδεν ἑὸν Koechly ἀειδονέος codd. | ἀλλ' ἔλεγ' Maas ἄλλεται codd.

I. ΕΠΙΤΑΦΙΟΣ ΑΔΩΝΙΔΟΣ

90 αἰαῖ ', καὶ ' τὸν Ἄδωνιν ' ἔτι πλέον ἢ ' Ὑμέναιον'.
αἱ Χάριτες κλαίοντι τὸν υἱέα τῶ Κινύραο,
' ὤλετο καλὸς Ἄδωνις ' ἐν ἀλλάλαισι λέγοισαι,
' αἰαῖ ' δ' ὀξὺ λέγοντι πολὺ πλέον ἢ Παιῶνα.
χαἰ Μοῖραι τὸν Ἄδωνιν ἀνακλείοισιν, Ἄδωνιν,
95 καί νιν ἐπαείδουσιν, ὃ δέ σφισιν οὐκ ἐπακούει·
οὐ μὰν οὐκ ἐθέλει, Κώρα δέ νιν οὐκ ἀπολύει.

λῆγε γόων Κυθέρεια τὸ σάμερον, ἴσχεο κομμῶν·
δεῖ σε πάλιν κλαῦσαι, πάλιν εἰς ἔτος ἄλλο δακρῦσαι.

II. [ΒΙΩΝΟΣ] ΕΠΙΘΑΛΑΜΙΟΣ ΑΧΙΛΛΕΩΣ ΚΑΙ ΔΗΙΔΑΜΕΙΑΣ

ΜΥΡΣΩΝ

Λῇς νύ τί μοι, Λυκίδα, Σικελὸν μέλος ἁδὺ λιγαίνειν,
ἱμερόεν γλυκύθυμον ἐρωτικόν, οἷον ὁ Κύκλωψ
ἄεισεν Πολύφαμος ἐπ' ἠόνι ⟨τᾷ⟩ Γαλατείᾳ;

ΛΥΚΙΔΑΣ

κἠμοὶ συρίσδεν, Μύρσων, φίλον, ἀλλὰ τί μέλψω;
5 ΜΥ. Σκύριον ⟨ὅν⟩, Λυκίδα, ζαλώμενος ᾄδες ἔρωτα,
λάθρια Πηλεΐδαο φιλάματα, λάθριον εὐνάν,
πῶς παῖς ἕσσατο φᾶρος, ὅπως δ' ἐψεύσατο μορφάν,

90 ἢ Higt   αἲ codd.   92 ἀλλάλαισι Paris. 2512   -λήῃσι codd.
93 αἰαῖ Pierson   αὐταὶ codd. | δ' ὀξὺ λ. Cal.   δοξολ- codd. | Παιῶνα Ahr.   τὺ Διώνα codd.   94 χαὶ Mein.   καὶ codd. | ἀνακλείοισιν Ahr.   -κλαίοισιν V -κλέοισιν Tr -σαι Tr²   95 νιν Wil.   μιν codd. | σφισιν Ald.²   σφιν codd.
96 νιν Wil.   μιν codd.   97 σάμερον Herm.   σήμ- codd. | κομμῶν Barth   κώμων codd.   98 δεῖ σε Tr²   δεῖσαι VTr

---

Codd.: XTr, quorum dialectum reliqui.
Titulus: Θεοκρίτου praefixit Tr.   Tanquam Bionis fragmentum edidit Vrsinus.
3 τᾷ add. Brunck   4 κἠμοὶ Brunck   κἤν μοι codd.   5 ὅν add. Ahr. | ζαλώμενος ᾄδες Ahr.   ζαλῶν μένος ἁδὺς codd.   7 ἐψεύσατο Canter   ἐγεύ- codd.

[ΒΙΩΝΟΣ]

χὤπως ἐν κώραις Λυκομηδίσιν †ἀπαλέγοισαι
9 ἠείδη κατὰ παστὸν Ἀχιλλέα Δηιδάμεια.

ΛΥ. ἅρπασε τὰν Ἑλέναν πόθ' ὁ βωκόλος, ἆγε δ' ἐς Ἴδαν,
Οἰνώνῃ κακὸν ἄλγος. ἐχώσατο ⟨δ'⟩ ἁ Λακεδαίμων
πάντα δὲ λαὸν ἄγειρεν Ἀχαϊκόν, οὐδέ τις Ἕλλην,
οὔτε Μυκηναίων οὔτ' Ἤλιδος οὔτε Λακώνων,
μεῖνεν ἑὸν κατὰ δῶμα φυγὼν δύστανον Ἄρηα.

15 λάνθανε δ' ἐν κώραις Λυκομηδίσι μοῦνος Ἀχιλλεύς,
εἴρια δ' ἀνθ' ὅπλων ἐδιδάσκετο, καὶ χερὶ λευκᾷ
παρθενικὸν κόρον εἶχεν, ἐφαίνετο δ' ἠΰτε κώρα·
καὶ γὰρ ἴσον τήναις θηλύνετο, καὶ τόσον ἄνθος
χιονέαις πόρφυρε παρηΐσι, καὶ τὸ βάδισμα
20 παρθενικῆς ἐβάδιζε, κόμας δ' ἐπύκαζε καλύπτρῃ.
θυμὸν δ' ἀνέρος εἶχε καὶ ἀνέρος εἶχεν ἔρωτα·
ἐξ ἀοῦς δ' ἐπὶ νύκτα παρίζετο Δηιδαμείᾳ,
καὶ ποτὲ μὲν τήνας ἐφίλει χέρα, πολλάκι δ' αὐτᾶς
στάμονα καλὸν ἄειρε τὰ δαίδαλα δ' ἄτρι' ἐπῄνει·
25 ἤσθιε δ' οὐκ ἄλλα σὺν ὁμάλικι, πάντα δ' ἐποίει
σπεύδων κοινὸν ἐς ὕπνον. ἔλεξέ νυ καὶ λόγον αὐτᾷ·
'ἄλλαι μὲν κνώσσουσι σὺν ἀλλήλαισιν ἀδελφαί,
αὐτὰρ ἐγὼ μούνα, μούνα δὲ σύ, νύμφα, καθεύδεις.
αἱ δύο παρθενικαὶ συνομάλικες, αἱ δύο καλαί,
30 ἀλλὰ μόναι κατὰ λέκτρα καθεύδομες, ἁ δὲ πονηρά
†νύσσα† δολία με κακῶς ἀπὸ σεῖο μερίσδει.
οὐ γὰρ ἐγὼ σέο . . . . .

8 χὤπως ἐν Mein.   κῆν ὅπως Χ   κ. ὅπος Tr.   ὁ ἀπαλέγοισα Tr¹   ὀπ- Χ²
οὐκ ἀλεγοίσαις Ahr.   9 ἠείδη Edm.   ἀηδὴν Χ   ἀειδ- Tr. | κατὰ Ahr.   ηατὰ
codd.   11 δ' add. Heskin | ἁ om. Χ   14 φυγὼν δύστανον Bent.   φέρων δυσὶν
ἁγνὸν Χ   φ. δισσὶν ἀνὰν Tr | Ἄρηα Scal.   ἄρνα codd.   19 παρηΐσι Salm.
-ειῆσι codd.   20 ἐπυκάζετο Χ   21 δ' ἀνέρος Lennep   δ' Ἄρεος codd.
22 παρίζετο Canter   μερ- codd.   24 στάμονα Scal.   στόμ' ἀνὰ codd. |
δαίδαλα δ' ἄτρι' Lennep   δ' ἀδέα δάκρυ' codd.   26 αὐτᾷ Vrsinus
-τάν codd.   28 μ. μούνα Lennep   μ. μίμνω codd. | δὲ σύ Herm.
σὺ δέ codd.   29 δύο π. Salm.   δ' ὑπὸ π. codd.   30 κατὰ Scal.
καὶ codd.   31 Ν. γὰρ Tr.   Νυσαία Wil.

158

ΒΙΩΝΟΣ ΑΠΟΣΠΑΣΜΑΤΑ

I (XIV)

ΕΙΣ ΥΑΚΙΝΘΟΝ

Ἀμφασία τὸν Φοῖβον ἕλεν τόσον ἄλγος ἔχοντα.
δίζετο φάρμακα πάντα σοφὰν δ' ἐπεμαίετο τέχναν,
χρῖεν δ' ἀμβροσίᾳ καὶ νέκταρι, χρῖεν ἅπασαν
ὠτειλάν· μοιραῖα δ' ἀναλθέα τραύματα πάντα.

II (XV)

ΚΛΕΟΔΑΜΟΣ

Εἴαρος, ὦ Μύρσων, ἢ χείματος ἢ φθινοπώρω
ἢ θέρεος τί τοι ἁδύ; τί δὲ πλέον εὔχεαι ἐλθεῖν;
ἦ θέρος, ἁνίκα πάντα τελείεται ὅσσα μογεῦμες,
ἢ γλυκερὸν φθινόπωρον, ὅκ' ἀνδράσι λιμὸς ἐλαφρά,
5 ἢ καὶ χεῖμα δύσεργον—ἐπεὶ καὶ χείματι πολλοὶ
θαλπόμενοι θέλγονται ἀεργίᾳ τε καὶ ὄκνῳ—
ἤ τοι καλὸν ἔαρ πλέον εὔαδεν; εἰπὲ τί τοι φρήν
αἱρεῖται, λαλέειν γὰρ ἐπέτραπεν ἁ σχολὰ ἄμμιν.

CODICES STOBAEI: A Parisinus 1984 (s. xiv)   F Farnesinus III D 15 (s. xiv)   M Escorialensis 90 (s. xii)   P Parisinus 2129 (s. xv)   S Vindobonensis 67 (s. xi). Fragmentis Bioneis praefigitur aut ἐκ τῶν Βίωνος βουκολικῶν, aut (frr. IV, XIII) ἐκ τ. Β. Σμυρναίου β., aut (fr. VI) Β. βουκολικά, aut (frr. V, VIII, XI, XII, XIV) τοῦ αὐτοῦ.
Numeri in uncinis subiuncti ed. alterius Wilamowitzianae sunt. Vide etiam p. 186.

I Stob. (Ecl.) 1.5.7: capit. περὶ εἱμαρμένης κτλ.: codd. FP
1 Φοῖβον P   βίον F | τὸ σὸν ἄ. ἰδόντα Wil.   2 ἐπεμαίετο Vulcanius ἐπεβένετο F   -βώσετο P   -σατο P²   3 χρῖεν bis Vrsinus   χρεῖεν codd.
4 μοιραῖα Herm.   -αιαι F et fort. P   -αισι P² | ἀναλθέα Canter   -θία codd. | τραύματα Herm.   φάρμακα codd.

II Stob. (Ecl.) 1.8.39: capit. περὶ χρόνου οὐσίας κτλ.: codd. FP
1 ὦ Vrsinus   ὁ codd. | φθινοπώρω Brunck   -ρου codd.   3 ὅσσα Vrsinus   ἄσσα codd.   4 ὅκ' Brunck   ὅτ' codd. | ἐλαφρός P   6 θέλγονται Vrsinus   θάλποντας codd. | ἀεργίᾳ Mein.   -είη codd.   7 εἰπὲ τί τοι φρήν Vrsinus   εἰ. τοι τι φρόν F   om. P   8 ἄμμιν Valck.   ἡμῖν codd.

ΒΙΩΝΟΣ

ΜΥΡΣΩΝ

κρίνειν οὐκ ἐπέοικε θεήια ἔργα βροτοῖσι,
10 πάντα γὰρ ἱερὰ ταῦτα καὶ ἀδέα· σεῦ δὲ ἕκατι
ἐξερέω, Κλεόδαμε, τό μοι πέλεν ἅδιον ἄλλων.
οὐκ ἐθέλω θέρος ἦμεν, ἐπεὶ τόκα μ' ἅλιος ὀπτῇ·
οὐκ ἐθέλω φθινόπωρον, ἐπεὶ νόσον ὥρια τίκτει.
οὖλον χεῖμα φέρει νιφετόν, κρυμὼς δὲ φοβεῦμαι.
15 εἶαρ ἐμοὶ τριπόθητον ὅλῳ λυκάβαντι παρείη,
ἁνίκα μήτε κρύος μήθ' ἅλιος ἄμμε βαρύνει.
εἴαρι πάντα κύει, πάντ' εἴαρος ἁδέα βλαστεῖ,
χἀ νὺξ ἀνθρώποισιν ἴσα καὶ ὁμοίιος ἀώς.

III (XVI)

Μοίσας Ἔρως καλέοι, Μοῖσαι τὸν Ἔρωτα φέροιεν.
μολπὰν ταὶ Μοῖσαί μοι ἀεὶ ποθέοντι διδοῖεν,
τὰν γλυκερὰν μολπάν, τᾶς φάρμακον ἅδιον οὐδέν.

IV (I)

Ἐκ θαμινᾶς ῥαθάμιγγος, ὅπως λόγος, αἰὲς ἰοίσας
χἀ λίθος ἐς ῥωχμὸν κοιλαίνεται.

V (II)

Οὐ καλόν, ὦ φίλε, πάντα λόγον ποτὶ τέκτονα φοιτῆν,
μηδ' ἐπὶ πάντ' ἄλλῳ χρέος ἰαχέμεν· ἀλλὰ καὶ αὐτός
τεχνᾶσθαι σύριγγα, πέλει δέ τοι εὐμαρὲς ἔργον.

14 φέρει ed. Crispini -ειν codd. | κρυμὼς Brunck -μὸς F -μόει P | δὲ Wil. τε codd. 15 τριπόθητον Ahr. -θατον codd. 16 ἄμμε Vrsinus -μι codd. 17 βλαστεῖ Vrsinus -τη codd.

III Stob. (Ecl.) 1.9.3: capit. περὶ Ἀφροδίτης οὐρανίας καὶ Ἔρωτος: codd. FP

2 ταὶ P² τε FP   3 ἅδιον P² ἅδη P εὕδη F

IV Stob.3.29.52 (Flor.29.52): capit. περὶ φιλοπονίας: cod. S
1 θαμινᾶς Ahr. -νῆς cod. | ὅπως Herm. ὥκως cod. | αἰεναοίσας Mein.

V Stob.3.29.53 (Flor.29.53): capit., cod. sicut in IV. Cf. [Mosch.] 3.82.
1 π. χρόνον Herm. 2 μηδ' ἐπὶ Grotius μηδέτοι cod. | ἄλλῳ Salm. ἄλλο cod.

ΑΠΟΣΠΑΣΜΑΤΑ

VI (III)

Μηδὲ λίπῃς μ' ἀγέραστον, †ἐπὴν χὠ Φοῖβος ἀείδειν
μισθὸν ἔδωκε†. τιμὰ δὲ τὰ πράγματα κρέσσονα ποιεῖ.

VII (IV)

Οὐκ οἶδ', οὐδ' ἐπέοικεν ἃ μὴ μάθομες πονέεσθαι.

VIII (V)

Εἴ μεν καλὰ πέλει τὰ μελύδρια, καὶ τάδε μῶνα
κῦδος ἐμοὶ θήσοντι τά μοι πάρος ὤπασε Μοῖσα·
εἰ δ' οὐχ ἁδέα ταῦτα, τί μοι πολὺ πλείονα μοχθεῖν;
εἰ μὲν γὰρ βιότω διπλόον χρόνον ἄμμιν ἔδωκεν
5 ἢ Κρονίδας ἢ Μοῖρα πολύτροπος, ὥστ' ἀνύεσθαι
τὸν μὲν ἐς εὐφροσύναν καὶ χάρματα τὸν δ' ἐπὶ μόχθῳ,
ἦν τάχα μοχθήσαντι ποθ' ὕστερον ἐσθλὰ δέχεσθαι.
εἰ δὲ θεοὶ κατένευσαν ἕνα χρόνον ἐς βίον ἐλθεῖν
ἀνθρώποις, καὶ τόνδε βραχὺν καὶ μείονα πάντων,
10 ἐς πόσον, ἆ δειλοί, καμάτως κεἰς ἔργα πονεῦμες,
ψυχὰν δ' ἄχρι τίνος ποτὶ κέρδεα καὶ ποτὶ τέχνας
βάλλομες ἱμείροντες ἀεὶ πολὺ πλείονος ὄλβω;
λαθόμεθ' ἦ ἄρα πάντες ὅτι θνατοὶ γενόμεσθα,
χὼς βραχὺν ἐκ Μοίρας λάχομες χρόνον;

VI Stob.4.1.8 (Flor. 43.8): capit. περὶ πολιτείας: cod. S.   E capituli titulo mancum esse fragmentum apparet.

1, 2 ἐπεὶ Schaefer | ἀείδων Herm. μισθοδοκεῖ Edm.

VII Stob.4.16.14 (Flor. 58. 11): capit. περὶ ἡσυχίας: codd. AMS. Cum fr. sequenti coniunxit Gesner, quem secuti sunt Bionis editores nonnulli.

1 μάθομες Ahr.   -θομεν, -θωμεν codd.

VIII Stob.4.16.15 (Flor.58.11): capit., codd. sicut in VII

1 μεν Ahr. μοι codd. | μῶνα Brunck μόνα codd.   2 Μοῖσα Pierson μοίρα codd.   3 μοι ποτὶ Ahr.   4 ἄμμιν Paris. 1985   ἄμβιν A ἀμῖν SM   5 παλίντροπος Ahr.   6 ἐπὶ Wil.   ἐνὶ, ἐρι-, codd.   7 μεθύστερον Mein.   12 πλείονος Ahr.   πλέο- codd.   13 ἦ λαθόμεσθ' ἄ. Herm. | γενόμεσθα Gesner -μεθα codd.   14 λάχομες Brunck -μεν codd.

ΒΙΩΝΟΣ

IX (VI)

Ταὶ Μοῖσαι τὸν Ἔρωτα τὸν ἄγριον οὐ φοβέονται
ἐκ θυμῶ δὲ φιλεῦντι καὶ ἐκ ποδὸς αὐτῷ ἔπονται.
κἤν μὲν ἄρα ψυχάν τις ἔχων ἀνέραστον ἀείδῃ,
τῆνον ὑπεκφεύγοντι καὶ οὐκ ἐθέλοντι διδάσκειν·
5 ἢν δὲ νόον τις Ἔρωτι δονεύμενος ἁδὺ μελίσδῃ,
ἐς τῆνον μάλα πᾶσαι ἐπειγόμεναι προρέοντι.
μάρτυς ἐγὼν ὅτι μῦθος ὅδ᾽ ἔπλετο πᾶσιν ἀλαθής·
ἢν μὲν γὰρ βροτὸν ἄλλον ἢ ἀθανάτων τινὰ μέλπω,
βαμβαίνει μοι γλῶσσα καὶ ὡς πάρος οὐκέτ᾽ ἀείδει·
10 ἢν δ᾽ αὖτ᾽ ἐς τὸν Ἔρωτα καὶ ἐς Λυκίδαν τι μελίσδω,
καὶ τόκα μοι χαίροισα διὰ στόματος ῥέει αὐδά.

X (VII)

Ἁ μεγάλα μοι Κύπρις ἔθ᾽ ὑπνώοντι παρέστα
νηπίαχον τὸν Ἔρωτα καλᾶς ἐκ χειρὸς ἄγοισα
ἐς χθόνα νευστάζοντα, τόσον δέ μοι ἔφρασε μῦθον·
'μέλπειν μοι, φίλε βοῦτα, λαβὼν τὸν Ἔρωτα δίδασκε'.
5 ὣς λέγε· χἀ μὲν ἀπῆλθεν, ἐγὼ δ᾽ ὅσα βουκολίασδον,
νήπιος ὡς ἐθέλοντα μαθεῖν, τὸν Ἔρωτα δίδασκον,
ὡς εὗρεν πλαγίαυλον ὁ Πάν, ὡς αὐλὸν Ἀθάνα,
ὡς χέλυν Ἑρμάων, κίθαριν ὡς ἁδὺς Ἀπόλλων.
ταῦτά νιν ἐξεδίδασκον· ὁ δ᾽ οὐκ ἐμπάζετο μύθων,
10 ἀλλά μοι αὐτὸς ἄειδεν ἐρωτύλα, καί με δίδασκε

IX Stob. 4.20.7 (Flor. 63.7): capit. περὶ Ἀφροδίτης πανδήμου κτλ.: codd. AMS. Cf. [Mosch.] 3. 83.

1 οὐ Gesner ἢ codd. 2 ἐκ Gesner ἠκ codd. | δὲ φιλεῦντι Valck. φιλέοντι codd. 3 ἀείδῃ Paris. 1985 δεῖ δή AMS ὀπηδῃ A² 5 τις Brunck τῶ codd. 7 ἀλαθής Brunck ἀλη- codd. 9 μευ M in ras. S 11 ῥέει Gesner ῥεῖ codd. | αὐδά Vrsinus ὠδά codd.

X Stob. 4.20.26 (Flor. 63.26): capit., codd. sicut in IX.
1 μοι om. A 5 ἀπῆνθεν M¹ 9 νιν Mein. μιν codd. 10 μ᾽ ἐδίδ- AS

ΑΠΟΣΠΑΣΜΑΤΑ

θνατῶν ἀθανάτων τε πόθως καὶ ματέρος ἔργα.
κἠγὼν ἐκλαθόμαν μὲν ὅσων τὸν Ἔρωτα δίδασκον,
ὅσσα δ' Ἔρως με δίδαξεν ἐρωτύλα πάντα διδάχθην.

XI (VIII)

Ἔσπερε, τᾶς ἐρατᾶς χρύσεον φάος Ἀφρογενείας,
Ἔσπερε, κυανέας ἱερόν, φίλε, νυκτὸς ἄγαλμα,
τόσσον ἀφαυρότερος μήνας ὅσον ἔξοχος ἄστρων,
χαῖρε, φίλος, καί μοι ποτὶ ποιμένα κῶμον ἄγοντι
5 ἀντὶ σελαναίας τὺ δίδου φάος, ὥνεκα τήνα
σάμερον ἀρχομένα τάχιον δύεν. οὐκ ἐπὶ φωράν
ἔρχομαι οὐδ' ἵνα νυκτὸς ὁδοιπορέοντας ἐνοχλέω,
ἀλλ' ἐράω· καλὸν δέ γ' ἐρασσαμένῳ συναρέσθαι.

XII (IX)

Ὄλβιοι ⟨οἱ⟩ φιλέοντες ἐπὴν ἴσον ἀντεράωνται.
ὄλβιος ἦν Θησεὺς τῶ Πειριθόω παρεόντος,
εἰ καὶ ἀμειλίκτοιο κατήλυθεν εἰς Ἀΐδαο·
ὄλβιος ἦν χαλεποῖσιν ἐν Ἀξείνοισιν Ὀρέστας
5 ὥνεκά οἱ ξυνὰς Πυλάδας ᾕρητο κελεύθως·
ἦν μάκαρ Αἰακίδας ἑτάρω ζώοντος Ἀχιλλεύς·
ὄλβιος ἦν θνᾴσκων ὅ οἱ οὐ μόρον αἰνὸν ἄμυνεν.

11 πόθως Brunck   -θους codd.   13 μ' ἐδίδ- MS | πάντα δίδ- Wil. πάντ' ἐδίδ- codd.

XI Stob. 4.20.27 (Flor. 63.27): capit., codd. sicut in IX
1 ἐρατᾶς S² ἔρωτας cett.   3 ὅσσον ... τόσον Ahr. | ἀφαυρότερος Vrsinus -ον codd.   7 ὁδοιπορέοντας Gaisford -τ(α) codd.   8 γ' scripsi τ' codd. | συναρέσθαι Ahr.   -εράσθαι codd.

XII Stob. 4.20.28 (Flor. 63.28): capit. sicut in IX: codd. AM
1 οἱ add. Gesner | ἀντεράωνται Paris. 1985   -άοντε codd.   5 ὥνεκα Ahr.   οὕν- codd. | ᾕρητο Vrsinus   ἄρκτο M   ἄροιτο A | κελεύθως Ahr. -θους codd.   6 ἑτάρω Gesner   -αίρω A   -αιρο M   7 ὅ οἱ οὐ Mein. ὅτι οἱ codd.: cf. Il. 18.98

ΒΙΩΝΟΣ

XIII (X)

Ἰξευτὰς ἔτι κῶρος ἐν ἄλσεϊ δενδράεντι
ὄρνεα θηρεύων τὸν ἀπότροπον εἶδεν Ἔρωτα
ἑσδόμενον πύξοιο ποτὶ κλάδον· ὡς δὲ νόησε,
χαίρων ὤνεκα δὴ μέγα φαίνετο τὤρνεον αὐτῷ,
5 τὼς καλάμως ἅμα πάντας ἐπ' ἀλλάλοισι συνάπτων
τᾷ καὶ τᾷ τὸν Ἔρωτα μετάλμενον ἀμφεδόκευε.
χὠ παῖς, ἀσχαλάων ὅκα οἱ τέλος οὐδὲν ἀπάντη,
τὼς καλάμως ῥίψας ποτ' ἀροτρέα πρέσβυν ἵκανεν
ὅς νιν τάνδε τέχναν ἐδιδάξατο, καὶ λέγεν αὐτῷ
10 καί οἱ δεῖξεν Ἔρωτα καθήμενον. αὐτὰρ ὁ πρέσβυς
μειδιάων κίνησε κάρη καὶ ἀμείβετο παῖδα·
'φείδεο τᾶς θήρας, μηδ' ἐς τόδε τὤρνεον ἔρχευ.
φεῦγε μακράν· κακὸν ἔντι τὸ θηρίον. ὄλβιος ἔσσῃ
εἰσόκε μή νιν ἕλῃς· ἢν δ' ἀνέρος ἐς μέτρον ἔλθῃς
15 οὗτος ὁ νῦν φεύγων καὶ ἁπάλμενος αὐτὸς ἀφ' αὑτῶ
ἐλθὼν ἐξαπίνας κεφαλὰν ἔπι σεῖο καθιξεῖ'.

XIV (XI)

Ἄμερε Κυπρογένεια, Διὸς τέκος ἠὲ θαλάσσας,
τίπτε τόσον θνατοῖσι καὶ ἀθανάτοισι χαλέπτεις;
τυτθὸν ἔφαν. τί νυ τόσσον ἀπήχθεο καὶ τεῒν αὐτᾷ
ταλίκον ὡς πάντεσσι κακὸν τὸν Ἔρωτα τεκέσθαι,
5 ἄγριον, ἄστοργον, μορφᾷ νόον οὐδὲν ὁμοῖον;

XIII Stob. 4. 20. 57 (Flor. 64. 21): capit. ψόγος Ἀφροδίτης κτλ.: codd. AMS

2 ὑπόπτερον Briggs   3 δὲ νόησε Wil   δ' ἐνόασε codd.   4 τὤρνεον Valck.   ὄρν- codd.   7 ὅκα Porson   οὕνεχα codd.   9 ὅς δὴ τ. A   12 τόδε τὤρνεον Paris. 1985   τ. τ' ὄρν- MS   τόδ' ὄρν- A   13 ἐστι Ahr.   14 εἰσόκε Ahr.   -κα codd. | νιν Mein.   μιν codd.

XIV Stob. 4. 20. 58 (Flor. 64. 22): capit. sicut in XIII: codd. AM. Cf. [Mosch.] 3. 84.

2 χαλέπτῃ Briggs   3 ἀπέχθεο M | τεῒν Herm. τὶν codd.   4 τεκέσθαι Herm.   τέκηαι, -κναι codd.

ΑΠΟΣΠΑΣΜΑΤΑ

ἐς τί δέ νιν πτανὸν καὶ ἑκαβόλον ὤπασας ἧμεν
ὡς μὴ πικρὸν ἐόντα δυναίμεθα τῆνον ἀλύξαι;

XV (XII)

Μορφὰ θηλυτέραισι πέλει καλόν, ἀνέρι δ' ἀλκά.

XVI (XIII)

Αὐτὰρ ἐγὼν βασεῦμαι ἐμὰν ὁδὸν ἐς τὸ κάταντες
τῆνο ποτὶ ψάμαθόν τε καὶ ἀιόνα ψιθυρίσδων,
λισσόμενος Γαλάτειαν ἀπηνέα· τὰς δὲ γλυκείας
ἐλπίδας ὑστατίῳ μέχρι γήραος οὐκ ἀπολειψῶ.

XVII (XVII)

Πάντα θεῶ γ' ἐθέλοντος ἀνύσιμα· πάντα βροτοῖσιν
ἐκ μακάρων ῥάιστα καὶ οὐκ ἀτέλεστα γένοιτο.

XV Stob. 4. 21. 3 (Flor. 65. 4): capit. ὑπὲρ κάλλους: codd. AMS
θηλυτέραισι Wil.   -ῃσι codd.

XVI Stob. 4. 46. 17 (Flor. 110. 17): capit. περὶ ἐλπίδος: cod. S. Cf.
[Mosch.] 3.58.
1 βασεῦμαι Vrsinus   βὰς εὖ καὶ cod.   2 ἀιόνα Herm.   ἠι- cod.

XVII Orion. Anth. 5. 11: capit. περὶ θεοῦ: lemma, ἐκ [τῆς Ὁμολογούσης]
τῶν Βίωνος βουκολικῶν. Excidisse comoediae alicuius, tit. Ὁμολ.,
fragmentum coni. Mein.
1 θεῶ γ' ἐθέλοντος Schneidewin θεοῦ γὰρ θελ- cod. | ἐναίσιμα Herm.
2 ῥάιστα Ahr.   γὰρ ῥάστα cod. | ὠκυτέλεστα Herm. | γένοντο Ahr.

ΕΙΣ ΝΕΚΡΟΝ ΑΔΩΝΙΝ

Ἄδωνιν ἡ Κυθήρη
ὡς εἶδε νεκρὸν ἤδη
στυγνὰν ἔχοντα χαίταν
ὠχράν τε τὰν παρειάν,
5 ἄγειν τὸν ὗν πρὸς αὐτάν
ἔταξε τὼς Ἔρωτας.
οἳ δ' εὐθέως πυτανοί
πᾶσαν δραμόντες ὕλαν
στυγνὸν τὸν ὗν ἀνεῦρον,
10 δῆσαν δὲ καὶ πέδασαν.
χὠ μὲν βρόχῳ καθάψας
ἔσυρεν αἰχμάλωτον,
ὃ δ' ἐξόπισθ' ἐλαύνων
ἔτυπτε τοῖσι τόξοις·
15 ὁ θὴρ δ' ἔβαινε δειλῶς,
φοβεῖτο γὰρ Κυθήρην.
τῷ δ' εἶπεν Ἀφροδίτα,
'πάντων κάκιστε θηρῶν,
σὺ τόνδε μηρὸν ἴψω;
20 σύ μου τὸν ἄνδρ' ἔτυψας;'
ὁ θὴρ δ' ἔλεξεν ὧδε·
'ὄμνυμί σοι, Κυθήρη,
αὐτάν σε καὶ τὸν ἄνδρα
καὶ ταῦτά μου τὰ δεσμά
25 καὶ τώσδε τὼς κυναγώς·
τὸν ἄνδρα τὸν καλόν σευ
οὐκ ἤθελον πατάξαι,

Cod.: V
Titulo Θεοκρίτου add. Laurent. 32. 43.   Vt Theocr. Id. 30 recep.
Stephanus, alii.
2 εἶδε Ald. ἴδε V   10 δὲ Wil. τε V   19 ἴψω V² ἤψω V

ΕΙΣ ΝΕΚΡΟΝ ΑΔΩΝΙΝ

ἀλλ' ὡς ἄγαλμ' ἐσεῖδον
καὶ μὴ φέρων τὸ καῦμα
30 γυμνὸν τὸν εἶχε μηρόν
ἐμαινόμαν φιλᾶσαι.
†καί μευ κατεσίναζε·†
τούτους λαβοῦσα τέμνε,
τούτους κόλαζε, Κύπρι·
35 τί γὰρ φέρω περισσῶς
ἐρωτικοὺς ὀδόντας;
εἰ δ' οὐχί σοι τάδ' ἀρκεί,
καὶ ταῦτά μου τὰ χείλη·
τί γὰρ φιλεῖν ἐτόλμων;'
40 τὸν δ' ἠλέησε Κύπρις
εἶπέν τε τοῖς Ἔρωσι
τὰ δεσμά οἱ 'πιλῦσαι.
ἐκ τῶδ' ἐπηκολούθει,
κὰς ὕλαν οὐκ ἔβαινε,
45 καὶ τῷ πυρὶ προσελθών
ἔκαιε τοὺς †Ἔρωτας.

44 κὰς ὕλαν Valck.   καὶ σύλαν V   45 τῷ Heinsius   τε V   46
ὀδόντας Faber

PAPYRUS VINDOBONENSIS RAINER 29801

A

Desunt uu. 20

```
              ]και[. . . . . . .].ε.ε[
(50)          ].ενα[. . . . . . . .]εωηλ.[
              ] δηκαπ[. . . . . . .]αλλα[
              ]φωνον εφι[.]τατο παρθεν[
      5       ]ατην, καμάτῳ δ' ὑπο γού[νατα
              ]τε χαμαὶ στ[. . . . . .] φίλῳ δ' ἐφομάρτεε[
(55) τὸν] δὲ ἰδὼν π[.]χετον προσέφη Σιληνὸς [
     εἶπ]έ μοι, ὦ νομέων μέγα κοίρανε, πῶς ἂ[ν ἴοι τις
     αἰχ]μητὴς μενέχαρμος ἄτερ σακέων πόλ[εμόνδε;
  10 πῶς δὲ χ]ορῶν ἐπ' ἀγῶνας ἄνευ σύριγγος ἰκά[νεις;
     πῇ σ]οι πηκτὶς ἔβη, μηλοσκόπε; πῇ σεο φ[ωνή;
(60) π[ῇ] μελέων κλέος εὐρὺ τὸ καὶ Διὸς οὔατ' ἰα[ίνει;
     ἦ ῥά σευ ὑπνώοντος ἀπειρεσίη[ν] μετὰ θο[ίνην
     κλέψε τεὴν σύριγγα κατ' οὔρεα Δάφνις ὁ βού[της,
  15 ἢ Λυκίδας ἢ Θύρσις, Ἀμύντιχος ἠὲ Μεν[άλκας;
     κείνοις γὰρ κραδίην ἐπικαίεαι ἠιθέοισ[ιν·
```

Codicis folium saec. iii exeuntis utrimque conscriptum. E stichometriae notis in calce positis apparet in pagina A fuisse uu. 49, in B 48. Vtra praecedat incertum.

Primus edidit H. Oellacher, Mitt. Papyrussamml. d. Nationalbibl. in Wien, N.S. 1, 1932, 1. 77; iterum idem, Stud. Ital. Fil. Class., N.S. 18 (1941) 113, unde fragmentum transcripsi. Recensuerunt etiam P. Collart, Rev. Ét. Gr. 46 (1933) 168; D. L. Page, Gk Lit. Pap. 1 (1942) 502; C. Gallavotti, Riv. Fil. Class., N.S. 19 (1942) 233 et in Bucolicis Graecis 1946. Supplementa et emendationes nisi aliter notatur editionis principis sunt uel ibi commemorantur.

Si pagina A recte praeponitur uidetur Pan ad certamen musicum uocatus amissa fistula apes cera exspoliare qua alteram componat.

6 ἐφομάρτεε Collart   -ορματ- pap.   10 συριγγας pap.   11 μηλοσ-σκοπε pap. | φωνή Koerte: cf. 27   12 ἰαίνει Powell   13 ὑπνοω- pap. | ἀπειρεσίην Powell   15 ἢ Λυκίδας ἢ Maas   ηλυδοσητοι pap.   16 κεινος pap.

168

(65) ἢ[έ] μιν ἕδνον ἔδωκας ὀρεσσιπόλῳ τινὶ ν[ύμφῃ;
σὸν γὰρ ὑπὸ πτερύγεσσιν ἀεὶ φέρετ' ἦτορ ["Ερωτος·
πάντῃ γὰρ γαμέεις, πάντῃ δέ σε θ[...]βιạ[
20 ἢ σὺ λαβὼν σύριγγα τε[...]νεφα[
δειμαίνων σατύρους [
(70) μή τί σε κερτομέωσιν ἐπὴν [
εὐύμνων προχέοις κεχρημέ[
μούνους δ' ἀμφὶ νομῆας ἀΐδρι[ά]ς ἐσσ[ι
25 οἵ σέο θάμβος ἔχουσι καὶ οὔν[ομ]ạ [...]ρι[
πῶς δ' οὔ τοι φόβος ἐστὶ μέγα[ς μ]ὴ β[
(75) οἷον ἄναυδον ἴδοιτο καὶ οὐκ ἀλέγ[οντα
καὶ λασίας σέο χεῖρας ἀ[.]ωσαι[
δήσει' οἰοπόλοισιν ἐν οὔρεσιν [

B

Desunt uu. 20

50   ]ομεν[
      ]μηλοις[   ]νοιδ[
      ]ν μεταμ[   ]φαινετ[
      ]ον σπευδ[   ]εκειν μα[
(5)   ] ἐκ φηγοῖο λαβὼν εὐαν[θέα κηρόν
55   ]ν ἔθαλψεν ὑπ' ἠελίοιο [βολαῖσι
      ] πωτᾶτο φιλόδροσος ạ[...] μέλισσα
      ]όμευσε τὸ κηρίον ὠδίνουσα
      Διω]νύσοιο καρήατι, πίμπλατο δὲ δρῦς
(10)]ήεντος· ἐν ἀνθεμόεντι δὲ κηρῷ
60   ἐ]υτρήτοις μέλι λείβετο[
      αὐγαῖς δ' ἠε]λίοιο τακεὶς ὑπολύετο κηρός
      ]δε ῥέειν ἀτάλαντος ἐλαίῳ

17 ενδον pap.   21 σατυροις pap.   25 οισεθ pap.   28 δησαι pap.
56 φιλοδρομος pap. | μελιστα pap.   60 πολυτρήτοις Gall.   61 υπολητο pap.

PAPYRUS VINDOBONENSIS RAINER 29801

```
                π]ηκτίδα πῆξε χρίσας λάσιος Πάν
(15)            ].ο̣ι̣ησιν ὅπως μένοι ἔμπεδα κηρός.
  65            ]πρόσθεν ἀπ' αἰθέρος ἵπτατο Περσεύς
                ἵκ]ανε καὶ ἔκτισεν ἀγλαὸν ἄστυ
           ]συδ[..]ορωεν κεκμηῶτες
                   ]φιλωμ̣[..]ι̣λοιατα Βάκχαις
(20)                π]ερὶ Πανὸς ἐπήδα
  70            ὁρμω]μένη ἐς χορὸν ἐλθεῖν
                χείλεσσι]ν ἐφήρμοσεν ἀκροτάτοισι
                ]φέηκε, θεοῦ δ' ἐνιφυσιόωντος
                ἰσ]χυρὸν ὑπ' ἄσθματος αὐχένος ἶνες
(25)            ].σνεχροισινενθεδατο χρώς·
  75            ]ανοιο μελιξέμεν ἀρχόμενος Πάν
                ]βαιον ἐπήιε χεῖλος ἀμείβων
                ] πάλιν ἔπνεεν εὐρυτέροισιν
```

63 χρεισας pap.

TECHNOPAEGNIA

ΣΙΜΙΟΥ ΠΤΕΡΥΓΕΣ

Λεῦσσέ με τὸν Γᾶς τε βαθυστέρνου ἄνακτ' Ἀκμονίδαν τ' ἄλλυδις ἑδράσαντα,
μηδὲ τρέσῃς εἰ τόσος ὢν δάσκια βέβριθα λάχνᾳ γένεια.
τᾶμος ἐγὼ γὰρ γενόμαν ἀνίκ' ἔκραιν' Ἀνάγκα
πάντα δὲ τᾶς εἶκε φραδαῖσι λυγραῖς
5 ἑρπετά, πάνθ' ὅσ' ἕρπει
δι' αἴθρας.

Χάους δέ,
οὔτι γε Κύπριδος παῖς
ὠκυπέτας ἠδ' Ἄρεος καλεῦμαι·
10 οὔτι γὰρ ἔκρανα βίᾳ, πραϋνόῳ δὲ πειθοῖ,
εἶκε δέ μοι γαῖα θαλάσσας τε μυχοὶ χάλκεος οὐρανός τε·
τῶν δ' ἐγὼ ἐκνοσφισάμαν ὠγύγιον σκᾶπτρον ἔκρινον δὲ θεοῖς θέμιστας.

Codd.: Anth. Pal. xv. 24 (bis). Buc.: GK, et Iunt.Cal., quae, nisi aliter notatur, aut cum K consentiunt aut corruptae sunt.
Titulus Πτέρυγες Σιμμίου Anth. (in indice), ut Heph. 9.4 Πτ. K (praefixo εἰδύλλιον κ' tanquam Theocriti) Πτ. Ἔρωτος Anth. Πτερύγιον G Iunt. Σ praefixo Θεοκρίτου Cal.
1 λεύσετε τὸν Heph. | βαθυστέρνου Anth.² Heph. -νον cett. | τ' G Heph. om. cett.
2 βέβριθα Salm. -θότα codd. | λάχνᾳ Salm. -ναις G λαγνᾷ, -νὰ cett. 3 ἔκραιν' Salm. ἔκριν' codd. 4 δὲ τᾶς εἶκε Powell δὲ γᾶς εἶξε Σ ut uid. δ' ἐκ τᾶς εἶκε G δ' ἐκτάσει καὶ cett. | φράδαισι Salm. -δε(σ)σι Anth. G φροδαῖσι K 5 ἑρπέθ' ἄπανθ' GK | πάνθ ὅσ' ἕρπει uix sanum 7 δέ Bgk τε codd. 9 ἠδ' Powell δ' codd. | Ἄρεος Cal. ἀέρος GK ἀέριος Anth. ἔρως Iunt. Σ 10 ἔκρανα Bgk ἔκρινα codd. | βίᾳ Steph. βίας codd. | πραϋνόῳ Bgk πραύνω codd. -λόγῳ Wil.
11 τέ μοι GK | γαῖα codd. γᾶς τε Σ | μυχοὶ Anth.² Σ -χὸς, om. χάλκεος, cett.
12 ἐγώ G Iunt. ἐγὼν cett. | ἔκρινον δὲ Salm. ἔκραιν(ον) δὲ Anth. G κραίνδες K

ΣΙΜΙΟΥ ΠΤΕΡΥΓΕΣ

Numeri choriambici cum bacchio, a pentametro ad bacchium decrescentes et inde ad pentametrum crescentes.

EXCERPTUM E SCHOLIIS (Anth. et Buc. GK)

λέγει μὲν ὁ Ἔρως, ὁ δὲ νοῦς ἅπας οὕτως ἔχει· ὅρα με τὸν γῆς τε ἄνακτα καὶ τὸν οὐρανὸν ἄλλῃ ἑδράσαντα, μηδὲ φροντίσῃς εἰ τηλικόσδε ὢν τελείου ἔργα ποιῶ ἢ εἰ τελειότατός εἰμι· τότε γὰρ ἐγενόμην ὅτε ἡ Ἀνάγκη ἦρχε καὶ πάντα ὑπεῖκε ταῖς τῆς γῆς γνώμαις ὅσα ἕρπει δι' ἀέρος καὶ αἰθέρος. οὐκ εἰμὶ δὲ ὁ
5 Ἀφροδίτης υἱός, καλοῦμαι δὲ Ἔρως· καὶ οὐδὲν δὲ ἔπραξα ⟨βίᾳ⟩, τὰ πάντα δέ μοι πείθονται, ὑπεῖξαν δέ μοι οἱ γῆς τε καὶ θαλάσσης μυχοὶ καὶ ὁ οὐρανός, ὧν ἐγὼ τὸ ἀρχαῖον ἀφειλόμην σκῆπτρον καὶ ἐδίκαζον θεοῖς.

5 βίᾳ suppl. Cal.

ΣΙΜΙΟΥ ΠΕΛΕΚΥΣ

Ἀνδροθέᾳ δῶρον ὁ Φωκεὺς κρατερᾶς μηδοσύνας ἦρα τίνων Ἀθάνᾳ
ὤπασ' Ἐπειὸς πέλεκυν τῷ ποκα πύργων θεοτεύκτων κατέρειψεν
αἶπος,
τᾶμος ἐπεὶ τὰν ἱερὰν κηρὶ πυρίπνῳ πόλιν ἠθάλωσεν
Δαρδανιδᾶν, χρυσοβαφεῖς δ' ἐστυφέλιξ' ἐκ θεμέθλων ἄνακτας,
5 οὐκ ἐνάριθμος γεγαὼς ἐν προμάχοις Ἀχαιῶν,
ἀλλ' ἀπὸ κρανᾶν ἰθαρᾶν νᾶμα κόμιζε δυσκλής·
νῦν δ' ἐς Ὁμήρειον ἔβα κέλευθον
σὰν χάριν, ἁγνὰ πολύβουλε Παλλάς.
τρὶς μάκαρ ὃν σὺ θυμῷ
10 ἵλαος ἀμφιδέρχθῇς.
ὅδ' ὄλβος·
ἀεὶ πνεῖ.

Codd.: Anth. Pal. 15. 22.   Buc.: KY, et Iunt. Cal., quae, nisi aliter notatur, cum K consentiunt.
Titulus: Πέλεκυς Anth. (in indice) K (praefixo κα' tanquam Theocriti) Iunt.   Θεοκρίτου add. Cal.   Σιμμίου Ῥοδίου Πέλεκυς ὃν Ἐπειὸς Φωκεὺς τῇ Ἀθηνᾷ δῶρον ἔδωκε Y   Cf. Heph. 9. 4.
2 ὤπασεν Anth.   -σε δ' Y | ᾧ K | ποκα Iunt. Cal.   ποτε cett. | κατέρειψεν Salm.   -έριψεν Anth.   -έρειπεν Iunt. Cal.   κατήρειψ' Y   κάλλιπεν K   3 πυρίπνῳ Iunt. Cal. Σ   πυρίνῳ Anth. K   -νη Y   4 χρυσοβαφεῖς om. K   -βαθεῖς Σ ut uid. | δ' K   τ' cett.   5 ἐνάριθμιος KY | ἐνὶ προμάχοισιν Ἀχ. Iunt. Cal.   ἐνὶ tantum K   6 καθαρᾶν Anth² KY   -ρὸν Iunt. Cal. | δυσκλεῆς Y Iunt. Cal.   -ηλεής K   8 ἁγνᾶν KCal.   11 τὸν ὅ. Iunt. Cal.   ὄλβιος Y   ὄλβον Boissonade   inter uu. 11 et 12, tamquam manubrium securis, habet K ... τας (τὰν Iunt. τὸν Cal.   Σιμμίας Wil.) βαίνων (βίνων Cal.   βίνο K) κλυτὸς ἶσα θεοῖς ὡς εὗρε Ῥόδου γεγαὼς ὁ πολύτροπα μοῦνος (μαιόμενος Wil.) μέτρα μ ... (μολπῆς Iunt. Cal.)   damn. Salm.: cf. Oui u. 20.

ΣΙΜΙΟΥ ΠΕΛΕΚΥΣ

1 Ἀνδροθέᾳ δῶρον ὁ Φωκεὺς κρατερᾶς μηδοσύνας ἦρα τίνων Ἀθάνᾳ
3 τᾶμος ἐπεὶ τὰν ἱερὰν κηρὶ πυρίπνῳ πόλιν ᾐθάλωσεν
5 οὐκ ἐνάριθμος γεγαὼς ἐν προμάχοις Ἀχαιῶν
7 νῦν δ' ἐς Ὁμήρειον ἔβα κέλευθον
9 τρὶς μάκαρ ὃν σὺ θυμῷ
11 ὅδ' ὄλβος
12 ἀεὶ πνεῖ
10 ἵλαος ἀμφιδερχθῇς
8 σὰν χάριν ἀγνὰ πολύβουλε Παλλάς
6 ἀλλ' ἀπὸ κρανᾶν ἰθαρᾶν νᾶμα κόμιζε δυσκλής
4 Δαρδανιδᾶν χρυσοβαφεῖς δ' ἐστυφέλιξ' ἐκ θεμέθλων ἄνακτας
2 ὧπασ' Ἐπειὸς πέλεκυν τῷ ποκα πύργων θεοτεύκτων κατέρειψεν αἶπος.

NUMERI choriambici cum bacchio: disticha a pentametro ad bacchium decrescentia.

EXCERPTUM E SCHOLIIS (Anth. et Buc. K)

γέγραπται μὲν εἰς τὸν Ἐπειοῦ πέλεκυν. λέγει δὲ ὅτι δῶρον τῇ Ἀθηνᾷ ὁ Φωκεὺς Ἐπειὸς τῆς τέχνης καὶ ἐπινοίας χάριν ἀποτίνων ἀνέθηκεν, ᾧ ποτε τῶν ⟨θεο⟩ποιήτων πύργων κατήριπε τὸ τεῖχος ἡνίκα τῇ ἱπποποιήτῳ κηρὶ καὶ πυριπνόῳ τὴν πόλιν ἔκαυσεν· διὰ γὰρ τοῦ ἵππου εἷλον Ἴλιον ⟨οἱ⟩ Ἕλληνες,
5 καὶ τοὺς αὐτῆς βαθυπλούτους ἄνακτας ἐκ βάθρων ἔσεισεν Ἐπειός, ὃς οὐκ ἦν προμάχοις ἐνάριθμιος ἀλλ' ἀπὸ κρηνῶν καθαρῶν πόμα ἔφερε τοῖς Ἀχαιοῖς [cf. Ath. 10. 456 F]· νῦν δὲ ἐχώρησεν εἰς τὴν Ὁμήρου ποίησιν διὰ τὴν Ἀθηνᾶς χάριν. μακάριος οὖν ὃν σὺ ἀπὸ ψυχῆς ἴλεως. εἶδες· τῷ γὰρ τοιούτῳ καὶ εὐδαιμονία ἀεὶ παρακολουθεῖ.

3 θεο- suppl. Salm.   4 οἱ suppl. Jacobs

ΣΙΜΙΟΥ ΩΙΟΝ

Κωτίλας
ματέρος
τῇ τόδ' ἄτριον νέον
Δωρίας ἀηδόνος·
5 πρόφρων δὲ θυμῷ δέξο, δὴ γὰρ ἁγνᾶς
λίγειά νιν κάμ' ἀμφὶ ματρὸς ὠδίς.
τὸ μὲν θεῶν ἐριβόας Ἑρμᾶς ἔκιξε κᾶρυξ
φῦλ' ἐς βροτῶν ὑπὸ φίλας ἑλὼν πτεροῖσι ματρός,
ἄνωγε δ' ἐκ μέτρου μονοβάμονός με τὸν πάροιθ' ἀέξειν
10 ἀριθμὸν εἰς ἄκραν δεκάδ' ἰχνίων κόσμον νέμοντα ῥυθμῶν,
θοῶς δ' ὕπερθεν ὠκὺ λέχριον φέρων νεῦμα ποδῶν ⟨σποράδων⟩ πίφαυσκεν,
ἴχνει θενῶν †τὸν† παναίολον Πιερίδων νομόδουπον αὐδάν,
θοαῖς ἴσ' αἰόλαις νεβροῖς κῶλ' ἀλλάσσων, ὀρσιπόδων ἐλάφων τέκεσσι,
ταί τ' ἀμβρότῳ πόθῳ φίλας ματρὸς ῥώοντ' αἶψα μεθ' ἱμερόεντα μαζόν,

CODD.: Anth. Pal. xv. 27.   Buc.: CZ, quorum alterius utrius errores praetermisi.
TITULUS: Σιμμίου Ῥοδίου ᾠόν CZ (cf. Heph. p. 62. 5, 68. 12 Consb.) Βησαντίνου Ῥοδίου ᾠὸν χελιδόνος Anth., et in subscr. Β.'Ρ. ᾠ. ἢ Δωσιάδα ἢ Σιμμίου· ἀμφότεροι Ῥόδιοι.

1–4 ita Wil. praeeunte Bgk   κ. μ. τί τόδ' ᾠὸν νέον ἁγνᾶς ἀηδόνος Δ. ἀγρίου CZ   κ. ἄτριον Ῥόδου ματέρος Δ. νασιώτας τῇ τόδ' ᾠὸν νέον ἁγνᾶς ἀηδόνος Πανδιωνίδας (vocc. Ῥόδ., νασ., Παν. signo ∴ praefixo a textu poematis dirimuntur) Anth.   5 δὴ (om. γὰρ) CZ   δεῖ Anth. | ἁγνᾶς Salm. -νὰ codd.   6 νιν Haeberlin   μιν codd. | κάμ' ἀμφὶ Salm.   κἀμφὶ codd. | 7 Ἑρμῆς ἤκιζε CZ   8 φίλος λες βρ. CZ | πτεροῖσι Scal.   πέτροισ(ι) codd.   9 ὄνῳ δ' ἐκ CZ | με τὸν Koennecke   μέγαν codd. | ἀέξειν Anth.   ὤυξε CZ   10 δ' εἰς ἄκρον CZ | κόσμος νέμοντο Anth. | ῥυθμῶν Bgk -μόν CZ   -μῷ Anth.   11 ὕπερθ' Anth. | φέρω Anth. | ποδῶν CZΣ πολλῳ Anth. | σποράδων (e Σ -δην) add. Salm. | πίασκε CZ   12 θένω τὰν Anth. ex. gr. τὰν ἔντονον | νομόδουπον Page   μονό- codd.   13 θοαῖς ἴσ' Bgk   θοαῖσί τ' codd. (ἴσα supra κῶλα Z) | ἀλλὰ σῶν ὀρσιπέδων ἐ. τεκέεσσι CZ   14 τὰ δ' CZ | ἀμβρότῳ Salm.   ἄμβροτι CZ   ἀμερότω Anth. | ῥώοντ' Σ   ῥόωντ' codd.

ΣΙΜΙΟΥ ΩΙΟΝ

15 πᾶσαι κραιπνοῖς ὑπὲρ ἄκρων ἰέμεναι ποσὶ λόφων κατ' ἀρθμίας
ἴχνος τιθήνας·
βλαχᾷ δ' οἰῶν πολυβότων ἀν' ὀρέων νομὸν ἔβαν τανυσφύρων τ'
⟨ἀν'⟩ ἄντρα Νυμφᾶν·
καί τις ὠμόθυμος ἀμφίπαλτον αἶψ' αὐδὰν θὴρ ἐν κόλποις δεξάμενος
θαλαμᾶν μυχοιτάτοις
ῥίμφα πετρόκοιτον ἐκλιπὼν ὄρουσ' εὐνάν, ματρὸς πλαγκτὸν
μαιόμενος βαλιᾶς ἑλεῖν τέκος·
κᾆτ' ὦκα βοᾶς ἀκοὰν μεθέπων ὄγ' ἄφαρ λάσιον νιφοβόλων ἀν'
ὀρέων ἔσσυται ἄγκος.
20 ταῖς δὴ δαίμων κλυτὸς ἶσα θοοῖσι⟨ν ὁδὸν⟩ δονέων ποσὶ πολύ-
πλοκα μεθίει μέτρα μολπᾶς.

15 πᾶσαι Wil.   πάλαι codd. | ἰέμενα Anth. | ποσὶ Salm.   ποσσὶ Anth.
ποδὶ CZ | κατ' ἀρθμίας Salm.   καταριθ- Anth.   -ρυθ- CZ | ἴχνοι (-νη man.
sec.) CZ | τιθενας Anth.   16 βλαχᾷ Edm. -χαὶ Anth.   λαχαὶ CZ | ἔβα
Anth. | ἀν' suppl. Salm. | Νυμφᾶν Bgk -φῶν codd.   17 τῆς CZ |
ὠμόθυμος Anth.² ὁμο- cett. | αἶψ' οὐδ' ἂν θῆς CZ | θαλαμᾶν Haeberlin
-οις Anth.   om. CZ | μυχοιτάτοις scripsi (-τῳ Wil.,)   πουκότατον Anth. Σ
-ότητα CZ   18 πετρόκοιτον Salm.   πτερόκ- Anth.   περίκ- CZ |
πλακτὸν καιόμενος βαλίαις CZ   19 κᾆτ' Wil.   καὶ τάδ' codd. | κοᾶν
CZ | ὅγ' ἄφαρ Bgk   ἄ. ὅγε codd. | λάσιον Salm.   -ίων codd. | ὀφοβόλων
CZ | ἔσσυται ἄγκος Salm.   ἔσσυτ' ἀνάγκαις codd.   20 κλυτὸς Bgk
-ταῖς codd. : cf. adn. cr. ad Securis u. 11 | ἶσα om. CZ | θοοῖσι Jacobs θο
CZ   θεοῖς Anth. | ὁδὸν suppleui | δονέων ποσὶ Jacobs   π. δ. Anth.   π.
πονέων CZ | μολπαῖς Anth. Z

TECHNOPAEGNIA

1   *Κωτίλας*
3   *τῇ τόδ' ἄτριον νέον*
5 *πρόφρων δὲ θυμῷ δέξο δὴ γὰρ ἁγνᾶς*
7 *τὸ μὲν θεῶν ἐριβόας Ἑρμᾶς ἔκιξε κᾶρυξ*
9 *ἄνωγε δ' ἐκ μέτρου μονοβάμονός με τὸν πάροιθ'*
      ἀέξειν
11 *θοῶς δ' ὕπερθεν ὠκὺ λέχριον φέρων νεῦμα ποδῶν ⟨σποράδων⟩*
      πίφαυσκεν
13 *θοαῖς ἴσ' αἰόλαις νέβροις κῶλ' ἀλλάσσων ὀρσιπόδων ἐλάφων τέκεσσι*
15 *πᾶσαι κραιπνοῖς ὑπὲρ ἄκρων ἱέμεναι ποσὶ λόφων κατ' ἀρθμίας ἴχνος*
      τιθήνας
17 *καί τις ὠμόθυμος ἀμφίπαλτον αἶψ' αὐδὰν θὴρ ἐν κόλποις δεξάμενος θαλαμᾶν*
      μυχοιτάτοις
19 *κᾆτ' ὦκα βοᾶς ἀκοὰν μεθέπων ὅγ' ἄφαρ λάσιον νιφοβόλων ἀν' ὀρέων*
      ἔσσυται ἄγκος
20 *ταῖς δὴ δαίμων κλυτὸς ἶσα θοοῖσι⟨ν ὁδὸν⟩ δονέων ποσὶ πολύπλοκα*
      μεθίει μέτρα μολπᾶς
18 *ῥίμφα πετρόκοιτον ἐκλιπὼν ὄρουσ' εὐνὰν ματρὸς πλαγκτὸν μαιό-*
      μενος βαλιᾶς ἑλεῖν τέκος
16 *βλαχᾷ δ' οἰῶν πολυβότων ἀν' ὀρέων νομὸν ἔβαν τανυσφύρων*
      τ' ⟨ἀν'⟩ ἄντρα Νυμφᾶν
14 *ταί τ' ἀμβρότῳ πόθῳ φίλας ματρὸς ῥώοντ' αἶψα μεθ'*
      ἱμερόεντα μαζόν
12 *ἴχνει θενῶν †τὸν† παναίολον Πιερίδων νομόδουπον*
      αὐδάν
10 *ἀριθμὸν εἰς ἄκραν δεκάδ' ἰχνίων κόσμον νέ-*
      μοντα ῥυθμῶν
8 *φῦλ' ἐς βροτῶν ὑπὸ φίλας ἑλὼν πτεροῖσι*
      ματρός
6 *λίγειά νιν κάμ' ἀμφὶ ματρὸς ᾠδίς*
4   *Δωρίας ἀηδόνος*
2   *ματέρος.*

ΣΙΜΙΟΥ ΩΙΟΝ

NUMERI, ut uu. 9, 10 iubent, ab uno ad decem progredientes ictus.

```
 1, 2   ─⏑─
 3, 4   ─⏑─⏑ | ─⏑─
 5, 6   ⏓─⏑─ | ⏒─⏑─ | ⏑─⏑─
 7, 8   ⏓─⏑─ | ⏑⏑⏑─ | ⏒─⏑─ | ⏑─⏑─
 9, 10  ⏑─⏑─ | ⏑─⏑⏑⏑─⏑─ | ⏓─⏑─ | ⏑─⏑─
11, 12  ⏑─⏑─ | ⏑─⏑─ | ⏑─⏑─ | ─⏑⏑─⏑⏑─⏑ | ⏑─⏑─
13, 14  ⏓─⏑─ | ⏑─⏑─ | ─⏑─ | ─⏑─ | ─⏑⏑─⏑⏑─⏑ | ⏑─⏑⏑
15, 16  ─⏑ | ─⏑ | ⏑⏑⏑─ | ⏑⏑⏑─ | ⏑⏑⏑─ | ⏑─⏑─ | ⏑─⏑─ | ─⏑
17, 18  ─⏑─⏑ | ─⏑─⏑ | ─⏑─ | ─⏑─ | ─⏑─ | ─⏑─ | ─⏑⏑─⏑⏑─⏑ | ⏑─⏑─
19, 20  ─⏑ | ⏓⏑─⏑ | ⏑⏑─⏑ | ⏑⏑─⏑ | ⏑⏑─⏑ | ⏑⏑─⏑ | ⏑⏑⏑─ | ⏑⏑⏑─ | ─⏑─ | ─⏑
```

Versus ouo solido circumscribendi.

EXCERPTUM E SCHOLIIS (Anth.)

τοῦτο τὸ ᾠὸν ὁ ποιητής φησιν ἐξ ἀηδόνος γενέσθαι καὶ τῆς ἑαυτοῦ φροντίδος. παρακαλεῖ οὖν δέξασθαι μεθ' ἡδονῆς τὸ ᾠόν—δέξασθαι δέ φησι⟨ν ἑνικῶς ἀλλ' ὅμως⟩ πᾶσι τοῦτο παραινεῖ—ἀφ' Ἑρμοῦ τάχει χρησαμένου καὶ τὰ μέτρα καὶ τοὺς ῥυθμοὺς ἀνομοίους ὄντας ἀποδείξαντος ὁμοίους. ἀλληγορ.˙ δὲ παρεικάζων
5 τὴν τῶν ποδῶν ὁρμὴν τοῦ θεοῦ νεβροῖς αἳ σκιρτῶσι τῆς μητρὸς τοῦ γάλακτος ἐπιθυμοῦσα· οὕτω φησὶ σκιρτήσαντα τὸν Ἑρμῆν εὐρύθμοις σκιρτήμασι μέτρα ἀναφθεγξάμενον παραδοῦναι τῆς Δωρίας ἀηδόνος· τοῦτο δέ φησιν ὅτι Ῥόδιος αὐτός, ἡ δὲ Ῥόδος μία τῶν νήσων τῶν Δωριέων.

2, 3 suppl. H. Fraenkel | ἀφ' Fraenkel ὑφ' Anth.

[ΘΕΟΚΡΙΤΟΥ] ΣΥΡΙΓΞ

Οὐδενὸς εὐνάτειρα Μακροπτολέμοιο δὲ μάτηρ
μαίας ἀντιπέτροιο θοὸν τέκεν ἰθυντῆρα,
οὐχὶ Κεράσταν ὅν ποτε θρέψατο ταυροπάτωρ,
ἀλλ' οὗ πειλιπὲς αἶθε πάρος φρένα τέρμα σάκους,
5 οὔνομ' Ὅλον, δίζων, ὃς τᾶς μέροπος πόθον
κούρας γηρυγόνας ἔχε τᾶς ἀνεμώδεος,
ὃς Μοίσᾳ λιγὺ πᾶξεν ἰοστεφάνῳ
ἕλκος, ἄγαλμα πόθοιο πυρισμαράγου,
ὃς σβέσεν ἀνορέαν ἰσαυδέα
10 παπποφόνου Τυρίας τ' ἐ⟨ξήλασεν⟩.
   ᾧ τόδε τυφλοφόρων ἐρατόν
   πῆμα Πάρις θέτο Σιμιχίδας·
   ψυχὰν ᾇ, βροτοβάμων,
   στήτας οἶστρε Σαέττας,
15 κλωποπάτωρ, ἀπάτωρ,
   λαρνακόγυιε, χαρείς
   ἁδὺ μελίσδοις
   ἔλλοπι κούρᾳ,
   Καλλιόπᾳ
20 νηλεύστῳ.

Codd.: Anth. Pal. 15. 21 Buc. (= EFMPUXZTr Iunt. Cal.)
Titulus: Σῦριγξ Anth. Buc.
1 praefigunt Buc. σῦριγξ οὔνομ' ἔχεις, ᾄδει δέ σε μέτρα σοφίης | μᾶτερ Buc. 2 ἀντιπάτροιο Buc. | τέκες Buc. 4 ἀλλ' ἀπέλ(ε)ιπες οὗ Buc. 5 δίζων EFCal. δίζωον cett. 6 ἔχε Anth. ᾆθε Buc. | ἀνεμώκεος Anth. 8 πυρισφαράγου Buc. 10 τ' ἐξήλασεν Haeberlin τε Anth. τ' ἀφείλετο Buc. 11 τῷ Wil. 12 πῆμα (suprascr. a) Anth. πᾶμα Buc. 13 ᾇ Hecker ἀεὶ Anth. ὦ Buc. 14 δέτ(τ)ας Buc. 16 χαρείς Hecker χαίροις (suprascr. ει) Anth. χα(ί)ροις Buc. 17 μελίσδεις Σ

[ΘΕΟΚΡΙΤΟΥ] ΣΥΡΙΓΞ

Numeri dactylici: disticha ab hexametro ad dimetrum catalecticum hemipodiis decrescentia.

EXCERPTA E SCHOLIIS (Anth. et Buc. EMU)

1, 2 *ή δε έννοιά έστι των δύο πρώτων στίχων αύτη· ή Πηνελόπη έγέννησε Πάνα τόν αίπόλον. είπε δε τήν Πηνελόπην Ούδενός εύνάτειραν έπεί γυνή ήν 'Οδυσσέως, δς Ούτιν έαυτόν έκάλεσεν* [Od. 9. 366]. *Μακροπτολέμου δε μητέρα τοϋ Τηλεμάχου· τό γάρ τήλε μακράν έστι, πόλεμος δε ή μάχη. μαΐαν δέ άντιπέτρου φησί τήν αίγα τήν μαιευσαμένην τόν Δία· άντίπετρος μέν γάρ ό Ζεύς, έπειδή άντ' αύτοϋ πέτρος έδόθη τω Κρόνω, έτράφη δέ ύπό αίγός τής 'Αμαλθείας. ίθυντήρα ούν τής τροφού τού Διός, τουτέστι τής αίγός, είπε τόν αίπόλον.*

3 *ούχί Κεράσταν· κέρας έστίν ή θρίξ. έπεί ούν ύπό τής Πηνελόπης γεγενήσθαι αίπόλον έφη, έστι δέ αίπόλος καί ό Κομάτας, οϋ μέμνηται ό αύτός ποιητής έν τοϊς Βουκολικοϊς* [7. 78 sqq.], *ότι κατακλεισθέντα αύτόν είς λάρνακα έθρεψαν μέλισσαι, διά τούτο είπεν ότι ούχί τόν Κομάταν λέγω· ταυροπάτορα δέ είπεν τήν μέλισσαν έπειδή σηπομένων τών ταύρων μελίσσας φασί γίνεσθαι.*

4 *άλλ' έκεϊνον τόν αίπόλον δς τής Πίτυος ήράσθη. πιλητής δέ τέρμα σάκους είπεν τήν Πίτυν έπειδή ή έξωτάτη περιφέρεια τής άσπίδος ίτυς καλείται. έλλείπει ούν αύτή τό π πρός τό είναι πίτυν.*

5, 6 *δίζωον ούν αύτόν είπεν έπειδή δύο ζώων είδος έχει, άνθρώπου καί τράγου. δς τής 'Ηχούς ήράσθη. είπε δέ αύτήν μέροπα άπό τού μή δλην άντιφθέγγεσθαι τήν φωνήν άλλά μέρος τό τελευταΐον· γηρυγόνων δέ έπειδή έκ τής γήρυος, τουτέστι τής φωνής, τήν γένεσιν λαμβάνει· διό καί άνεμώδης, τουτέστι πνευματική.*

7, 8 *δς μουσικώς έπηξε τήν σύριγγα. είπεν δέ αύτήν έλκος έπεί είδός τί έστιν έλκους ούτω καλούμενον· άγαλμα δέ πόθου, έπε. Σύριγγός τινος ήράσθη ό Πάν καί είς μνήμην τού έρωτος, έπειδή πρό ώρας μετήλλαξε τόν βίον, τό μουσικόν δργανον έποίησεν καί ούτω έκάλεσεν.*

9, 10 *δς τήν ύπερηφανίαν έπαυσε τήν Περσικήν καί τής άπωλείας τήν Εύρώπην έρρύσατο. φασί γάρ ότι έναργώς ό Πάν τοις "Ελλησι συνεμάχησε κατά τών βαρβάρων. Ισαυδέα παππο- φόρου· άντί τού όμωνύμου τού Περσέως, δς τόν πάππον αύτού τόν 'Ακρίσιον άπέκτεινεν· τήν δέ Εύρώπην Τυρίαν είπεν έπειδή ή Εύρώπη ύπό Διός άρπασθεϊσα έκείθεν ήν.*

11, 12 *τώ Πανί τήν σύριγγα, τών άγροίκων έπέραστον κτήμα, Θεόκριτος άνέθηκεν ό Σιμίχου παϊς. τυφλοφόρους δέ είπε τούς άγροίκους έπειδή πήρας φορούσι· πήρα δέ καί τυφλή συνώνυμα. πάμα δέ τό κτήμα. Θεόκριτος δέ Πάριν έαυτόν είπεν έπειδή ό Πάρις τάς θεάς κρίνων ύπό τινων Θεόκριτος ώνομάσθη.*

13 *τή σύριγγι, ώ Πάν, τήν ψυχήν χαίροις. βροτοβάμονα δέ είρηκε τόν Πάνα ώς πετροβάτην άπό τών λαών καί τού κατά Δευκαλίωνα μύθου. φασί γάρ δτι μετά τόν κατακλυσμόν σπανιζόντων τών άνθρώπων λίθους λαβών ό Δευκαλίων άνθρώπους έποίει.*

14 *τουτέστιν ό οίστρον έμβαλών τή Λυδή γυναικί. φασί γάρ δτι ή 'Ομφάλη ή Λυδή οίστρον είχε περί τόν Πάνα πολύν. τό δέ στήτη ή γυνή. Σαέττης δέ τής Λυδής.*

15, 16 *ή Πηνελόπη τόν Πάνα έγέννησε κατά μέν τινας άπό 'Ερμού, κατά δέ άλλους έκ τών μνηστήρων. ό Πάν δέ ‹κλωποπάτωρ καθδ› κλέπτου πατρός ήν 'Ερμού, άπάτωρ δέ ώς πολυ- πάτωρ. λαρνακόγυιον δέ τόν Πάνα έπεί χηλόπους έστί. λάρναξ δέ ή χηλός.*

17—20 *ήδύ προσάδεις τή 'Ηχοϊ· είπεν δέ αύτήν έλλοπα άπό τού έλλείπειν τή φωνή· καλλιόπαν δέ άπό τού καλήν δπα προφέρεσθαι· νήλευστον δέ τήν δόρατον.*

181

ΔΩΣΙΑΔΑ ΒΩΜΟΣ

Εἰμάρσενός με στήτας
πόσις, μέροψ δίσαβος,
τεῦξ', οὐ σποδεύνας ἴνις Ἐμπούσας, μόρος
Τεύκροιο βούτα καὶ κυνὸς τεκνώματος,
5   Χρύσας ⟨δ'⟩ αἴτας ἆμος ἐψάνδρα
τὸν γυιόχαλκον οὖρον ἔρραισεν,
ὃν ἀπάτωρ δίσευνος
μόγησε ματρόριπτος.
ἐμὸν δὲ τεῦγμ' ἀθρήσας
10   Θεοκρίτοιο κτάντας
τριεσπέροιο καύστας
θώυξεν †ἀνιύξας†,
χάλεψε γάρ νιν ἰῷ
σύργαστρος ἐκδυγήρας.
15   τὸν δ' †ἐλλινεῦντ'† ἐν ἀμφικλύστῳ
Πανός τε ματρὸς εὐνέτας φώρ
δίζωος ἶνίς τ' ἀνδροβρῶτος, Ἰλοραιστᾶν
ἦρ' ἀρδίων, ἐς Τευκρίδ' ἄγαγον τρίπορθον.

CODD.: Anth. Pal. xv. 26   Buc. (= FTVYZTr)
TITULUS: Δωσιάδα (-δου Buc.) Βωμός.   Theocrito attr. Tzetz. Exeg. in ll. 68. 15 Herm.)

5 χρυσοῦς Buc. | δ' suppl. Valck. | εὖσ' ἄνδρα Buc.   6 οὐρανὸν Anth.
8 μόγησε F   μόρ- cett.   11 τριεσπερίοιο Anth. | καύτας Buc.   12 θώυξεν Anth.   ἆιξεν Buc. | αἶν' ἰύξας Salm.   14 σύγγαστρος Anth. | ἐκδυγήρας Salm.   ἐκδὺς γῆρας codd.   15 ἀεὶ λινεῦντ' Anth. ἐλινύοντ' Σ   17, 18 Ἰλοραιστᾶν Bgk   ἰνο- Anth.   ἰλ(ι)ορ(ρ)αίστας Buc. | ἄγαγε Buc. | (Ἰλιορρ-) τριπόρθητον Koennecke

ΔΩΣΙΑΔΑ ΒΩΜΟΣ

NUMERI iambici: 1, 2 dimetri catalectici. 3, 4 trimetri. 5, 6 trimetri catalectici ultimo metro spondaico. 7-14 dimetri catalectici. 15, 16 trimetri catalectici ult. met. monosyllabo. 17, 18 tetrametri catalectici ult. met. monos.(?).

EXCERPTA E SCHOLIIS (Buc. FVY)

ὡς ἀπὸ τοῦ βωμοῦ ὁ λόγος· ὅτι ἐγώ εἰμι ὁ βωμὸς ὃν κατεσκεύασεν Ἰάσων, ὁ Μέροψ ἤγουν ὁ Θεσσαλός, ὁ δὶς ἡβήσας, τὸ μὲν τῇ φύσει τὸ δὲ τῇ τῆς Μηδείας ἐψήσει, ὁ ἀνήρ, ὁ χρυσοῦς καὶ λαμπρὸς ἐραστὴς [immo τῆς Χρυσῆς Ἀθηνᾶς καὶ] τῆς γυναικὸς τῆς ἄρσενος (ἐπιβουλεύσασα γὰρ Μήδεια Θησεῖ ἔφυγεν
5 ἀνδρῴαν περιβαλοῦσα στολήν), οὐχ ὁ Ἀχιλλεὺς ὁ ἐν σποδῷ κοιμιζόμενος, ὁ υἱὸς τῆς Ἐμπούσης ἤγουν τῆς Θέτιδος (μετεβάλλετο δὲ εἰς μυρίας μορφὰς καὶ ἡ Θέτις ὅτε μιγῆναι ταύτῃ ὁ Πηλεὺς ἔσπευδεν), ὁ ὄλεθρος τοῦ βουκόλου Ἀλεξάνδρου τοῦ υἱοῦ τῆς Ἑκάβης ἥτις Κύων ὠνόμασται [immo aut ὁ τὸν Ἕκτορα, τὸν Πριάμου καὶ Ἑκάβης υἱόν, ἀποκτείνας aut ὁ ὑπὸ Πάριδος
10 ἀποθανὼν καὶ Ἕκτορα ἀποκτείνας]. πότε δέ με ἔτευξεν ὁ Ἰάσων; ὁπηνίκα ἔφθειρεν ἡ Μήδεια τὸν χάλκεον ἄνδρα τὸν Τάλων, ὃν ὁ Ἥφαιστος ἐτεκτήνατο ὁ ἀπάτωρ—ἐκ γὰρ τῆς Ἥρας μόνης ἐγεννήθη, ἣ καὶ ἔρριψεν αὐτόν, ἢ ὁ διὰ τὴν μητέρα ῥιφθεὶς ὑπὸ τοῦ Διὸς μεσιτεύων αὐτήν—ὁ δύο γυναῖκας σχών, τὴν Ἀφροδίτην καὶ τὴν Χάριν. τὴν ἐμὴν κατασκευὴν θεασάμενος ὁ Φιλοκτήτης, ὁ
15 φονεὺς τοῦ τὰς θεὰς κρίναντος Ἀλεξάνδρου, ὁ ἐνταφιαστὴς τοῦ τριεσπέρου [sc. ἐν τρισὶ νυξὶ σπαρέντος] Ἡρακλέος, ὥρμησε κράξας· ἐτ, ͻσέ νιν ὁ ὄφις ὁ τῇ γαστρὶ συρόμενος, ὁ ἐκδὺς τὸ γῆρας. τοῦτον δὲ βραδύνοντα ἐν τῇ περιρρύτῳ Λήμνῳ εἰς τὴν Τροίαν τὴν τρὶς πορθηθεῖσαν ἐκόμισεν ἕνεκα τῶν τόξων, τίς; ὁ κλέπτης τοῦ Παλλαδίου Ὀδυσσεύς, ὁ εἰς Ἅιδου κατελθὼν κἀκεῖθεν ἀνελ-
20 θών, ὁ ἀνὴρ τῆς Πηνελόπης, καὶ Διομήδης, ὁ υἱὸς τοῦ Τυδέως τοῦ ἀνδροβρῶτος· ἔφαγε γὰρ οὗτος τὴν κεφαλὴν τοῦ Μελανίππου.

ΒΗΣΑΝΤΙΝΟΥ ΒΩΜΟΣ

Ο λὸς οὔ με λιβρὸς ἱρῶν
Λ ιβάδεσσιν οἷα κάλχης
Υ ποφοινίῃσι τέγγει,
Μ αύλιες δ' ὕπερθε πέτρῃ Ναξίῃ θοούμεναι
5 Π αμάτων φείδοντο Πανός, οὐ στροβίλῳ λιγνύι
Ι ξὸς εὐώδης μελαίνει τρεχνέων με Νυσίων·
Ε ς γὰρ βωμὸν ὁρῇς με μήτε γλούρου
Π λίνθοις μήτ' Ἀλύβης παγέντα βώλοις,
Ο ὐδ' ὃν Κυνθογενὴς ἔτευξε φύτλῃ
10 Λ αβόντε μηκάδων κέρα,
Λ ισσαῖσιν ἀμφὶ δειράσιν
Ο σσαι νέμονται Κυνθίαις,
Ι σόρροπος πέλοιτό μοι·
Σ ὺν οὐρανοῦ γὰρ ἐκγόνοις
15 Ε ἰνάς μ' ἔτευξε γηγενής,
Τ άων δ' ἀείζωον τέχνην
Ε νευσε πάλμυς ἀφθίτων.
Σ ὺ δ', ὦ πιὼν κρήνηθεν ἥν
Ι νις κόλαψε Γοργόνος,
20 Θ ύοις τ' ἐπισπένδοις τ' ἐμοί
Υ μηττιάδων πολὺ λαροτέρην
Σ πονδὴν ἄδην. ἴθι δὴ θαρσέων
Ε ς ἐμὴν τεῦξιν, καθαρὸς γὰρ ἐγώ
Ι ὸν ἱέντων τεράων οἷα κέκευθ' ἐκεῖνος,
25 Α μφὶ Νέαις Θρηικίαις ὃν σχεδόθεν Μυρίνης
Σ οί, Τριπάτωρ, πορφυρέου φὼρ ἀνέθηκε κριοῦ.

Codd.: Anth. Pal. xv. 25 Buc. Y
Titulus: om. Anth.   *Βηστίνου* (i.e. L. Iulius Vestinus) Haeberlin
1 μ' ἀμβρὸς ἱρῶν οὐ Y   2 κάλχης Edm. κάχλην codd.   3 πέτρῃ
Ναξίῃ Edm. -ης, -ας codd.   5 στροβίλῳ Salm. -λων codd.   7 μήτε
γλούρου Bgk   μεταγχούρου Y   μήτε ταγχ- Anth.   10 λαβόντε Wil.
-τα codd.   12 Κυνθίαις Anth.² -ιας cett.   16 δ' om. Y   21
Ὑμηττιάδων Bgk -ιαδᾶν Anth. -ίδων Y   22 ἄδδην Y | δὴ om. Y
23 ἐς Salm. εἰς codd.   25 σχεδόν Y   26 τριπάτορ Y

ΒΗΣΑΝΤΙΝΟΥ ΒΩΜΟΣ

Numeri: 1–3 Anacreontei. 4–6 tetrametri trochaici catalectici. 7–9 Phalaecei. 10–20 dimetri iambici. 21–23 dimetri anapaestici. 24–26 trimetri choriambici cum bacchio.

EXCERPTA E SCHOLIIS (Anth.)

ὁ λόγος δὲ ἀπὸ τοῦ βωμοῦ· ὅτι οὐ τέγγομαι τῷ τῶν ἱερείων αἵματι (μεταφορικῶς δὲ τὸ τῶν ἱερείων αἷμα σηπίας ὀλὸν εἶπεν), οὐ λιβανωτοῦ καπνῷ μελαίνομαι· οὐ γὰρ ὁρᾷς με οὔτε χρυσοῦν οὔτε ἀργυροῦν. οὐδὲ ἐκεῖνος ἴσος ἐμοὶ γένοιτο ὃν τῷ Ἀπόλλωνι ἡ Ἄρτεμις ἐκ κεράτων ἐποίησεν (Κύνθος δὲ ὄρος
5 Δήλου). τὰ τῶν Μουσῶν, φησί, καὶ τῶν Χαρίτων ἔνευσεν ὁ Ζεὺς ἄφθαρτα εἶναι. σὺ δὲ ὁ ἐκ τῆς κρήνης τοῦ Ἑλικῶνος ἐκπιών, τουτέστι τῶν Μουσικῶν πομάτων, θύοις τοῖς θεοῖς σπονδὴν μέλιτος γλυκερωτέραν. φασὶ δὲ Ἀθηνᾶν ἐκ τριῶν φῦναι πατέρων, ἔνθεν Τριτογένειαν καλεῖσθαι.

1 τέγγομαι Bgk τέρπομαι Anth.

Acrostichis, principi Hadriano ut uidetur inscripta, Ὀλύμπιε πολλοῖς ἔτεσι θύσειας. Respiciunt uu. 22–26 Arae prioris uu. 9–14.

BIONIS FRAGMENTORUM ENUMERATIO
SECUNDUM EDITIONES PRAESTANTIORES

A		B	C	D	E	F	G	H	I	K
1	Ἀμφασία	14	11	13	7	16	11	12	12	
2	Εἴαρος, ὦ M.	15	3	14	6	17	6	7	2	
3	Μοίσας Ἔρως	16	14	15	10	18	13	15	7	
4	Ἐκ θαμινᾶς	1	15	1	11	2	14	13	15	
5	Οὐ καλόν	2	13	2	9	3	12	14	13	
6	Μηδὲ λίπῃς	3	16	3	13	4	16	17	14	7
7	Οὐκ οἶδ' οὐδ'	4	7	4	(5)	5	5	5		
8	Εἴ μευ καλά	5	7	4	5	6	5	6	10	5
						7				
9	Ταὶ Μοῖσαι	6	6	5	4	8	4	4	6	4
10	Ἁ μεγάλα.	7	5	6	3	9	3	3	4	3
11	Ἕσπερε	8	9	7	(16)	10	8	11	8	
12	Ὄλβιοι οἱ	9	8	8	8	11	10	10	11	
13	Ἰξευτάς	10	4	9	2	12	2	2	5	2
14	Ἄμερε K.	11	10	10	(17)	13	9	9		
15	Μορφὰ θηλ.	12	17	11	14	14	17	18	16	8
16	Αὐτὰρ ἐγών	13	12	12	12	15	15	16	9	6
17	Πάντα θεῷ	17	(18)	16		19				

A Haec editio, Gallavotti (1946)
B Legrand (1927), Wilamowitz (1910)
C Koennecke (1914), Edmonds (1912), Ziegler (1868), Ameis (1862), Hartung (1858), Meincke (1856), Hermann (1849)
D Wilamowitz (1905)
E Weise (1866), Gaisford (1856), Heindorf (1829), Boissonade (1823), Jacobs (1795), Valckenaer (1779), Winterton (1635), Heinsius (1604), Plantin (1584), Stephanus (1579)
F Ahrens (1855)
G Briggs (1821), Wakefield (1795)
H Brunck (1772)
I Ursinus (1568)
K Stephanus (1566), Mekerchus (1565)

Fragmentis quorum numeri in uncinis inclusi sunt carent editiones antiquiores. Fr. 11 inter Moschea habet Stephanus (1566).

INDEX

THEOCRITUS

		Pagina
I	Θεοκρίτου Θύρσις ἢ 'Ωιδή	3
II	Θεοκρίτου Φαρμακεύτρια	9
III	Θεοκρίτου Κῶμος	16
IV	Θεοκρίτου Νομεῖς	18
V	Θεοκρίτου Αἰπολικὸν καὶ Ποιμενικόν	21
VI	Θεοκρίτου Βουκολιασταὶ ⟨α'⟩	27
VII	Θεοκρίτου Θαλύσια	29
VIII	[Θεοκρίτου] Βουκολιασταὶ ⟨β'⟩	35
IX	[Θεοκρίτου] Βουκολιασταὶ ⟨γ'⟩	39
X	Θεοκρίτου 'Εργατίναι ἢ Θερισταί	41
XI	Θεοκρίτου Κύκλωψ	44
XII	Θεοκρίτου Ἀίτης	47
XIII	Θεοκρίτου Ὕλας	48
XIV	Θεοκρίτου Αἰσχίνας καὶ Θυώνιχος	52
XV	Θεοκρίτου Συρακόσιαι ἢ Ἀδωνιάζουσαι	55
XVI	Θεοκρίτου Χάριτες ἢ 'Ιέρων	62
XVII	Θεοκρίτου 'Εγκώμιον εἰς Πτολεμαῖον	67
XVIII	Θεοκρίτου 'Ελένης 'Επιθαλάμιος	72
XIX	[Θεοκρίτου] Κηριοκλέπτης	75
XX	[Θεοκρίτου] Βουκολίσκος	75
XXI	[Θεοκρίτου] Ἁλιεῖς	77
XXII	Θεοκρίτου Διόσκουροι	81
XXIII	[Θεοκρίτου] 'Εραστής	90
XXIV	Θεοκρίτου 'Ηρακλίσκος	93
XXV	[Θεοκρίτου 'Ηρακλῆς Λεοντοφόνος]	99
XXVI	Θεοκρίτου Λῆναι ἢ Βάκχαι	110
XXVII	[Θεοκρίτου 'Οαριστύς]	112
XXVIII	Θεοκρίτου Ἀλακάτα	115
XXIX	Θεοκρίτου Παιδικὰ ⟨α'⟩	116

INDEX

		Pagina
XXX	Θεοκρίτου Παιδικὰ ⟨β'⟩	118
XXXI	Θεοκρίτου ⟨Παιδικὰ γ'⟩	120
	Θεοκρίτου ἀποσπάσματα	121
	Θεοκρίτου Ἐπιγράμματα	122

MOSCHUS

I	Μόσχου Ἔρως Δραπέτης	132
II	Μόσχου Εὐρώπη	133
III	[Μόσχου] Ἐπιτάφιος Βίωνος	140
IV	[Μόσχου] Μεγάρα	146
	Μόσχου ἀποσπάσματα	151

BION

I	⟨Βίωνος⟩ Ἐπιτάφιος Ἀδώνιδος	153
II	[Βίωνος] Ἐπιθαλάμιος Ἀχιλλέως καὶ Δηιδαμείας	157
	Βίωνος ἀποσπάσματα	159

Εἰς Νεκρὸν Ἄδωνιν	166
Pap. Vindobonensis Rainer 29801	168

TECHNOPAEGNIA

Σιμίου Πτέρυγες	172
Σιμίου Πέλεκυς	174
Σιμίου Ὠιόν	176
[Θεοκρίτου] Σῦριγξ	180
Δωσιάδα Βωμός	182
Βησαντίνου Βωμός	184

Bionis fragmentorum enumeratio . 186